“中国社会科学院优势学科——中国经济史系列丛书”

中车简史

1881—1949

中国中车集团有限公司　编
彤新春　著

人民出版社

《中车简史》编委会

序　一

历史，是文明的记忆，是前行的基石。中国轨道交通工业的百年征程，既是一部民族工业自强不息的奋斗史诗，也是一曲创新超越的时代赞歌。党的十八大以来，习近平总书记三次视察中国中车，指出高铁是我国装备制造的一张亮丽的名片。在习近平总书记首次视察新中车10周年、新中车重组整合10周年这一重要时刻，编撰《中车简史》正是我们赓续历史文脉、汲取奋进力量、践行文化自信、擦亮国家名片的生动实践。

“以铜为镜，可以正衣冠；以史为镜，可以知兴替。”编撰《中车简史》，不仅是对过去的致敬，更是对未来的启迪。《中车简史》不仅是一部记载中国民族工业发展轨迹的史册，更是一部彰显中车与国同频共振、与党同心同行的史诗。它以磅礴气势勾勒出中车人三世求索、百年奋发的壮阔图景，生动诠释了一代代中车人秉承“产业报国”信念，以实业兴邦的家国情怀。该书是中国中车“六位一体”文化传承工程的核心成果，开创了中国工业史编写之先河。在新时代背景下，《中车简史》回首百年历史，礼赞盛世伟业，展现出中车人的文化自信与历史担当。

回首百年，中国中车从无到有、从小到大、从弱到强，铸就大国重器。1881年，伴随着洋务运动，中国第一家轨道交通工业企业在唐山诞生，在之后的半个多世纪，相继成立了三十余家工厂。新中国成立后，轨道交通工业迎来了发展的曙光，产能突飞猛进，产品逐渐齐全，产业链条完整，为中国铁路交通和国民经济的发展作出了巨大贡献。进入二十一世纪，特别是党的十八大以来，中车人勇担使命，笃行不怠，牢牢把握轨道交通大发展的历史性机遇，发生了脱胎换骨的变化。如今，中国中车已成为全球规模领先、品种齐全、技术一流的轨道交通装备供应商。

回首百年，中国中车从买到仿、从仿到创、从创到自建标准，担当产业引擎。百年前，中车能做的，还只是进口产品的简单修配。新中国成立后，经过仿制起步、自力更生、自主研发、引进消化吸收再创新、持续全面自主创新等发展阶段，轨道交通装备技术已经成功实现了从跟跑到并跑，再到领跑的转变，特别是高铁列车在速度等级、在线数量、行车密度、运营能耗、平稳舒适度等各项指标均跨入世界先进行列。创新成果受到习近平总书记的高度赞扬："我国自主创新的一个成功范例就是高铁。"字句铿锵，鼓舞斗志，催人奋进。

回首百年，中国中车从"引进来"到"走出去"、从"本土企业"到"跨国经营"，成为国家名片。新中国成立前，中国铁路机车车辆大部分依赖进口，被称为"万国机车博览会"。今天，中国中车的产品和服务覆盖全球116个国家和地区，传统国际市场地位持续巩固，发达国家市场拓展空间不断加大，国际竞争力显著提高。中国中车积极拓展海外业务总体布局，深度推进"本地化生产、本地化采购、本地化用工、本地化服务和维修、本地化管理"五本模式，遍布全球的轨道交通装备全产业链服务体系正在形成。中国高铁"全系统、全要素、全产业链"走出国门的首个项目——雅万高铁成为中印尼共建"一带一路"合作的"金字招牌"。作为"一带一路"的先锋，中国中车所到之处，既展现了中国风采，又惠及了各国人民，中车品牌逐步赢得全球尊重和喝彩。

回首百年，中国中车赓续厚重的红色血脉，与党同心，与国同向，争做时代先锋。中国中车是中国最早的产业工人诞生地，是中国工人运动的发源地，是中国知识分子与工人运动相结合的发源地，是中国工人运动与马克思主义相结合的发源地，也是中国革命、中国共产党早期领袖培养人才的摇篮。中国中车始终坚持党组织的领导核心地位不动摇，胸怀“两个大局”，心系“国之大者”，传承红色基因，赓续红色血脉，担当时代重任，擦亮国家名片，打造“党建金名片”。各级党组织的凝聚力、战斗力、感召力不断增强，为中车持续、健康发展提供了坚强的保证。

回首百年，中国中车积淀了深厚的文化底蕴，正心正道，善为善成，为中国梦提速。伟大事业孕育伟大精神，伟大精神牵引伟大梦想。一百四十多年来，中国中车一代代机车车辆工业先驱，“筚路蓝缕，谋实业以振兴；栉风沐雨，图交通而自强”，逐渐形成了以中车之道为核心的企业文化体系。中车人始终坚持“正心正道，善为善成”的核心价值观，怀抱“连接世界，造福人类”的美好愿景，在中国高铁从“追赶者”到“领跑者”的历史跨越中，又孕育了“中国高铁工人精神”，成为新时期国企精神的代表。一大批“创新先锋”“央企楷模”“大国工匠”引领全体中车人，用智慧和汗水为实现中华民族伟大复兴的中国梦提速。

风云变幻，不改人间正道；沧海横流，更当破浪前行。在以中国式现代化全面推进强国建设、民族复兴伟业的关键时期，中国中车将以习近平新时代中国特色社会主义思想为指引，勇担交通强国、铁路先行、装备支撑的责任使命，全面实现企业的战略目标，促进中车使命落地，推动中国轨道交通工业高质量发展，为全面建成社会主义现代化强国、以中国式现代化推进中华民族伟大复兴贡献更大的力量。

《中车简史》编委会

2025 年 8 月

序　二

习近平总书记指出："交通成为中国现代化的开路先锋。"值此《中车简史》付梓之际，我们怀着振奋与激动的心情阅读书稿，深感历史的厚重与时代的担当在字里行间穿行交织。从一百多年前唐廷枢先生点燃"中国火箭"号机车的工业星火，到新时代中国高铁在全世界飞驰，中国轨道交通装备产业的百年变迁，既是一部技术创新的壮丽史诗，更是中华民族自立自强的精神图谱。这部中车发展简史，见证着国家现代化进程的波澜壮阔，承载着工业报国的家国情怀，蕴含着工业科技发展的创新密码。

回望历史，我们可以清晰地看到中车发展的精神源头。清光绪七年(1881 年)，唐廷枢在开平矿务局主持修建中国第一条标准轨距铁路——唐胥铁路，制造第一台蒸汽机车——"中国火箭"号机车，创办第一家铁路工厂——胥各庄修车厂，他以"苟利国家生死以"的信念，在列强环伺的时代开创了中国近代工业的先河。当"中国火箭"号机车喷着蒸汽驶上唐胥铁路时，不仅打破了洋煤垄断的局面，更点燃了中国民族工业的希望之火。这种"不但仿照西法，乃欲驾而上之，为中华吐气"的气魄，成为中车人代代相传的精神基因。

中车的崛起，既是技术的胜利，更是文化的胜利，是家国情怀的当代诠释。中车的发展始终与国家命运同频共振。从清末"师夷长技以制夷"的洋务事业，到新中国成立后的工业化建设，再到新时代"交通强国”战略的实施，中车始终以家国情怀之不变回应世界形势之多变。正如唐廷枢在为《瀛海采问》所作的序言中写道：“事事以利我国家、利我商民为务，而不为纸上凿空之谈。”这种坚定信念和家国情怀在中车人的奋斗中得到了淋漓尽致的体现。

中车的发展史，是一部中国轨道交通装备从追赶到引领的创新史，是中国技术创新的时代画卷。从蒸汽机车到“复兴号”高铁，从内燃机车到氢燃料电池列车，再到高速磁浮系统，中车将“中国技术”“中国速度”镌刻在全球一百多个国家和地区。

这种创新能力的背后，是中车对核心技术的执着追求。唐廷枢当年“以铁路运煤”的远见，在中车人手中演变为“数智绿色牵引”的战略布局。中车研制的系列化新能源机车，融合了“内燃＋动力电池”“氢燃料电池”等多种技术路线，不仅满足了国内外市场的多样化需求，更推动了全球轨道交通的低碳转型。这种“以创新链催生产业链”的模式，正是中车在新时代交出的高质量发展答卷。

中车人用百余年时间书写了一部“人享其行、物畅其流”的壮美诗篇。这部简史不仅是中车的成长记录，更是中华民族伟大复兴的历史注脚。站在新的历史起点，中车正以“双赛道双集群”战略重构产业格局。在轨道交通装备领域，“复兴号”高铁、智能市域列车等产品持续领跑全球；在清洁能源装备领域，20MW漂浮式风电机组“启航号”的成功吊装，标志着中车在新能源领域的深度布局。面向世界，中车推行的“DLS系统+”模式是国际工业合作的典范。从巴西圣保罗城际铁路到匈塞高铁，中车不仅输出装备，更输出标准和服务，在全球范围内构建起互联互通的命运共同体。

中车从“中国火箭”号蹒跚起步到“复兴号”领跑世界，再到磁浮探路、风电远航的辉煌历程，正是“唐廷枢精神”穿越时空、历久弥新的最有力证明。它不仅铸就了中车的灵魂，更照亮了中国迈向制造强国、交通强国的奋进之路。中车的历史告诉我们：技术可以引进，但核心竞争力必须自主；市场可以开放，但产业安全必须坚守。在“百年未有之大变局”的新时代，中车的故事仍在续写，而唐廷枢等先辈“皆为他人所不敢为，亦皆为中国所从来未为”的家国情怀、世界眼光、创新意识、担当精神，将永远是照亮我们前进道路的灯塔。

谨缀数言，敬请指正。

唐廷枢（唐景星）研究会
2025 年 8 月

序　三

习近平总书记指出："制造业是立国之本、强国之基。""高端制造是经济高质量发展的重要支撑。推动我国制造业转型升级，建设制造强国，必须加强技术研发，提高国产化替代率，把科技的命脉掌握在自己手中，国家才能真正强大起来。"

进入新时代以来，放眼全球，不论是从非洲街头的服装到欧洲的5G基站，还是从东南亚工厂的智能手机到疾驰全球的高铁，中国制造以全球最完备的工业体系支撑起世界供应链的完美运行。中国制造的硬核出圈，是中国经济高质量发展的精彩缩影，也是中国走向世界舞台中央的生动写照。

放眼世界经济发展史，可以发现：制造业兴，则经济兴、国家强；制造业衰，则经济衰、国家弱。当前，新一轮科技革命和产业变革蓬勃兴起，数字技术、人工智能技术和制造业深度融合，形成新的生产方式、产业形态、商业模式和经济增长点。欧美国家之所以拥有强大的国际话语权和影响力，主要是因为其在关键核心零部件、重要基础材料等领域占据领先地位。一国拥有的核心产业和关键技术决定着其在全球价值链中的位势，这也是国家竞争力的集中体现。面对复杂的国内外形势，突破关键核心技术，通过技术创新、产业链创新，推动价值链由中低端向中高端攀升，实现更高的附加价值率和利润率，提升制造业的高端化水平，是制造业高质量发展攻坚突破的重要方向。我们欣喜地看到，以中国中车为代表的装备制造业不仅树起了轨道交通产业的国际标杆，还将高铁安全、快速、高效的理念向全世界传播，成为我国靓丽的国家名片。当然，除了高铁装备外，新能源车、电信技术、航空航天……这些硬核领域的突破，直接把“Made in China”升级成了“Created in China”。“中国制造不再是世界的选择，而是世界的必需品”。

回顾中国工业历史，1881 年中国第一台蒸汽机车“中国火箭”号的嘶鸣，开启了我国“机车时代”的工业化篇章。新中国成立后，我国轨道交通装备制造业在探索中发展。1952 年新中国制造的第一台蒸汽机车——“八一”号下线投用，1958 年成功研制第一台干线内燃机车、第一台电力机车，20 世纪 60 年代成功研制出地铁列车。改革开放以来，轨道交通装备制造业推进内燃化、电气化发展，引进国外先进技术和设备，推动国产化，研制生产不同类型、不同用途的机车车辆。自 2004 年开始，轨道交通装备制造业逐步从引进、消化、吸收再创新到自主创新，着力研发具有完全自主知识产权的轨道交通装备，进入速度更快、技术更优的做大做强阶段。如今“复兴号”动车组以 350 公里时速穿越华夏大地，成就中国高铁神话。高铁、城市轨道交通等领域在技术水平和产业规模上的大幅提升，是实现从“中国制造”到“中国创造”跨越的最佳注脚。近些年来，我国轨道交通装备制造业通过不断加大国际市场开拓力度，参与国际项目建设，与其他国家进行技术合作，高铁技术、城市轨道交通车辆等走出国门，扩大了全球影响力。作为全球轨道交通装备产业的“规则制定者”，中车集团用一百四十余年时间完成了一场从“技术追赶”到“创新引领”的史诗级跨越。承载了中国向制造强国迈进的坚定信念，绘就“连接世界、造福人类”的美好愿景。中车的崛起是中国高端制造从“跟随者”到“规则制定者”的蜕变，是技术创新与商业模式的双重突破，有望重塑全球轨交产业格局。

党的十八大以来，我国工业规模进一步壮大，2024年全部工业增加值40.5万亿元，占GDP比重约30%。制造业增加值占全球比重约30%，绝对规模超过美国、日本和德国的总和，二百二十多种工业产品产量位居世界首位。超大规模工业体量和完备的产业体系，不仅有力支撑我国经济增长，有力维护产业链供应链安全稳定，而且为全球消费者提供品类丰富的商品选择，促进了全球技术进步和产业升级。目前，新一代科技革命和产业变革加速演进，互联网、大数据、云计算、人工智能等技术以及新材料新能源产业迅猛发展，与轨道交通装备制造业深度融合，智能化、绿色化、安全舒适等成为产业未来发展重点方向。如今，我国产业科技创新能力显著增强，5G、载人航天、探月探火、深海深地探测、大飞机、航空发动机、邮轮、高端医疗装备等领域取得一批重大标志性成果。新兴产业蓬勃发展，新能源汽车、智能手机、消费级无人机、机器人、高铁等高端制造业快速崛起，涌现出一批享誉全球的中国制造。产业结构持续优化，2024年我国高技术制造业、装备制造业增加值占规模以上工业增加值的比重分别为16.3%、34.6%，比2012年分别提高了6.9个和6.6个百分点。从“造不了”到“造得出”再到“造得好”，中国制造业总体规模已连续15年位居全球第一，同时形成了全球产业门类最齐全，产业体系最完整的制造业生产体系。

铁路作为人类文明发展的成果，是造福人类前进的工具，中国社会科学院有不少学者做过铁路方面的研究，中国社会科学院经济所的宓汝成老先生就是以研究近代中国铁路发展闻名学界的，其成果包括《中国近代铁路史资料（1863—1911)》(三册)、《中华民国铁路史资料（1912—1949)》，这些资料围绕铁路建筑权归属问题，分专题收录中外交涉档案、公报、手稿等原始文献，涵盖商办铁路国有化、列强争夺路权（如四国银行团湖广借款）、孙中山铁路建设构想及中东铁路管理等内容，是研究铁路史方面的宝典。出版的专著《帝国主义与中国铁路（1847—1949)》从发展的角度解读了1949年前铁路引入中国的坎坷发展历程，是中国式现代化早期探索的一个缩影。我近三十年前所著的《铁路史话》，通过梳理中国铁路的发展史，在一定程度上说再现了中国探索工业现代化的进程，阐述了中华民族复兴进程的重要意义。因此，从历史接续以及弘扬制造强国的战略部署，《中车简史》的出版无疑是央企有为担当及学界研究助力的有效结合，共同书写中国式现代化继往开来的发展轨迹和奋斗历程。

展望新征程，以中国中车为代表的中国装备制造业必将继续秉持互利共赢的理念，推动中国成为制造强国，在全球经济舞台上持续发挥重要作用，以更加开放、包容、创新的姿态与全球伙伴共谋发展、共创未来，推动世界制造业向更高层次、更广领域迈进，为全球经济的长期繁荣稳定贡献更多中国力量。

是为序。

中国社会科学院经济研究所党委书记　龚云

2025年8月

综　述

书写轨道交通装备工业中国崛起的时代华章

早在两千多年前的丝绸之路上，驼铃声声，华夏民族精美绝伦的丝绸等贸易产品传入西方，让他们见证了汉唐时代的荣耀与昌盛；两千多年后的今天，在“一带一路”上飞速驰骋的中欧班列又将中国工业产品以及以中车为代表的科技硬实力彰显到极致，中华民族的光荣与梦想又一次完美地呈现在世界面前……人们不禁要问，在短短不过一百五十多年的历史进程中，中国的机车时代是如何从一穷二白的发展困境中跃升至行业翘楚；肩负着民族复兴和产业发展的中国机车人，又是如何书写中国轨道交通装备工业崛起的时代华章，其中蕴含的成功基因和要素构成到底有哪些呢？

红色基因挺起民族工业脊梁

应该说，作为现代文明的工业化进程一直是改写世界版图的决定性力量。遗憾的是，中国的工业化长期处于落后状态，直到洋务运动，我们才开始了追赶的脚步。其中，作为工业化重要组成部分的装备制造业也是在舶来品的基础上缓慢发展起来的。经济学原理揭示，制造业是国民经济的主体，它对一国的国内生产总值（GDP）和就业率都有着重要的贡献，是成为世界工厂的重要构成部分。制造业是立国之本、兴国之器、强国之基。英美等发达国家的工业史就是制造业兴盛的历史，它们长期占据着制造业的高地，将规模化、集约化的产品优势发挥到极致，形成了以其为中心的世界贸易体系，其他发展中国家成为了它们的原料产地和倾销市场，只能在产业链低端苦苦挣扎。由此看来，以制造业为重要特征的工业化对于一个国家的发展具有举足轻重的作用。从这个角度来看，以中车为代表的中国装备制造业的发展尽管在19世纪中叶处于蹒跚起步的幼弱状态，但却奠定了中国制造业的发展基础。一路走来，艰难探索，玉汝于成，如今，中国已经成为世界上最大的制造业国家，其规模和产量在全球都占有重要地位，成为21世纪名副其实的世界工厂。随着科技进步和人才培养的加强，中国的制造业逐渐从低端制造业向高端制造业转型升级。随着中国经济的不断发展和政策的不断优化，以中国中车股份有限公司（以下简称“中车”）为代表的中国制造业已经成为全球最具竞争力的制造业之一。“中国制造”开始向“中国智造”转型升级。

回首过往，1921年，中国共产党成立。在当时多灾多难的历史环境下，中国共产党是中国人民在救亡图存斗争中顽强求索的必然产物，是实现中华民族伟大复兴的必然产物。此时距中国开启工业化进程不过约60年，距中国蒸汽机车的引入也只有约40年。中国共产党和中国产业工人作为中国先进生产力的代表、肩负中华民族伟大复兴的重要使命，二者共同推动中国的产业进步。因此，红色基因就成了伴随中车发展的最为鲜亮的底色。

2021年6月，在中共中央政治局就用好红色资源、赓续红色血脉进行第三十一次集体学习时，习近平总书记强调：“红色是中国共产党、中华人民共和国最鲜亮的底色……代表着我们党走过的光辉历程、取得的重大成就，展现了我们党的梦想和追求、情怀和担当、牺牲和奉献，汇聚成我们党的红色血脉。”①

① 《习近平关于社会主义精神文明建设论述摘编》，中央文献出版社2022年版，第166页。

轨道交通装备工业是中国共产党领导中国工人阶级登上政治舞台的最早发源地之一。随着不同时期党的使命任务不同，广大机车工人响应党的号召，听从党的指挥，在革命、建设、改革发展实践中形成了伟大的轨道装备工业精神谱系，其中，“二七”精神、“毛泽东号”精神、“铁牛号”精神、成昆精神、大秦重载精神、高铁创新精神、青藏铁路精神等，最具时代性、先进性、代表性。这些伟大精神熔铸了中车人始终听党话、永远跟党走的红色基因，一直牢牢印刻在中国铁路历史深处，并深深融入改革发展时代脉动之中。

伴随着中国革命、建设、改革一路走来，中车的发展历程就是中华民族铁路装备工业发展的缩影，从设计制造时速35公里的蒸汽机车到时速350公里的“复兴号”高速列车，中车见证了我国百年来的沧桑巨变。1881年从胥各庄修车厂起步的中国中车，在创业之初就承载着实业兴邦、产业报国的使命，在近150年的历程里，中车人矢志不渝、接续奋斗，不断丰富红色精神内涵和实质。20世纪初期，因铁路而生的中车企业，孕育了中国早期的产业工人队伍，成为中国工人运动的策源地，是中国共产党领导的第一次工人运动高潮的重要力量。中车所属企业还诞生了多个其所在地的第一个党支部、第一个工会组织、第一个共产党员，涌现出了王荷波、邓培、孙云鹏、林祥谦等中国共产党早期领导人以及工人运动领袖，成为传播马克思主义、播撒革命火种、领导工人运动的重要阵地，凝练成了“感党恩、听党话、跟党走”的政治品格，铸成了独特的“红色基因”，形成了一代代中车人信仰的种子和精神的内核。在胥各庄、长辛店、戚墅堰、浦镇、四方、南口等地的中车16家“百年老店”均诞生于那个动荡不安的年代。从清朝末年的产业萌芽，到中华人民共和国成立时获得新生，中车人修车造车、艰苦创业，抗击外敌、奋勇斗争，爱国护厂、迎接黎明，书写了一段光辉的传奇、一部厚重的历史，更锻造出了中车产业报国、实业兴邦的鲜明品格。

中华人民共和国成立后，百废待兴，中车沿着国家指引的方向奋勇前进，大力发展生产，加强企业管理，推进新产品研制，完善机车车辆工业体系，带领中国铁路装备工业成为国民经济发展的产业引擎。伴随着改革开放的时代浪潮，中车更是以前所未有的磅礴气势深化改革、转机建制，逐步建立现代企业制度；坚持自主创新，推动技术升级，形成完备的产业链体系；推进高端制造，加快产业转型，创新发展模式，实现企业高质量发展。举世瞩目的辉煌成就，使中车跻身于国际轨道交通装备行业前列，成为中国高端装备制造业的排头兵，充分彰显了行业先锋、装备典范的先锋本色和为国家强盛领跑的家国情怀。

回顾中国轨道交通产业百余年发展历程，中车人在中国共产党领导下留下了忘我奋斗的坚实足迹，展示着中车人为实现中华民族伟大复兴，不忘初心、砥砺前行的壮丽画卷。中车始终秉持“实业兴邦、产业报国”的初心使命，传承红色基因，彰显先锋本色，铸就大国重器。习近平总书记曾指出：“一个时代有一个时代的问题，一代人有一代人的使命。”① 进入新时代，中车毫不动摇地坚持党的领导，以先锋铸魂强党建、以高铁筑梦树典范，开启了高质量党建引领高质量发展的新征程。中车奋勇担当交通强国、产业先行的历史使命，大力弘扬和践行伟大高铁创新精神，努力在新时代展现新气象新作为。

创新厚植工业化根基

起始于 18 世纪中期的全球工业化将人类带入突飞猛进的发展阶段。

① 《习近平著作选读》第二卷，人民出版社 2023 年版，第 142 页。

清末以来，面临积贫积弱的发展困境，中华民族也开始了工业化的追赶脚步。受制于体制的约束，洋务运动只是工业化思潮的启蒙，中国的资源与市场成了先行工业化国家的掠夺对象。在中国共产党的领导下，驱逐侵略者并取得民族独立之后，中国才开始了真正的工业化进程。毛泽东在党的七大上作的《论联合政府》的报告中，第一次表露了中国要实行工业化的初心，他指出："没有独立、自由、民主和统一，不可能建设真正大规模的工业。没有工业，便没有巩固的国防，便没有人民的福利，便没有国家的富强。"①

1949 年以来，我国仅用六七十年时间便完成了工业化。与全世界曾经最大、最早的工业化国家上百年的工业化历程相比，我国减少了 30%—40%的时间；与发达国家近 300 年的工业化历程相比，我国仅用了四分之一的时间。终于，我国建成了世界上最大、最完整的工业体系，这是迄今为止人类工业化历程中独一无二的。在这一历史进程中，中车高举创新大旗，融入中国工业化的洪流之中，厚植了我国工业化的发展根基。

熊彼特作为创新理论的提出者，强调大企业是技术进步最有力的发动机，基于大企业的资源优势、规模效益和管理能力，更有利于提升企业的技术创新能力。其中，资源优势来源于企业研发（R&D）经费投入和人力资源的价值创造，通过有效的管理提升技术创新效率，尤其在高技术产业发展由低速转向高速时，人力资源和管理水平的影响效果将大大提高。

中国高铁的发展是中国制造业最具代表性的产业之一，在持续发展中构建起了独具特色的中国高铁产业创新生态系统，实现了高铁技术从无到有，从引进、消化、吸收再创新到自主创新，迈向领先地位的飞跃。截至 2024 年年底，中国高速铁路运营总里程达 4.8 万公里，约占全球高铁运营

① 《毛泽东选集》第三卷，人民出版社 1991 年版，第 1080 页。

总里程的70%以上，并率先实现了“智能高铁”的技术创新。高铁产业作为中国高端装备制造业的“亮丽名片”，是中车通过技术创新突破先进制造落后局面的重要产业，在实现自主研发、具有完全知识产权的过程中通过商业化实践带来可持续发展。这既符合国家宏观发展理念，也为区域协调发展和广大人民群众带来普惠性和正外部性。

从技术进步的角度看，“引进先进技术、联合设计生产、打造中国品牌”的发展战略是国务院2004年批准通过的《中长期铁路网络规划》中提出的发展高速铁路的指导方针。2004—2005年，中国在铁道部统一部署下，从川崎重工、庞巴迪、阿尔斯通和西门子等当时国际领先的高铁装备制造企业引进动车组产品和技术。经过消化吸收和再创新，中国中车仅用10年时间便研发出具有完全自主知识产权和中国标准、时速350公里的“复兴号”动车组，成为世界上唯一实现高铁时速350公里商业运营的国家，在高铁工程建设、装备制造、运营管理三大领域掌握了成套高铁技术体系。中国高铁产业链的核心企业只有在拥有长期积累的技术能力基础的情况下，才有可能吸收和引进先进的技术。高铁作为最重要的交通基础设施之一，极大地压缩了时空距离，加强了城市之间的联系，已经被广泛认为是中国的一项伟大成就，是中国在高端装备制造业轨道交通领域取得创新演进的标志性产业。

从市场占有率来看，在国内市场，“和谐号”和“复兴号”两个自主品牌动车组占据了100%的市场份额；在国际市场，中国自主品牌动车组已经出口到马来西亚、捷克、印尼、奥地利、德国、匈牙利等国家。中国轨道交通装备产业已形成完整的产业链生态格局。在整车制造领域，涌现出中车四方、中车长客、中车唐车等行业领军企业；在核心零部件领域，株洲所、戚墅堰所、纵横机电等骨干企业集群迅速崛起，构建起涵盖牵引传动、电力电子、制动控制、机械传动等关键技术领域的配套体系。经过引进消化吸收再创新、正向设计和自主知识产权创新3个阶段，中国几乎在交流传动技术、高性能转向架技术、复合制动技术、头型流线化技术、车体结构轻量化技术、列车制动控制及故障诊断技术、车厢密封技术、密接式车钩缓冲器技术、高性能受电弓技术、倾摆式车体技术等高铁关键技术的每一个领域都培育形成了掌握先进技术的本土创新主体。① 中国中车卓越的技术创新不仅表现在技术水平对前沿的快速追赶，更重要的是，实现了从总成到核心零部件、控制软件和基础材料的全面替代和技术自主，从而形成了不同于中国其他行业的技术能力地位。

当前，新一轮科技革命和产业变革正在重塑全球经济结构，市场环境千变万化。这既需要企业保持定力，甘于坐冷板凳，钻研产业难点、产业前沿问题；也要求企业抬头看路，及时抓住市场机遇，挖掘新的增长点。从高铁到风电、储能、汽车等行业，中车都表现优异。中车的成功跨界得益于既专又多：专，体现在深耕高铁技术、持续研发、保持领先；多，则在于保持市场敏锐度，尽可能将高铁技术延伸拓展到更多领域。例如，风力发电机销量稳居国内第一、储能装备2023年中标量排名国内第一、汽车减振及轻量化销售规模全球第三……这些成绩属于中国中车。

作为轨道交通装备产业链上的“火车头”，中车在补齐短板弱项之余，更加重视实施产业链创新引领工程，带动产业链整体提升。中国中车以CR450、高速磁浮交通系统、中国标准地铁列车等重大工程为引领，填补领域空白，抢占前沿高地，巩固提升产业链优势。“一链带多核、一链多平台、多链共平台”正是中车的思路和措施。国内一流科研院所和高校，一众产业链及战略供应单位、业内骨干企业，与中国中车组成“政、产、学、研、用、协”自主创新联合体，多名院士和众多行业专家参与项目技

① 吕铁、贺俊：《政府干预何以有效：对中国高铁技术赶超的调查研究》，《管理世界》2019年第9期。

术研讨和评审。成功完成关键部件的研制，实现了城轨装备核心技术、关键部件自主可控；各关键系统自主化和技术升级，打破了关键零部件的技术依赖，推动了产业链健康、协同发展。近年来，中车的研发投入强度始终保持在6%以上，建成2个国家级创新中心、10个国家级研发机构、21家国家认定企业技术中心和18家海外研发中心。加快打造先进轨道交通装备领域原创技术策源地，目前已实现基础性、紧迫性、前沿性、颠覆性“四性”技术突破17项。“十四五”国家重点研发计划、中央企业创新联合体等重大科技专项取得阶段性成果。CR450动车组创造了相对交会时速891公里的世界纪录，国内首套高温超导电动悬浮全要素试验系统完成首次悬浮运行，全球最大功率20兆瓦半直驱永磁风力发电机成功下线，全球最长112米陆上风电叶片装机应用。加快推进数字化转型和产业数字化，两化融合发展指数达到91.25。加快产业创新，增强发展后劲。在中央企业战略性新兴产业焕新行动、未来产业启航行动中，分别承担7个战新产业29项任务、4个未来产业12项任务。

当前，全球科技变革日新月异，人工智能是新一轮科技革命和产业变革的重要驱动力量。从交通运输行业的状况看，移动互联网、大数据、物联网、人工智能和区块链等新理论新技术正加速向交通运输行业渗透，交通运输行业面临着大变革大机遇。如何抓住全球新一轮科技革命和产业变革的机遇，建设科技强国、交通强国，中车必将紧牵科技创新这个“牛鼻子”，紧跟科技发展趋势，进一步深化关键共性技术、现代工程技术、前沿引领技术、颠覆性技术的追踪和研究，努力为交通强国提供“中车方案”。

展示中国式现代化的成就

许多工业化的代表性成果不仅是现代化的重要标识，更是一个国家工业化水平的重要体现。从蒸汽机车到飞驰在祖国广袤大地上的“复兴号”，中国铁路的发展变迁也是中国工业发展壮大的缩影。进入新时代，作为中国式现代化的重要组成部分，轨道运输装备工业成为中国装备制造业水平的一张亮丽名片，成为推进中国式现代化的强大动力，中国中车也将继续在中国式现代化进程中扮演火车头角色。

中国是一个国土广阔的大国，铁路作为一种经济、便捷、有效的交通运输方式，无论是服务广大人民群众的出行需求，还是服务国家物资流动的货运需求，都发挥着其他交通方式不可替代的战略作用。随着铁路的技术升级，铁路将加速我国人员与物资的流动，从而更快地促进全国统一大市场的形成。在全国统一大市场的基础上，中华民族共同体将更为牢不可破，这应该是新时代新工业文明对于中国的重要战略意义。与此同时，铁路作为一种技术集成度高的工业，将有力拉动高端装备制造业等产业的发展，从而加快我国现代化产业体系的构建。铁路技术的出口，以及中欧班列的运营，也将推动我国深化对外开放，完善经济发展的安全保障体系，推动更友好、普惠的国际经济新秩序的形成，是新的工业文明赋予人类命运共同体的意涵。

习近平总书记在中央财经委员会第十一次会议上强调，“基础设施是经济社会发展的重要支撑，要统筹发展和安全，优化基础设施布局、结构、功能和发展模式，构建现代化基础设施体系，为全面建设社会主义现代化国家打下坚实基础”。① 铁路是构建现代化基础设施体系的重要组成部分，是国家综合立体交通网的主干，在畅通市场中发挥着巨大作用。铁路网络的畅通可以扩大市场、促进区域产业分工协作和资源配置优化，有利于推动全国统一大市场建设。我国各地区自然资源禀赋差别之大在世界

① 《习近平主持召开中央财经委员会第十一次会议强调：全面加强基础设施体系 为全面建设社会主义现代化国家打下坚实基础》，《人民日报》2022 年 4 月 27 日。

上是少有的，统筹区域发展一直都是一个重大问题。铁路建设不仅能为京津冀协同发展、粤港澳大湾区建设、长三角一体化发展等区域重大战略的实施打通关节、疏通堵点，强化中心城市对周边地区的辐射和带动作用；更能形成纵横全国的运输大通道，更好发挥东西南北中各地区的比较优势，促进能源、粮食、产品、人力资源等合理流动和高效聚集，为增强区域平衡性提供有力支撑。从“和谐号”到“复兴号”，从时速200公里到时速350公里，从驰骋中华大地到驶出国门走向世界，“大国重器”不断书写中国速度、中国标准的新高度。

在实现从追赶到领跑的跨越过程中，中车系统通过自主创新掌握了高速铁路建设成套技术，特别是在智能铁路建造技术领域取得突破，成功设计并建成世界首条智能高铁——京张高铁，向世界展示了中国高铁建设的水平。在京雄城际铁路建设中，中车团队进一步实现技术突破，首次实现了铁路从设计、施工到运营的三维数字化智能管理，树立了世界智能高铁建设的新标杆。在重载铁路建设方面，中车系统攻克了30吨轴重重载铁路建造关键技术，突破了重载路基、桥梁加固、编组站扩能、跨江跨湖、长大隧道掘进等一系列重大科技难题。依托这些技术成果，成功建成了浩吉铁路、瓦日铁路等多条重载铁路，既填补了世界重载铁路建设领域的多项空白，又构建了我国新的能源运输大通道。

党的十八大以来，习近平总书记高度重视人工智能发展，多次发表关于人工智能的重要论述，为人工智能的应用作出重要指示，促进人工智能和交通领域深度融合。习近平总书记要求进一步推动大数据、互联网、人工智能、区块链等新技术与交通行业深度融合，提出发展智慧交通的指示，使得智慧交通的全面发展有了思想基础，成为未来交通领域发展的战略目标。智慧交通的理念源自智能交通，是在智能交通技术发展的基础上，以提升交通综合效率和保障交通通行安全为目标，融入物联网、云计算、大数据、移动互联等高新IT技术，构建涵盖车、人、交通基础设施、环境等多要素的交通生态系统。智慧交通是未来交通的发展趋势，也是交通和时代结合的产物。近年来，我国交通行业大力推进互联网、大数据、人工智能、区块链、超级计算等新技术，同交通基础设施和交通工具深度融合，不断探索，将交通发展推向新高度。中车在智能化装备制造领域得风气之先，数智融合正在走深走实。

应该说，现代化是世界历史的潮流，浩浩荡荡，不可阻挡，中国走向现代化是历史的必然。正如习近平总书记指出的："中国式现代化，是我们为如何唤醒'睡狮'、实现民族复兴这个重大历史课题所给出的答案"①。中国式现代化使具有五千多年文明历史的中华民族全面迈向现代化，让中华文明在现代化进程中焕发出新的蓬勃生机。

习近平总书记在2018年9月26日视察中车时强调："装备制造业，是国之重器是实体经济的重要组成部分。② 作为我国轨道交通装备行业唯一一家产业化集团，中车深入学习贯彻落实习近平总书记重要讲话和重要指示批示精神，认真践行"五个必须"，坚持党建引领、改革创新和开放合作，打造"大国重器"，擦亮"国家名片"，全力以赴在中国式现代化伟大实践中担当央企使命责任。

成为现代公司治理的典范

近年来，中车通过建立健全各司其职、各负其责、协调运转、有效制

① 习近平：《以中国式现代化全面推进强国建设、民族复兴伟业》，《求是》2025年第1期。

② 《习近平在东北三省考察并主持召开深入推进东北振兴座谈会时强调：解放思想锐意进取深化改革破解矛盾　以新气象新担当新作为推进东北振兴》，《人民日报》2018年9月29日。

衡的法人治理结构，不断完善法人治理制度体系；通过优化董事会结构、落实董事会职权、充分发挥外部董事作用等措施，扎实推进规范董事会建设，成为中国特色现代国有企业公司治理的典范。中车在中央企业负责人经营业绩考核、党建责任制考核中持续蝉联“A”级评价，品牌价值达 1601.21 亿元，蝉联中国机械设备制造领域榜首，连续多年上榜《财富》世界 500 强，并于 2024 年入选“中国 ESG 上市公司先锋 100”榜单。未来，中车将在培育和发展新质生产力、加快构建现代化产业体系，服务构建新发展格局中作出新的更大的贡献。

公司治理是一组规范各利益相关者的有关权责利关系的制度安排，是现代企业最核心的制度框架，是企业健康可持续发展的重要保障。改革开放之后，经过近 50 年的国有企业改革，国有企业经营机制发生了重大变化，大部分已进行公司制、股份制改革，初步建立起现代企业制度，公司治理结构逐步规范，大多数国有企业已经成为独立自主经营的市场主体，从计划经济体制附属的传统国营企业转变为市场经济体制下的“新国企”。在企业改革发展历程中，中车形成了融合中国特色和国际视野的治理体系；融合了红色基因、国际化基因和市场化基因。在国有企业做优做强做大的道路上持续探索并进行了丰富的实践，为国有企业改革发展和公司治理提供了宝贵经验。中车的公司治理历程可分为五个阶段：1881 年到 1949 年，中车在探索中国工业化过程中，为未来的现代企业治理注入与生俱来的红色基因，奠定了中国特色现代企业制度的基石；1949 年到 1978 年，中车在建立和完善中国机车工业的过程中筚路蓝缕，艰辛探索，初步建成了我国轨道交通装备工业的发展体系；1979 年到 2012 年，中车开始探索并完善现代企业制度，为 21 世纪的跨越式发展打下了良好基础；进入中国特色社会主义新时代以来，中车抢抓发展机遇，通过系统整合、凝心聚力的战略调整，开启了迈向全球化公司的新征程。作为我国轨道交通装备行业唯一一家产业化集团，中车定位于全球规模领先、品种齐全、技术一流的高端装备制造商和系统解决方案提供商，清洁能源装备骨干企业。中车通过进一步夯实中国特色现代企业制度、顺应时代需求，探索全球公司治理标准与中国公司治理实践相结合的国资央企典范。实践表明，治理体系和治理能力现代化是企业可持续发展的制度基础和比较优势来源，为企业发展提供不竭动力。

在未来的发展道路上，中车将以立新格局实现业务布局新突破，以立新模式实现市场拓展新突破，以立新优势实现科技创新新突破，以立新机制实现改革创新新突破，以立新标杆实现管理提升新突破，以立新服务实现产融结合新突破，以立新价值实现党建“金名片”建设新突破。中车的现代公司治理范式必将成为独一无二的中国企业标杆，并将为全球公司治理提供真实可信的中国方案。

让中国智造惠及全球

随着全球经济一体化和基础设施互联互通的不断增强，不仅为中国中车实现高质量发展提供了机会，更为中国中车融入世界铁路发展带来了良好的机遇。中国始终坚定地维护世界和平，并将自身在现代化进程中取得的成果惠及世界。交通基础设施是承载和平与发展双重使命的重要领域。完善的交通运输体系是对外开放的基本条件。交通强国建设是推进基础设施“硬联通”和制度规则“软联通”的先行条件，助力国际关系基本准则和国家间交往多边合作关系的维护。中国通过“一带一路”建设积极扩大交通区域对接范围，深度参与全球发展合作，深化与共建国家的友好合作关系。“一带一路”建设助力中国积极参与全球治理，为中国成为世界和平与国际秩序的维护者保驾护航。

中国高铁发展的经验证明，中国可以成为大型技术系统的创新者和引领者。也正是因为中国高铁走上激进创新的道路，所以中国才被认为是世界轨道交通革命的引领者，而在既有线上使用时速160公里的动车组就会被认为是创新，而不再是技不如人。[①]20世纪30年代以来，随着汽车工业的快速发展及高速公路网络的完善，发达国家纷纷进入“车轮上的国家”行列，尤以美国为主要代表。这一进程导致铁路运输业进入低潮期。20世纪60年代，在整合通信技术、计算机技术、电子技术、自动化技术和冶金技术等学科的最新成果的基础上，中国轨道交通装备工业的技术突破推动铁路行业重新焕发生机。以电力牵引技术为基础发展起来的高铁的出现显著提升了铁路系统的安全性、运行效率、时速上限与乘坐舒适度，使铁路行业重新赢得了世人的青睐。铁路的这种技术进步还逐渐渗透在地下铁路、自动化铁路、高速客运铁路和重载铁路等领域。经过短短几十年的发展，以“和谐号”高速动车组开通为标志，中国迈入世界铁路发展的第一阵营。

自“一带一路”倡议提出以来，中车国际化经营换挡提速，积极参与全球高端市场竞争。出口市场实现了由亚非拉传统市场向欧美澳高端市场的转变，在模式上实现了从产品出口到产品、技术、服务、资本全方位出口的拓展。目前，中车产品服务覆盖52个“一带一路”共建国家和地区，产品覆盖6大洲116个国家和地区，包括欧洲、美洲、大洋洲的一些发达国家。中老铁路全线开通，采用中国标准、融合中老文化特色的“澜沧号”动车组投入运营。雅万高铁自2023年10月正式开通运营以来累计发送旅客突破200万人次。匈塞铁路高速动车组项目正式签约，标志着中国高铁首次出口欧洲实现重大突破。中车践行国家“走出去”战略，顺应世界发

① 路风：《冲破迷雾——揭开中国高铁技术进步之源》，《管理世界》2019年第9期。

展大势，以向世界奉献中国铁路机车车辆产品为己任，致力推进全球互联互通。经过多年的快速发展和积淀，中国中车已经成为世界铁路机车车辆行业之翘楚，实现了从产品输出到标准输出的跨越。面对我国轨道交通发展的历史性机遇，中国中车在构建人类命运共同体、促进全球互联互通中，贡献中国方案、中国技术、中国智慧。从“中车看世界”到“世界看中车”，“中车品牌”已成为中国中车综合实力、创新能力的重要象征，成为企业高质量发展的重要标识。

中车的国际化之路已经走过了七十余年。在七十余年中，中车的国际化发展先后经历了三个阶段：出口贸易阶段、战略布局阶段和全球资源配置阶段。中车实现了从专注国内市场、少量产品出口到投身国际市场的跨越，国际化经营能力和水平的不断提升。出口产品实现了从中低端到中高端的升级；出口市场实现了从亚非拉拓展至欧美澳；出口形式实现了从单一的产品出口到产品、资本、技术、服务等多种形式的组合出口；出口理念实现了从产品“走出去”到产能“走进去”、品牌“走上去”的转变。得益于全球轨道交通行业的蓬勃发展，特别是中国轨道交通行业的蓬勃发展以及中车自身铁路技术的不断积累、提升与自主创新，中车海外业务总体布局已基本形成。在美国、德国、英国、澳大利亚、马来西亚、土耳其、南非、印度等国家，中车通过投资并购企业、组建研发中心、建设制造基地等方式，形成了轨道交通全产业链服务体系，持续带动当地产业发展和就业，初步实现了全球资源的有效利用。

在全球供应链合作与绿色转型的时代浪潮中，中车正大力推进改革，布局新质生产力，致力于打造以轨道交通装备为核心的“双赛道、双集群”发展格局，推动轨道交通与清洁能源装备协同发展，引领产业升级。未来，中国中车将继续加强与全球供应链的国际化合作，进一步扩大中国中车完整供应链“朋友圈”，推动全球供应链的智能化、绿色化转型，为国家“双碳”战略和全球早日实现“零碳”目标贡献中车力量、提供中国智慧。

习近平总书记在谈到共建“一带一路”的经验时表示，人类是相互依存的命运共同体。世界好，中国才会好；中国好，世界会更好。自习近平总书记 2013 年提出构建人类命运共同体理念以来，其思想内涵不断丰富发展。推动构建人类命运共同体已成为中国在世界历史演变重要关头，为共同应对全球挑战、共创美好未来提供的中国方案，为动荡变革的世界廓清迷雾，为全球发展指明前行方向。

进入新时代以来，中国中车以“连接世界、造福人类”为企业使命，秉承“守中致和、厚德载物”的社会责任观，不仅实现了“走出去、走进去、留下来”的目标，还站在了“打造受人尊敬的国际化公司”的更大舞台上。同时，中车致力于为世界各国提供安全、高效、绿色、智能、人文的轨道交通装备产品和服务，努力为构建人类命运共同体贡献中车产品、中车技术和中车方案。面对新的时代挑战和历史机遇，中车将始终与各国企业一同努力，分享创新模式和成功经验，让中车更好地改善全球各国人民的生活，为构建人类命运共同体作出积极贡献。

目　录

CONTENTS

前 言

1825年，世界上第一条使用蒸汽机车的铁路在英国诞生，从此开启了工业化的序幕，交通变革的机车时代正式来临。毋庸置疑，铁路这一现代化的交通运输工具，对于社会经济发展发挥了重要作用。在近代中国，铁路成为帝国主义列强竞相争夺的对象。

作为资本主义发展到一定阶段的产物，列宁指出："铁路是资本主义工业的最主要的部门即煤炭和钢铁工业的总结，是世界贸易发展与资产阶级民主文明的总结和最显著的指标。"① 有学者断言："最能象征19世纪全球性转变的东西，就是铁路了。"② 马克斯·韦伯认为："就总的经济生活而不是单单就商业来说，铁路是有史以来最具有革命性的一种工具。"③ 铁路的出现对近代以来的世界产生了深远的影响，中国近代早期维新思想家王韬就看到："今日欧洲诸国日臻强盛，智慧之士造火轮舟车以通同洲异洲诸国，东、西两半球足迹几无不遍穷岛异民几无不至，合一之机将兆于此。"④

经过两次鸦片战争的失败，以及太平天国运动的打击，清朝内外交困，一部分官僚开始认识到西方坚船利炮的威力。为了解除内忧外患，实

① 《列宁全集》第22卷，人民出版社1958年版，第182页。

② ［美］彭慕兰、史蒂夫·托皮克：《贸易打造的世界——社会、文化与世界经济》，黄中宪译，陕西师范大学出版社2008年版，第88页。

③ ［德］马克斯·韦伯：《经济通史》，姚曾廙译，上海三联书店2006年版，第186页。

④ 王韬：《弢园文新编》，生活·读书·新知三联书店1998年版，第2页。

现富国强兵，以维护清朝统治，他们发起了学习西方先进技术的洋务运动。洋务派以“自强”“求富”为口号，利用西方军事装备、机器生产和科学技术，试图挽救清朝统治。在西方各国先后开始第一轮铁路建设热潮之后，有关铁路的知识传入中国，随后出现了要求在中国建造铁路的设想、呼声和舆论。西方发达国家希望借助修建中国铁路打开倾销商品的市场，而中国的有识之士也认识到了现代交通工具产生的革命性影响。“铁路，是沟通文化的血管，是开发富源的先锋，是培植政治力量的利器，是树立国防策略的首要工具。”① 近代著名的铁路工程专家和路史研究专家凌鸿勋的看法更令人深思，他说：“举凡我国社会的转变，思想的醒觉，经济的发展，以及政治的演进，国运的隆替，件件与铁路问题有关。”② 在中外各种力量的博弈之下，1865 年北京宣武门修建了一段长约 500 米的展览性铁路，1876 年长约 14.5 公里的吴淞铁路建成，1881 年我国第一条官督商办自建铁路——全长 10 公里的唐胥铁路建成通车。也就在 1881 年，中国第一家铁路工厂——胥各庄修车厂诞生，开启了中国铁路工业从“0”到“1”的里程碑。自此以后，中国的铁路线在艰难曲折中延展，逐步形成了近代中国的铁路网雏形。1912 年，孙中山在担任全国铁路督办时曾指出：“交通为实业之母，铁路又为交通之母。”③ 从宏观方面强调了铁路在国民经济中的重要作用。直到 1949 年中华人民共和国成立前，中国只修建了 2.6 万公里铁路，无论按国土面积或按人口平均，都远低于欧美，也低于亚洲的平均数。这些铁路主要集中在中国东部。

不过值得注意的是，伴随着铁路线的延伸，中车所属的一些早期铁路修造厂也相继建立，包括京奉铁路唐山制造厂、长辛店机厂、哈尔滨机械

① 张惟恪：《东北抗日的铁路政策》，（中国台北）文海出版社 1982 年版，第 1 页。
② 凌鸿勋：《中国铁路志·前言》，（中国台北）文海出版社 1954 年版，第 1 页。
③ 胡汉民编：《总理全集》第 2 集，上海民智书局 1930 年版，第 151 页。

总工厂、大连铁路工厂、四方工厂、江岸机厂、石家庄总机厂、吴淞（戚墅堰）机厂等修配工厂的成立，为我国近代铁路工业的形成奠定了一定的基础。与此同时，以詹天佑为代表的归国留美学童在参与国外公司在中国的筑路活动过程中，逐渐能够独立自主地筹划一些铁路的规划、修建及运营管理，在降低成本的同时也促进了中国轨道运输装备工业的起步。这一时期，中国铁路线路的勘测、设计、施工，以及铁路标准、轨道轨距、轨重等方面均向世界水平看齐。他们还积极参加相关国际组织，参与相关国际会议，很好地将国际标准在中国的铁路修筑、建设管理等方面加以贯彻实施，取得了一定的发展成效。

由于代表先进生产力的早期铁路工人具有革命斗争性强、传播信息速度快、社会影响力大、纪律严明便于组织等特点，他们成为变革社会的中坚力量。因此，一批具有早期共产主义思想的先进知识分子就将铁路工人队伍作为最早宣传马克思主义的对象，许多追求思想进步的铁路工人迅速加入党组织。中车的铁路机厂成为了早期党组织传播马列主义、播撒革命火种、领导工人运动的重要阵地，诞生了当地早期的党组织、工会组织和青年团组织。这些党的先进组织所开展的革命活动构成了中车红色基因深厚的历史底蕴。

纵观整个近代史，中车的命运始终与民族的兴衰紧密相连，见证了国家百年的沧桑巨变。这一时期铁路建设的基本特点包括：一是起步晚、发展慢。铁路在中国的出现比世界铁路的诞生晚了约 50 年。二是数量少、分布偏。至 1949 年新中国成立前，全国 2 万多公里的铁路线多建在东北和沿海地区，广阔的西北、西南地区只有 1600 多公里。三是设备差、效率低。铁路技术设备基本依赖进口，轨距不一，型号杂乱，有“万国铁路博物馆”之称；管理分割，运输效率低下。四是受制于人、路权旁落。借款修筑并以路产和营业收入作为抵押，必然导致铁路行车权、管理权、用人权、购料权由外国把持；外国直接修建经营的铁路，利权则全部被掠夺。

筚路蓝缕，负重前行，中国中车将民族工业不屈不挠的探索精神写在了华夏大地上，一步一个脚印推动中国轨道交通装备工业向前发展……

第一章

中车在洋务运动浪潮中萌发初现

在历史的长河中，每一个起点都孕育着未来的辉煌。1814年，英国人斯蒂芬森发明了蒸汽机车，从此人类的交通运输业进入了一个以蒸汽为动力的时代。19世纪初叶，工业革命已经开始席卷整个欧洲，社会生产力得以空前发展，蒸汽机、铁路等新技术带来了产能的极大提升。铁路成为近代工业革命的重要结晶和显著标志，不仅开辟了陆地交通运输的历史新纪元，而且对世界早期现代化进程产生了至关重要的推动作用。中国铁路起步于“西风东渐”的晚清时期，1840年爆发的第一次鸦片战争，正是西方工业革命成果与中国传统封建帝制激烈交锋的体现。1861年，第二次鸦片战争结束后，清政府从中央到地方掀起洋务运动，“自强”“求富”成为时代的渴望与诉求，洋务派成为铁路的支持者和倡导者。铁路的存在即是机车的存在，机车时代的快速进步带给人类更加广阔的发展空间，一个机车主宰的工业时代悄然来临。中车这个在一百四十余年后名扬全球的企业，也在洋务运动的激荡浪潮中开始萌发初现了。虽然起步艰辛，步履蹒跚，小厂众多，但是其汇聚起来的力量足以产生摧枯拉朽的不竭动能。

第一节　中国铁路的起源及机车时代的孕育

18世纪60年代，工业革命在英国率先兴起，机器逐渐渗透至工业的各个领域，一场交通领域的运输革命也随之应运而生。曾经依赖自然条件便利的河运、陆运逐步向大规模的铁路运输迈进。在这场历史性的变革中，英美等西方国家得风气之先，成为机车时代的引领者，铁路工业随之蓬勃发展。然而，拥有悠久历史与灿烂文明的中国，这个昔日科技成果斐然的技术大国，却在这场变革的浪潮中，遗憾地落在了后面。

晚清时期，清政府腐朽衰败，已濒于覆灭的边缘。社会经济方面，封建经济依然根深蒂固，加之鸦片的大量输入，导致白银外流，国家财政日益枯竭。此外，镇压太平天国起义、黄河泛滥、人口激增等问题，更是加剧了国家的困境。

鸦片战争前，清政府闭关自守。然而，鸦片战争的炮火轰开了这个闭关锁国的封建王国的大门，中国开始沦为半殖民地半封建社会。割地赔款、开放港口、传教、通商、修筑铁路、建厂，西方列强纷纷在中国谋取利益。随着传教、通商、筑路、建厂等活动的深入，欧洲各国的文化、商品、工业技术等逐渐传入中国，中国被迫开启了近代化的艰难历程。

伴随着中国的近代化进程，铁路技术及蒸汽机车、蒸汽机、轮船等近代机械技术相继传入中国。林则徐的《四洲志》、魏源的《海国图志》等著作中，开始介绍关于铁路和火车的知识。1843 年，丁拱辰所著的《演炮图说辑要·西洋火轮车火轮船图说》更是中国人撰写的第一部关于蒸汽机车及蒸汽机理论研究的图书，该书详细阐述了蒸汽机车及蒸汽机的原理。1831—1841 年间，丁拱辰曾按其所知，召集良匠，制造小火轮车模型，长一尺九寸，宽六寸，配置钢质立式双柱（汽缸）往复式蒸汽机，载重 30 斤，可正常运行。虽因资金限制未能完成实体制造，但其研究成果仍具里程碑意义。

第二次鸦片战争后，中外关系发生深刻变化，清政府设立总理各国事务衙门，各国使节纷纷入驻北京。外国人纷纷通过外交渠道建议中国修建铁路。面对这一新兴事物，中国的知识界及在外留学、考察、经商的人群表现出浓厚兴趣与高度关注。有识之士在看到中国与西方列强的差距后，开始提出效仿西方的强国之策——修建铁路。其中首推容闳，他曾提议派学生出洋留学，目的之一是欲借此促进国人对铁路的认识。1866年，中国第一个官方旅欧考察团成行，他们不仅亲身乘坐火车，参观火车制造厂，还购得火车式样图，并带回了当地华商赠送的火车模型。

同治时期，清政府对铁路的筹议呈现出三个阶段：一是同治元年至四年（1862—1865年），针对外国提出的筑路要求，清政府一律予以拒绝。二是同治四年至七年（1865—1868年），围绕对外修改条约事项，对西方各国提出的在华筑铁路之事，清政府征求各地方官员的意见；与此同时，各国则咨询其在华领事及商人的意见。虽然外国人对在华修建铁路的诉求不减，但朝中权臣李鸿章、沈葆桢、毛鸿宾、崇厚、官文、刘坤一、马新贻、丁宝桢、李翰章、曾国藩等人，都以各种理由加以反对，只有左宗棠没有反对。三是同治末年，由于中外交往日益频繁，开始有多人建议清政府修建铁路，只是因朝中顽固派的阻挠，筑路主张始终未能实施。

在争论中，各方对铁路、火轮车便利交通并无异议，恰因铁路便利交通，能使千里如瞬息，才使他们感到可怕，觉得此一西洋利器，一旦行之中国，则中国险阻尽失，门户洞开，听任洋人横冲直闯，以至于中国腹地皆有夷民，皆有夷兵，而中国只有束手待毙了。基于这种对洋人的疑惧心理，无论洋人如何解释修建铁路是为了便利中国交通，开发中国的资源，清政府始终认定其心怀鬼胎而不肯接受。

1863年7月20日，侨居上海的27家外国洋行联合上书当时的江苏巡抚李鸿章，要求修建上海至苏州铁路的特许权。他们的计划是：“拟成公司，取名苏州上海火车局，置造火车铁路。由上海至苏州，其式效外国现行之法度。”同时还宣扬了铁路便于行军、贸易等益处。

这27家洋行，21家为英国公司（包括怡和、琼记、宝顺、旗昌、沙逊、同孚等洋行），5 家为美国公司，1 家为法德合资公司。鸦片战争前，清政府实行闭关自守政策，只开放广州一口通商，外国只能在广州一地做贸易，只能与清政府规定的商行交易，且受到多种约束。鸦片战争后，清政府被迫签订《南京条约》，开放广州、厦门、上海、宁波、福州 5 处为通商口岸。外国商人很快进入上海开设公司，发展到此时，上海已经有近 200 家洋行，其中大多数由英国人运营。事实上，鸦片战争后的几十年里，英国势力一直是在中国贸易的主流。

李鸿章，1823 年生，安徽合肥人。少年读书，1847 年中进士，任翰林院编修。1851 年太平天国运动爆发后回乡督办团练，1858 年底赴江西投入老师曾国藩麾下充当幕僚。1861 年，李鸿章受命编练淮军。次年，率淮军进驻上海，李鸿章被清政府任命为江苏巡抚。1863 年，兼署五口通商大臣。

此时李鸿章的主要任务还是镇压太平天国运动。当收到外国人关于开设公司修建铁路的建议时，他不仅果断拒绝，而且表示连建议都不会向朝廷转达。当然，从清政府官方档案看，李鸿章向总理各国事务衙门（以下简称“总理衙门”）汇报了此事。总理衙门指示：“铁路与发铜线，事同一律，万难允准。”

出于维护清政府的统治，李鸿章通过不同途径表达了拒绝理由，归纳如下：一是只有中国人自己修建铁路，铁路才会真正造福中国；二是中国百姓的土地被剥夺，他们一定会极力反对；三是上海虽已开放，苏州尚未通商，此例一开，外国势力一定会通过铁路侵入中国内地。最后一点显然是李鸿章最担心的。从一开始，李鸿章就没有将铁路作为简单的交通工具，而是将其与主权联系在了一起。同时，作为兼署五口通商大臣，李鸿章还要求各通商口岸“一体防范”。

这是外国人第一次正式向中国官员提出在中国修建铁路的要求。李鸿章以“铁路易引洋人深入内地，妨我主权”为由拒绝。

提出该要求同时，英国铁路界的一位重要人物——麦克唐纳·斯蒂芬森也开始在华进行相关活动。麦克唐纳·斯蒂芬森曾为印度修建第一条铁路，被称为“印度铁路之父”。

1864 年秋，在怡和洋行的介绍下，斯蒂芬森来华。在广泛征求了外国商人的意见后，他提出了一个建设中国铁路网的计划。该计划以汉口为中心，东通上海，向西行经四川、云南到印度、缅甸。又计划从镇江经天津至北京作为长江流域的干线，同时修建汉口至广州的线路。此外，还有上海至宁波、福州到内地的若干线路。斯蒂芬森有感于英国铁路建设时无系统规划的弊端，一开始就在中国设计了一个综合的铁路修建计划。

这个计划，虽然规模比之前洋行提出的上海至苏州铁路要大得多，但其实质却是相同的。即利用现有通商口岸，通过铁路逐步渗入中国内地，目的是扩大商品贸易。对此，时人实际已经有了清醒的认识。强烈反对修建铁路的刘锡鸿看到计划后感叹：“始知其心非独占埠通商之故智矣”。晚清时期开明人物郭嵩焘见到这份计划，也为其表现出的大胆咋舌。斯蒂芬森将他的计划呈送给了总理衙门的官员，当时中国官员表示感谢后便将其束之高阁。斯蒂芬森不禁感叹：“中国官员视铁路如巨蟒，唯恐其裂地噬人”。

1865 年，英国商人杜兰德在北京修建了一段约 500 米长的示范性小铁路，试跑火车，想大力宣传铁路和火车，结果被清政府以“观者骇惊”为理由限期拆除了。

1868 年，英国商人福开森向英国驻华公使提议修建烟台至潍坊的铁路，以连接烟台港口与山东内陆市场。由于清政府权臣对铁路的普遍抵制，加上地方官员的反对，该提议未被采纳。

此后，各国已不再满足于与清政府在筑路问题上的口头交涉，而是注重采取实际行动，试探筑路。

1872 年（同治十一年），英国怡和洋行开始筹划修建吴淞至上海的铁路，为规避清政府禁令，于 1874 年以“吴淞道路公司”名义向上海道台沈秉成申请修建“马路”。该公司诡称要修筑一条“寻常马路”，骗取了上海道台沈秉成的许可，并出资征购了上海至吴淞间的土地。后因资金短缺，由英国商人另组“吴淞铁路公司”继续推进该项目，仍以修筑“寻常马路”为幌子。吴淞路基工程于 1874 年开工，1875 年基本完成。1875 年 12 月 20 日，机车、车辆、路轨等筑路器材从英国抵达上海。1876 年 1 月 20 日，上海至江湾区段开始铺轨。同年 2 月 14 日，铺轨至天通庵以北地段时，由英国进口的机车“先导号”（Pioneer）开始试运行，该机车由多名壮工抬上轨道试运行并完成首次测试。其间，清政府多次指示上海道台和南洋大臣照会英领事停止修建，然而英国商人无视清政府反对，筑路工程继续进行。6 月 30 日，上海至江湾站建成通车，并举行通车典礼。7 月 3 日，铁路正式通车运营。12 月 1 日，从上海至吴淞镇的铁路建成通车，共长 15 公里，使用轻便窄轨，促进了当地交通，是中国第一条运营铁路。

然而，吴淞铁路沿线居民和清政府官员强烈反对。经过艰难交涉，1876 年 10 月，中英签订了《收买吴淞铁路条款》，由清政府用 285000 两白银赎回吴淞铁路。1877 年 10 月，当最后一笔赎款付清后，清政府立刻下令将其拆毁。拆下的钢轨和其他建材运往中国台湾打狗巷（今高雄），以供当地修建铁路之用。

吴淞铁路的拆除虽然打击了外国列强在华修筑铁路的信心，但阻碍了中国铁路化进程和近代化步伐。同时，也让洋务派官员在引进西方技术时更加谨慎，客观上制约了洋务运动的深度和广度。吴淞铁路的修建与拆除，反映了晚清社会对铁路这一新兴交通工具的复杂态度和矛盾心理。但是，随着中外往来增多，许多出洋归来的公使、学者亲身接触到铁路的便捷与高效，洋务派的筑路呼声日高，他们一面依托洋务实业，尝试修建铁路；一面审时度势，以国防需求为切入点，伺机将铁路纳入军事轨道。

19世纪60年代，外国的筑路要求遭到拒绝时，李鸿章初步萌生了中国自主筑路的想法。到了19世纪70年代前期，在日本侵台事件的直接刺激下，为了维护清政府的统治，李鸿章明确提出了中国自主修建铁路的主张。

日本自明治维新后，国力不断增强，主动向外扩张领土，侵占台湾是他们的首选目标之一。1874年，日本出兵侵占台湾遭到当地人民的强烈抵抗，清政府闻讯大惊，随即委任南洋大臣沈葆桢为钦差处理台湾军务。中日双方在台湾剑拔弩张，日本在局势不利于己的情况下与清政府谈判。但最终却在英国等的调停下，中日双方达成《北京专条》，以日军撤兵、清政府向日本支付抚恤款白银50万两而告结束。

日本侵台事件极大地震动了清政府。日本曾长期向中国学习，在清政府眼中是蕞尔小国，维新不过几年，竟已露出爪牙。李鸿章感叹："日人力小谋大，尤为切近之患。"他上奏朝廷，日本近年"改习西洋兵法，仿造铁路火车""其势日张，其志不小……泰西虽强，尚在七万里以外，日本则近在户闼，伺我虚实，诚为中国永远大患"。对铁路而言，日本侵台事件有两个直接影响：一是为了维护清政府的统治，李鸿章首次明确提出修建铁路的建议；二是丁日昌提出修建铁路并得到了清政府允许。

1880年，作为洋务运动的主要领导人之一，李鸿章授意其部属刘铭传奏请清政府筹造铁路，并阐述其意旨："中国幅员辽阔，北边绵亘万里，毗连俄界；通商各海口又与各国共之。画疆而守，则防不胜防；驰逐往来，则鞭长莫及。惟铁路一开，则东西南北呼吸相通，视敌所驱，相机策应……无征调仓皇之虑，转输艰难之虞。"而且"将来兵权、饷权俱在朝廷，内重外轻，不为疆臣所牵制矣"。洋务派就是这样不辨本末，把铁路这样一项具体的技术措施说成是“事关军国安危”的“大计”！李鸿章以铁路利于军事为由，劝说清政府将铁路纳入海军衙门管理，伺机建筑。

在洋务派的推动下，1881 年唐胥铁路修建完成，这是中国人自主修建的第一条铁路。唐胥铁路的修建完成标志着中国自主铁路建设的开端。1888 年，李鸿章主导的唐津铁路（唐山至天津）通车。次年，清政府采纳张之洞的建议，作出决断：建筑铁路“毋庸筑室道谋”，终于决定将“毅然兴办”铁路作为国策，并决定修建卢汉铁路，正式将修建铁路纳入国家战略。

第二节　唐胥铁路拉开洋务派办铁路的序幕

19 世纪中叶，清政府的封建官僚和部分买办，怀揣着“求强”“求富”的梦想，发起了一场轰轰烈烈的洋务运动。他们试图通过效仿西洋制造新式武器、创办新式工矿交通事业，为国家的未来开辟一条崭新的道路。兴修铁路，便是这场运动中的重要篇章。

1877 年，直隶总督兼北洋通商大臣李鸿章委任广东籍商人唐廷枢招股创办开平矿务局（后更名为开平煤矿公司）。次年，矿务局正式成立，唐廷枢出任总办，于河北唐山开凿出第一个矿井。随着煤炭产量的不断攀升，急需便利的交通来外运煤炭。

1879 年，开平矿务局审时度势，向清政府提出了修建唐山至芦台的铁路的构想。李鸿章赞成此事，并亲自向清政府请准，派英国工程司金达主持筹备铁路修建事宜。然而，筹备伊始，便遭遇了清政府内保守势力的强烈反对，铁路建设被迫暂停，转而改修芦台至胥各庄的运河。

1881 年，开平矿务局日均产煤量已达 300 吨，但胥各庄至唐山矿的地势陡峭，河水上不去，无法开河，单靠骡马运煤效率又很低，运输成为瓶颈。唐廷枢再次上书李鸿章“由河头筑硬路十五里，直抵矿所”，即从唐山矿区到胥各庄码头之间修一条铁路，把煤从胥各庄运上船，再经水路外运。这段铁路在洋务派主持下，经李鸿章多次斡旋，才获批准，由开平矿务局负责集资修建。

同年，中国第一条标准轨距铁路——唐胥铁路破土动工。5 月，工程正式启动，起自唐山矿一号井。6 月 9 日，铁路铺轨之日，恰逢斯蒂芬森百岁诞辰，李鸿章特意选定此日，以彰显对铁路建设的高度重视。7 月 1 日，开平矿务局总工程师、英国人薄内的夫人在唐山亲手钉下了第一枚道钉。11 月，唐胥铁路顺利竣工，止于胥各庄（今河北省唐山市丰南区），全长 9.76 公里，采用了英国 1435 毫米的标准轨距和每米 15 公斤的钢轨。

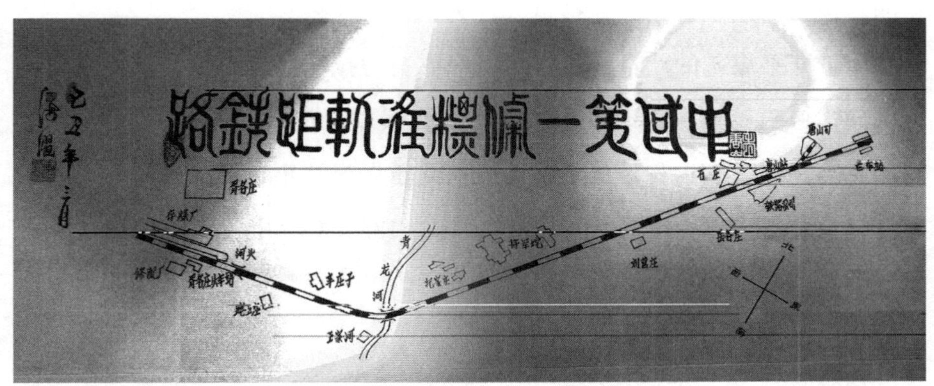

图 1：中国第一条标准轨距铁路——唐胥铁路示意图

为解决牵引动力问题，开平矿务局总办唐廷枢邀请英国铁路工程师金达为唐胥铁路准备了一个大大的“惊喜”。凭借一张来自英国的图纸，工人们利用开矿井废弃的卷扬机蒸汽锅炉、美国进口的二手铸铁车轮、井架槽钢、购买的车钩等材料拼凑起来，偷偷装配出一台蒸汽机车。薄内的夫人仿照乔治·斯蒂芬森于 1829 年设计的著名机车“火箭”号，为之命名为“中国火箭”号。

“中国火箭”号机车是中国人自造的第一辆蒸汽机车，虽然牵引力只有百余吨，构造也比较简单，但从当时困难的条件来看，该机车充分展现了中国工人的创造能力。这台机车高约 3 米，宽约 2.5 米，长约 5 米，重约 10 吨。机车虽然很小，但却大大提高了运输效率。1881 年 11 月 8 日，唐胥铁路通车营业并采用这台机车牵引煤车，一次能拉运 100 多吨煤。

“小火车”在唐胥铁路上开行的消息很快传到京城，朝中顽固派立即哗然：“机车直驶，震动东陵，且喷出黑烟，有伤禾稼”。于是“奉旨查办”，简易蒸汽机车“旋被勒令禁驶”。其实，葬着清朝 14 座帝、后、妃的东陵远在唐山以北遵化县长城脚下的马兰峪，离唐胥铁路有近百公里。清政府将这台“小火车”禁驶后，用骡马拉的运煤大车再次行驶在唐胥铁路的轨道上。这条铁路因此被世人称为“马车铁路”。

由于开平煤矿的产量增长很快，只靠畜力拉运显然不足。李鸿章只得再次向清政府疏通。此时，中法战争即将爆发，清政府的兵工厂、军舰、轮船急需用煤，在这种形势下，清政府终于做出让步，解除了对火车头的禁令，并同意从英国购买 2 台蒸汽机车。1882 年，开平矿务局又从英国购进了 2 辆双水柜机车。火车机车的开行，大大提高了煤炭运输能力，使唐胥铁路真正成为完全意义上的铁路。

1886 年，清政府成立官督商办“开平铁路公司”，后又改为“中国铁路公司”，这是我国第一个专业铁路公司。当年，唐胥铁路向南延伸至芦台，1887 年，又从芦台开工延向天津。1888 年秋，津唐铁路 130 公里全线贯通，至此，唐山的优质煤炭经铁路可直抵天津。此后，津唐铁路继续延伸，向西次第展筑至丰台和卢沟桥，向东次第展筑至山海关、新民、奉天（今沈阳）。最终形成总长达 841 公里、连接关内外的交通大动脉。随着唐胥铁路的逐段展筑，铁路的功用逐渐为世人所了解，修路的风气日开，中国的铁路事业也一天天发展起来。

历史的车轮沿着铁轨滚滚向前，注定势不可挡。作为中国自主修建的第一条铁路，唐胥铁路的建成通车，虽然比西方最早修建的铁路晚了半个世纪，但它对中国铁路事业的发展产生了深远的影响。它开创了中国铁路建设的先河，结束了中国没有铁路的历史，拉开了中国铁路发展的序幕，为后续大规模铁路建设奠定了坚实的基础。同时，这条铁路还培养了一批中国早期的铁路工程技术人员和管理人才，为中国铁路事业的持续发展积累了宝贵的经验、储备了优秀的人才。

第三节　胥各庄修车厂奠定中车企业的原点

1881 年春，开平矿务局总办唐廷枢奏请李鸿章允准，出资在胥各庄（今唐山市丰南区）运煤河码头附近建立修车厂。工厂当时隶属于开平矿务局，建厂之初规模很小，当年仅能制造货车 13 辆，但这里却是中国铁路工业的开端和中车企业诞生的原点。

胥各庄修车厂[①]初创之际，规模有限，厂房简陋，仅有几十名工人和以手摇为动力的几台车床。矿务局的英籍工程司金达兼管生产和技术等工作，机器设备和材料也主要由英国供给。建厂当年，工厂利用进口的车轮等钢铁材料制造出 5 吨、10 吨的运煤车。为了解决牵引动力问题，工人们按照金达绘制的图纸，利用开矿井用的轻型卷扬机蒸汽锅炉和蒸汽机及钢铁材料，组装成功中国第一台蒸汽机车，用此机车在唐胥铁路铺轨时运送材料，在唐山至胥各庄间牵引煤车，大大提高了运输效率。

1882 年，开平矿务局向英国购入两辆双水柜机车。此后胥各庄修车厂不仅修造煤车，还逐步掌握了修理小机车的能力。1883 年，工厂仿照

① 胥各庄修车厂，今中车唐山机车车辆有限公司的前身，在发展过程中曾更名为唐山修车厂、京奉铁路唐山制造厂，后文中简称唐山修车厂。

欧洲车辆的式样，为开平矿务局的官员制造了 1 辆客车。在建厂不到三年的时间里，胥各庄修车厂很快就制造出了机车、客车和货车，因此被誉为“中国铁路机车车辆的摇篮”。

然而，在胥各庄修建车厂也有很多不便：由于开平矿务局设在唐山，许多需要修理的煤车停在唐山矿区，而修车厂工程司金达作为开平矿务局的矿师，无法兼顾两地事务，且工厂用煤须从由唐山运输过去。于是，1884 年，修车厂从胥各庄搬迁到唐山西马路 23 号唐山矿南面的隔壁，并更名为唐山修车厂，占地 40 余亩，规模有所扩大。此后，除运煤外，唐山修车厂开始改装客车经营客运，其收入足以维持运营，唐山人因此成为中国最早乘坐火车的旅客。

1886 年，官督商办的开平铁路公司成立，募集商股 25 万元，用 10 万两白银收购唐胥铁路和唐山修车厂。从此，唐胥铁路和唐山修车厂脱离开平矿务局，开平铁路公司成为中国第一家独立的铁路企业。同年，唐胥

图 2：胥各庄修车厂制造的中国最早的两轴木质货车

铁路延至芦台，1887 年从芦台开工延向天津。铁路延伸所需机车车辆相应增加，唐山修车厂规模随之扩大，陆续兴建打铁房、补锅房、锯木房，后又建起花车房、镐车楼，机械设备增至 20 余台，逐步以蒸汽动力代替人力。

1888 年，唐山至天津之间的铁路正式通车。工厂为李鸿章等大臣改造了一辆专用巡视车，即在平板货车的一端加设一间休息室，室外为平台，边缘装置防护栏杆。李鸿章等人乘此车巡视天津至唐山的铁路。李鸿章事后这样记述：自天津至唐山铁路一律平稳坚实，桥梁、车栈均属合法，除修车查检工程不计外，记程二百六十里，只走一个半时辰，快利为轮船所不及。以一机车拖带笨重火车三四十辆，往来便捷，运掉轻灵。

1894 年，唐胥铁路向东延至山海关，并继续向关外延长。同年，唐山修车厂安装了一台蒸汽机驱动的小型直流发电机组，功率为 40 千瓦，

图 3：1888 年，唐山修车厂为李鸿章等大臣改造的专用巡视车

电压为220伏，主要供修车厂官员、洋人照明使用。唐山修车厂成为中国北方较早使用电力的企业。伴随生产发展，工厂工人的技术水平迅速提高。

1896年，唐胥铁路向西延伸至北京。同年，清政府下令将铁路和唐山修车厂收归国有，成立了津榆铁路总局，唐山修车厂更名为津榆铁路总局唐山修理厂。随着铁路的延伸以及运行的机车车辆的增加，工厂的修理任务日益增多，工厂的生产规模、生产能力都不能与之匹配，不得不另建新厂。

1899年，津榆铁路总局在铁路之南（今中车唐山机车车辆有限公司南厂路）购地另建新厂。新厂占地约34万平方米，呈三角形，西侧斜边与铁路正线平行。建厂期间，曾因八国联军入侵暂时停建。1900年，工厂生产已具备相当规。仿照进口机车的图样，当年制造音莫古式（即后来的MG型）机车6台，还制造客车21辆，行李邮政车3辆，货车257辆，守车18辆。至1903年，已建成制炉场、锻工场、客车场、修配场、车架场及总办公楼等2.64万平方米厂房和车架货车露天修车场地。按照“先客货车、后机车”的顺序，陆续由西马路向南厂路新厂搬迁。1906年，工厂建成面积分别为620平方米、425平方米和268平方米的三座锅炉房，安装巴布克、柯尼和兰克夏式动力锅炉21台。1907年，在第一锅炉房北侧安装蒸汽拖动的直流发电机2台，功率110千瓦，电压220伏。当时，工厂有蒸汽动力设备13台，共1316匹马力，电动机440匹马力，各类机械及装备770台（件）。

1907年，京奉铁路全线通车，唐山修理厂改名为京奉铁路唐山制造厂。

1908年，根据中英铁路借款合同的规定，路局派英国人菲力普为厂务经理，金达为总工程司，外籍人员共计21人。工厂管理机构设办事房、账房、洋务处、监工处、库房、标本房、画图房、制图房等。

图 4：京奉铁路唐山制造厂

1910 年，工厂有职工 2407 人，其中技术人员及管理人员 157 人。当年，制造客车 25 辆，货车 218 辆，修理机车 67 台，客车 184 辆，货车及守车 2030 辆。

清朝政府被推翻后，1912 年（民国元年）交通部发出指示："京奉、吉长、京张三路所用各种车辆，皆在唐山工厂制造。"铁路主管部门指出，唐山制造厂制造的客车，质量不低于从德国、比利时购买的同类车。其中头等客车造价较外购低 13%，较三等客车造价较外购低 40%。因此，铁路主管部门极力主张扩大唐山制造厂的造车能力，以减少利益外流。为此，1914 年至 1915 年，对唐山制造厂进行投资，建成机车机械厂房 4344 平方米，从英、美、日等国购入各种设备 388 台，包括机车动轴颈车床、客货车轴颈车床、250 吨水压机、勾贝杆磨床等大型设备。同时，工厂自制设备和装备 75 台（套）。

1915 年，工厂生产单位下设机车和客货车两个分厂。机车分厂包括建立所、制炉所、机车机械所、气韧所、打铜房、白铁房、锻铁房、冶铸房；客货车分厂包括车架房、机器房、轮轴房、锻铁房、锯木房、木作房、油漆房、缝纫房；另设电机所，包括钢炉房、发电房。

从建厂到1932年，唐山工厂陆续制造了中国第一辆货车、第一辆客车、第一辆邮政车、第一辆餐车、第一台“米卡度”式大型机车、第一台“太平洋”式先进干线机车等，成为中国民族工业的一面旗帜。当时的国民政府交通部曾感叹：“各机厂中，除修理外尚能从事机车改造和新制者，首推唐山厂。”

胥各庄修车厂，如同一颗火种，于时代浪潮中应运而生。它与全国各地相继诞生的中车工厂一起，共同成长为今天的中车。

第 二 章

中车企业在铁路延伸中同步兴建

自 1840 年鸦片战争后，清政府割地赔款，国力日渐衰败，中国逐步沦为半殖民地半封建社会。外国列强加紧对中国侵略和渗透，向清政府施压，通过强行擅筑、假借“合办”、贷款控制等手段掠夺中国铁路路权及周边矿产，使得中国大部分的路权被瓜分，并以铁路为基础形成各自在中国社会割据的势力范围。中国铁路建设在这一阶段中获得了初步发展。一方面，铁路成为帝国主义在中国扩大势力范围的线索和工具；另一方面，与多条铁路线配套同步兴建的长辛店机厂、江岸机厂、吴淞（戚墅堰）机厂、哈尔滨机械总工厂、四方工厂、石家庄总机厂等中车的一些早期工厂为我国近代铁路工业的形成奠定了基础。

第一节　卢汉铁路南北两端矗机厂

卢汉铁路亦称芦汉铁路、平汉铁路，即后来的京汉铁路。甲午战争后，清政府意识到铁路对国家发展的重要性，在国库空虚窘境之下，向比利时举借外债修筑卢汉铁路。这条铁路连接北京与汉口，是中国清政府自主修筑的第一条干线铁路，是中国铁路建设的重要里程碑。卢汉铁路的北端、南端分别建有中车早期的长辛店机厂和江岸机厂，负责机车车辆修理。

一、卢汉铁路的修筑

1889年，两广总督张之洞向清政府提出了修建卢汉铁路的建议。在得到了清政府的允诺后，张之洞开始筹办汉阳铁厂，以生产所需的钢轨。清政府原计划每年拨款200万两白银用于铁路建设，但由于甲午战争后东北局势紧张，临时将部分资金转拨至东省铁路，导致卢汉铁路建设资金不足。1895年，清政府决定通过借款来完成卢汉铁路的建设。由于国内商人对投资铁路持观望态度，清政府不得不向外国借款，主要商议借款的对象为比利时公司。比利时公司议借修路款项期间，清政府于1896年9月14日在北京着手设立铁路总公司，盛宣怀任督办。1897年1月6日，清政府所制“铁路总公司”印章正式启用，标志着铁路总公司正式设立开办。

卢汉铁路北端的卢沟桥至保定一段，盛宣怀受命督办铁路总公司之初，即请领官款，交由津榆铁路英籍总工程司金达承办。1897年3月，完成定测；4月开工修筑；1899年1月，铺轨完工；同年2月1日，正式通车。该段长132.7公里，所用钢轨中，购自英国的有48公里，其余的为汉阳铁厂生产。卢汉铁路南端的汉口通济门至滠口一段，在议借此款期间，张之洞已于1896年委派其顾问德国人锡乐巴进行设计测量，于次年开工。该段长23.5公里。

1898年6月，清政府与比利时公司经过多轮谈判，最终正式达成借款协议，借款450万英镑，以修建卢汉铁路。根据合同规定，以上两段于1898年10月统一交比利时公司接办。同年年底，比利时公司从南北两端进行勘测和建设，以确定全路正式线路。南端改以汉口玉带门为终点，北端的起点为北京西便门和正阳门（前门）。

1900年，因反抗八国联军侵略的战争爆发，工程一度停滞。次年《辛丑条约》签订后，全线恢复施工。卢汉铁路除使用汉阳铁厂的钢轨外，还向比利时和法国两国购买了一部分钢轨以及机车车辆等。1905 年 9 月，南北两端线路建成，在詹店车站附近接轨。1905 年 11 月 15 日，位于线路上的郑州黄河铁路大桥尾工全部完成。1906 年 4 月 1 日，全长 1214.5 公里的卢汉铁路正式全线通车运行，并改称为京汉铁路。

二、卢沟桥机厂的建设

1897 年，盛宣怀主持修建卢汉铁路卢沟桥到保定段的铁路（卢保铁路）时，在永定河上修架了一座铁路桥，并在河畔设立了一个名为卢沟桥机厂的小型工程机械厂——卢沟桥机厂①。

1898 年 6 月，卢保铁路铺至古镇长辛店。当时担任总工程司的是英

图 5：建于卢沟桥畔的卢沟桥机厂

① 卢沟桥机厂，在发展过程中曾更名为长辛店机厂，是今中车北京二七机车有限公司的前身。

国人金达，他提出了依托千年古镇长辛店建设制造厂的方案，其设计能力为：年产20吨、30吨货车400辆，客车30辆；修理大小机车40辆；具备制造铁路修理配件的能力。工厂总投资预计47700两白银。1899年3月，盛宣怀予以批复，同意建厂方案，并要求有关部门：新建之厂从速布置，长辛店设立制造厂为目前最为紧要之事，自行设厂之情，速告知比利时工程司，前往长辛店审度地段，先绘制造车，配桥梁各项厂屋图样，将应购各项制造机器，开单速向外洋订购。

1899年，长辛店火车站率先建成，站台长度16000尺，进深2丈9尺，同时建有洋人住房、客房、票房及办公室共9间房。

作为卢汉铁路运营、车辆制造和机车修理的基地，长辛店机厂的厂址位于与长辛店相隔一座山坡的三合庄，占地400亩，由法国人图耶设计，1901年秋破土动工，主要机器设备大都从法国采购，历时一年多才运到机厂，加上卢沟桥机厂的设备和材料，形成了基本的生产能力。机厂由修机厂、修车厂和材料所三个单位组成，分别负责修理蒸汽机车（修机厂）、修理客货车（修车厂）和修车用材料的管理与发放。

厂区周边建立了机车房、工务段、电务段、平汉铁路艺员养成所，机厂北门外设有通信段，它是长辛店铁路通信工厂的前身。长辛店火车站架设天桥一座，南北两端架设旱桥两座，形成桥洞，以这三座桥作为机厂来往长辛店的通道，使偏于一隅的机厂与繁华的长辛店古镇连接在了一起，既便于建厂后的生产、生活，又为劳动力的来源提供了保障。

建厂伊始，长辛店机厂把原来卢保铁路卢沟桥机厂的工人悉数召回，另从保定南材料场调来一些工人，又在长辛店附近招募了一些新工人，共有三百多人，他们成为长辛店机厂最早的技术骨干。机厂各级重要职务，如厂长、总监工、工程司等，均由比利时和法国两国人担任，有外籍人员四十多人。厂里一些懂法语的中国人担任“员司”，负责翻译法文，早先的“员司”招募自北京西什库天主教堂，其最低工资也有18元且逐年上涨，相当于大工匠的工资。平时上班，工人实行摘挂牌管理，进厂摘牌，出厂挂牌，工资是监工按照工人每天摘挂牌和工作的情况考核而定，每天早上6点上班，中午休息1小时，下午6点下班，两周休息一天。外国厂长、员司每天工作8小时，一周休息一天。法国人图耶、伊丽巴巴、克拉聂、彼立让、底格利斯、麻商，比利时人祚曼等先后担任厂长。外方高级管理人员的住宅是一幢幢欧式建筑，家里配备花匠、洗衣匠、厨子、车夫、女佣、听差等，厨子持有“免票”坐火车去北京买菜。厂里还专门雇用了一名医生，为这些外国人看病。1922年8月24日，工人要求增加工资、改善待遇，罢工持续两天后取得胜利，称为“八月罢工”。罢工赶走了比利时籍厂长祚曼，结束了长达25年由外国人管理工厂的局面。

此后，机厂进行了多次较大规模的扩建，生产能力逐步提高。1922年，机厂工作区四周建起围墙，加筑了员司住宅与其他场所的围墙，建设车辆修配厂一所，以修理客货各车。

1937年，日军侵入华北后，对机厂做了重大扩建。修建了一座电弧炼钢炉、一座厂内变压所，并修建了锻工场的部分厂房，安装了几部天车，新建了一座三线式钢筋水泥机厂场房，使这里成为当时华北唯一拥有大型现代化设备的机车装配场，为其全面侵华服务。

1945年8月，日本投降，国民政府交通部接管了工厂。至1948年11月，厂房建筑面积达41万多平方米，固定资产达87万元，有各种设备1141台，其中金属切削设备210台。

三、江岸机厂的建设

比利时获得卢汉铁路筑路权后，为供修理机车车辆之用，决定在铁路两端即北端长辛店和南端江岸刘家庙各兴建一座机厂，法国获得了部分建

图 6：江岸机厂

厂权和管理权，南端的机厂就是法国建设的卢汉铁路江岸机厂①。

1901 年，法国人在汉口江岸勘测，选定了刘家庙为设厂地址。当时，刘家庙一带是布满水塘的荒地，每到了夏天就是一片泽国，因此地价便宜，而且又东临长江，深水轮船可直接靠岸，同时南接汉口租界区，外资洋行与工厂的物资运输方便。当年 9 月，卢汉铁路江岸机厂开始动工建设。

1902 年夏，法国人从国内运来一些机械和一台 40 马力的蒸汽机，又从福建马尾船厂以及汉口周边黄陂、孝感、汉阳等地招募来一批工人，开始了最原始的手工作业。当时，由于黄河大桥尚在修建，卢汉铁路没有通车，因此只能打造一些工具、道钉、夹板之类的铁路小配件。

1904 年，在郑州黄河大桥即将建成前夕，法国人陆续从本国用轮船运

① 江岸机厂在发展过程中曾更名为江岸修理厂、华北交通株式会社汉口工场，后与武昌车辆工厂等整合，组建成现中车长江车辆有限公司。

来一些机车、客车和货车。由于这些机车车辆体积庞大、配件繁多，为方便运输，只好拆开分批装运，江岸机厂因此成为组装它们的基地。为加强管理，尽快将铁路器件组装使用，法国人委派了他们本国人、搞技术出身的杜拉克担任厂长，并雇用留法学生、广东人黄志文担任工程司主持组装工作。当时，江岸机厂有修理车辆的平车房、修理机车的车头场、油漆场、修理机械的机器场、翻砂场和被称为马力间的锅炉房，工人有一百多人。

1906 年夏，卢汉铁路全线通车，归属京汉铁路局，江岸机厂也由所属机务南段管辖。江岸机厂一方面将工人扩充至三百多人，继续组装机车、客车、货车；另一方面积极为修车做准备，添置了人力传动的龙门起重吊和人力拉动的小行车等起重设备。工厂初具规模，成为刘家庙地带最大的工厂。

1913 年，工厂进行了扩建，增加了修车棚、铸铁场、锤工场、机械场，原有的油漆房也加宽了，共扩充场房面积 3070 平方米，达到年修机车十余台、客车一百多辆、货车一千余辆的生产能力。1914 年，江岸机厂改由京汉铁路局机务处机务总段管辖，改厂名为“江岸修理厂”。1919 年，工厂进行了新的扩建，新建扩建了修机场、机工场、锅炉场、锻工场、贮料所、模型所、动力室、修车棚等 8 处，使工厂总面积达到一万一千多平方米。在当地，人们习惯称江岸机厂为“机务大厂”或”江岸大厂”。

1937 年七七事变后，全民族抗日战争爆发。1938 年 5 月，随着日军逼近武汉，国民政府交通部组织京汉铁路江岸修理厂等重要工业设施内迁。除钢筋混凝土结构外，该厂屋顶、房架、机床及两千余名技术工人经粤汉铁路转移至广西全县（今广西全州县），在湘桂铁路全州站附近重组为全州机厂，承担战时铁路维修任务。原厂房在武汉沦陷（1938 年 10 月）前被爆破破坏。日军占领武汉后，强占江岸修理厂江岸机厂残存设施，并从东北、华北等占领区拆运机械设备，将其改造为“华北交通株式会社汉口工场”，专事军用铁道器材生产。

1945 年 9 月，日军投降，国民政府交通部接管工厂。当时，机车和机械工场合占一处厂房，空间狭小，缺乏 30 吨以上桥式吊车设备不能吊运；此外，还有动力及锻铸等工场 3 所、客货车辆场 2 所，车辆场内因存满破损车辆，客货车修理大都在露天从事。至 1947 年 3 月，工厂有各种设备 108 台。

第二节　淞沪铁路官款投资办机厂

淞沪铁路的前身是吴淞铁路。鸦片战争以后，英国擅自修建吴淞铁路，后来由于清政府朝野上下的反对，吴淞铁路被收回拆除。甲午战争后，清政府迫于全国舆论，宣布施行“力行实政”政策，改变过去在建设铁路问题上的拖延态度，在吴淞铁路原址的基础上以官款再建淞沪铁路，与之相应配套的吴淞机厂也正式成立。

一、淞沪铁路的修筑

1895 年，两江总督兼南洋通商大臣张之洞，援北洋修筑军用铁路之例，先后两次向清政府总理衙门建议修筑吴淞—上海—江宁之间的铁路，认为修筑此路“有益商务、筹款、海防三端”，建议此路分为 5 段筹办：以“吴淞至上海、上海至苏州、苏州至镇江、镇江至江宁以及苏州至杭州各为一段，筹一段之款，即办一段之路”。同时提出预算及筹款办法。

1896 年 11 月 9 日，清政府同意修筑吴淞—上海—江宁之间的铁路。于是，张之洞与直隶总督王文韶会奏，将吴淞至江宁这间的铁路划归铁路督办大臣盛宣怀主持的铁路总公司办理。经清政府允准并批示，以官款

“先修淞沪、后筑沪宁”。由此，吴淞至上海间的铁路线路开始重建，大体上按照原吴淞铁路走向，利用十分之三的旧路基，定名为“淞沪铁路”。

1897 年 2 月，淞沪铁路动工兴建，由盛宣怀亲自督造，并聘请德国人锡乐巴主持修路事宜。当时铁路总公司先在上海设立事务所，由于铁路总公司兼办淞沪铁路，不久便将总公司移至上海。1898 年 9 月 1 日，举行通车典礼，正式通车。次年延伸至炮台湾，这条淞沪铁路修建费用耗银 92.58 万两，全线长 15.87 公里（有说为 16.09 公里），并改为准轨，较旧线增加 1 公里多，设上海、江湾、张华浜、蕰藻浜、炮台湾等站，主要是客运。除张华浜外，各站都有交会车股道，江湾站为三股道。至此，这条中国政府用官款修建的江南第一条铁路在上海真正落地生根。

二、吴淞机厂的建设

为了满足淞沪铁路机车车辆的修配需求，1898 年，清政府在吴淞张华浜的东面建起了一个修配所，当时老工人称它为吴淞机厂[①]老厂。该厂的全部厂房是三间前阔后窄的铅皮房子。工人很少，只有三四十人。设备也很简陋，不过是三只炉灶和靠近铅皮墙壁的十只老虎钳台，绝大部分的生产都是手工操作。

1901 年，盛宣怀积极扩建吴淞机厂的厂房，亲自到张华浜、蕰藻浜一带察看地形，圈购土地。新厂址选在蕰藻浜和张华浜之间，前临铁路，背依黄浦江，向左行两里多有跨江大桥，是火车通往炮台湾的必经之路。

1904 年，淞沪铁路与沪宁铁路联轨后，全线调换成了每米重 43 公斤，每根长 10.97 米的钢轨，与沪宁铁路的钢轨为同一型号。1905 年，耗时 3 年时间修建，厂房结构简单的吴淞机厂新厂房落成。吴淞机厂也随之成为

① 吴淞机厂，在发展过程中曾更名为戚墅堰机厂、华中铁道株式会社常州工场等，是今中车戚墅堰机车有限公司、中车常州车辆有限公司的前身。

沪宁铁路的一个组成部分。

吴淞机厂新厂房，说是新厂房，其实也只不过是用红砖、木材和铅皮砌造的结构简单的厂房而已。厂内设有一号厂（钳工）、二号厂（车床）、三号厂（打铁、铆工）、四号厂（客车）和五号厂（油漆）等5个厂房。1907年，又增建了一些厂房，机厂全部占地面积1.86万平方米，厂内房屋面积8348平方米，共设有装修机车工场、机器工场、打铁工场、机力房、锅炉房、装修油漆车辆工场、翻砂工场、锯木工场和材料厂等。

图7：1905年新建成的吴淞机厂

由于当时掌握工厂大权的是英国人腾斯顿和卜扑等人，工厂修理机、客车所需要的大小配件、新厂房里的机器和汽缸，甚至极其普通的螺丝也必须从英国的顺昌洋行远涉重洋买来。当时，机厂修理机车、客车、货车的能力很差。以修理机车为例，大修一辆要一年左右，中修一辆要两个月，小修一辆要一个星期。

1908年，为了适应沪宁铁路正式通车的需要，机厂雇用的工人增加到206人，当年修理蒸汽机车24台、客车67辆、货车104辆，初具修理规模。同年，机厂在黄浦江建造一座码头，接通轨道，直接装卸从外洋来的机器、材料以及商品。

1909年，江苏省的沪嘉铁路和浙江省的杭嘉铁路（即后来的沪杭甬铁路）竣工通车，所有机车车辆全部由吴淞机厂修配。1921 年，闸口机厂建成，沪嘉铁路和杭嘉铁路的机车车辆修造任务移归闸口机厂。

在 1932 年 1 月 28 日爆发的“一·二八”淞沪抗战中，吴淞机厂遭到严重破坏，被日军占领 3 个多月，丢失机器、设备、工具等价值 30.7 万元。日军撤离后，机厂用了一年多时间整修重建，才逐步恢复生产。1934 年，增建汽锤间和客车修理场。至 1935 年，机厂占地 78000 平方米，有各种设备 240 台。

1936 年，国民政府军事委员会鉴于吴淞机厂位于黄浦江滨，从国防上考虑地处险境，遂于 7 月 25 日函示铁道部要求从速拟订处置方案。沪宁、沪杭甬铁路局接到部令后，拟订了包括迁至戚墅堰在内的多种处置方案，经国民政府铁道部研究并报请国民政府军事委员会核准，决定将吴淞机厂迁往江苏常州戚墅堰。

搬迁于 1936 年 10 月开始，新建的戚墅堰机厂占地 42.58 万平方米，建有机车、锅炉、客车、货车、锯木、机械、锻铁、翻砂、模型工场及锅炉间、动力室等 20 栋厂房，建筑总面积超 34000 平方米，其中厂内建筑面积 21654 平方米。

图 8：1937 年戚墅堰机厂厂区

1937 年 8 月，迁厂工作全部完成，规模比迁吴淞机厂时要大很多，工厂改名为戚墅堰机厂。同年 12 月，日本南满洲铁道株式会社（以下简称“满铁”）派遣团接管机厂，改名为“华中铁道株式会社常州工场”。工场被日军侵占期间，先后扩建了模型、轧钢、货车、氧气、修配工场等厂房，增置了一批设备，形成炼钢、轧钢、制氧的生产能力。至 1945 年，工场占地面积 50 万平方米，有房屋建筑面积 52000 平方米，各种机器设备 439 台。

日本投降后，国民政府交通部接管工厂，对厂内设备进行整理扩充，自制机车横梁支重机 4 台、电动车床 15 台、牛头刨床 6 台。至 1947 年 3 月，工厂占地面积达 50.75 万平方米，有各种设备 454 台。1949 年 4 月，工厂占地 54 万平方米，建筑面积 59372 平方米，有各种设备 836 台。

第三节　中东铁路纵横东北建厂所

中东铁路全称“中国东方铁路”，又称东清铁路、东省铁路。19 世纪末，沙皇俄国获得了在中国修建中东铁路的特权，铁路呈“T”字形分布在中国东北广大地区，是沙皇俄国的西伯利亚铁路在中国境内的一段，是俄国掠夺和侵略中国并进而控制远东的重要工具。中东铁路沿线建有中车早期的哈尔滨铁路工厂、东省铁道机车制造所、齐齐哈尔铁路工厂、牡丹江铁路工厂以及满铁铁道技术研究所。

一、中东铁路的修筑

沙皇俄国一直把吞并中国东北地区作为它的既定国策，从 19 世纪 80 年代开始，即开始酝酿建设一条穿过中国东北地区的铁路，把远东重镇符拉迪沃斯托克（海参崴）与其国境内的西伯利亚铁路东段连接在一起。

1893年2月，俄国学者巴德马耶夫向负责修筑西伯利亚铁路的俄国财政大臣维特献策说："西伯利亚铁路不仅要修到海参崴，而且应从贝加尔向南深入中国1800俄里，直达甘肃、兰州……"

1895年秋，俄国未经中国政府同意，就派人到中国东北进行勘察。清政府提出交涉，俄驻华使馆答称，俄国兴造西伯利亚铁路，将来可能与东北日后兴造的各铁路相接，所以"自应将满洲铁道所能经过各地情节数端，预先勘查"，并要清政府训令地方当局"放行无阻""量力照料"。

1896年4月18日，俄国正式向清政府提出把满洲铁路干线及支线的租借权给俄国公司的要求，而且不能让其他外国公司参加。1896年5月26日，是沙皇尼古拉二世举行加冕典礼的日子，他要求清政府派李鸿章率团来彼得堡参加庆典，欲借此逼迫清政府同意"借地造路"。清政府只得重新起用李鸿章为"头等出使大臣"，让其率团去彼得堡。

1896年3月3日，李鸿章率领庞大的出使团离京。在西方各国周游了一圈后，于当年的4月30日乘船抵达了彼得堡。在七十多个国家派往俄国的祝贺使团中，李鸿章被排在了至尊的第一位。李鸿章抵俄后，俄国财政大臣维特、外交大臣洛巴诺夫迅速与其进行了密谈。密谈中，维特一再强调，在"三国干涉还辽"事件中，是俄国给了中国巨大"帮助"。为此，要求清政府允许俄国的西伯利亚铁路穿越中国东北北部，以便今后两国联手对付日本。清政府早就对俄国谋求在中国东北的筑路权有所警觉，并制定了相应对策。当李鸿章对俄国提出的"借地修路"表示犹豫时，维特马上威胁说："若竟不允……从此俄国不能再助中国矣。"随后，尼古拉二世也秘密召见了李鸿章，表示"俄国地广人稀，断不侵占他人尺寸土地；中俄交期最深，东省接路实为将来调兵捷速"，并保证"将来难保英日不生事，俄可出力援助中国"。俄国人信誓旦旦保证"只要签约，俄国就支持中国的完整性"。

在俄方的诱使下，1896 年 6 月 3 日，李鸿章与俄国大臣罗巴诺夫、维特签订了《中俄密约》6 条，开俄国始在中国东北地区修筑和经营中东铁路。

1897 年 8 月 28 日，中东铁路在东宁三岔口举行开工仪式。甲午战争后，中国向日本赔款 2 亿 3 千万两白银（包含《马关条约》规定的 2 亿两赔款及日本退还辽东半岛索款 3 千万两），清政府财政拮据。俄国便乘人之危，与清政府签订《中俄四厘借款合同》，提供贷款，以图控制中国。后来，俄、法成立由俄国控制的华俄道胜银行，规定该银行拥有可以在中国修铁路、开矿山、设工厂，代收税款等特权。这个银行后来成了俄国借地筑路的工具。

图 9：中东铁路开工仪式

1903 年 7 月，中东铁路全线通车，并开始正式营业。中东铁路是从俄国经中国到达俄国符拉迪沃斯托克（海参崴）的西伯利亚铁路在中国境内的一段。它呈“T”字形，以哈尔滨为中心，西至满洲里，东至绥芬河，南至大连。中东铁路横贯今黑龙江省和吉林省，纵连吉林省和辽宁省，从满洲里经哈尔滨至绥芬河的线路称为滨绥线，全长1514公里；从哈尔滨经长春至大连的线路称为哈大线，全长940多公里。中东铁路全长共2400多公里，设站33个，其中东西干线长1480多公里，南北支线长940多公里。

1904年日俄战争爆发之后，俄国将长春至大连段转让给了日本。苏联成立后，自1920年起，长春以北段由中国和苏联共同经营。1935年3月，苏联将中苏共同经营的中东铁路作价卖给了日本。1945年8月，日本投降后，中东铁路改称中国长春铁路，由中苏两国共管。1952年12月31日，中苏两国结束共管，中东铁路完全由中国收回，归中国所有。

二、哈尔滨临时总工厂的建设

哈尔滨位于松嫩平原南部，地处松花江南岸，当时属于阿勒楚喀副都统管辖。在俄国入侵之前，这里已经形成满汉各族人民聚居的村镇。俄国为了推行吞并我国东北的“黄俄罗斯”计划，把这里作为中东铁路干支两线汇合的枢纽站和侵略我国东北的根据地。中东铁路管理局、俄国侵略和掠夺我国东北的政治、经济、军事以及文化机关大多都设在这里。俄国国内一些著名的厂商和公司也都在这里设有分支机构。

1897年，俄国强行在我国东北修筑中东铁路，同时决定在哈尔滨设立中东铁路的管理机构。当时的俄国不论在经济上还是在技术上，仍然是个十分落后的国家。中东铁路所需要的钢轨、器材和各种车辆，包括机车、客车和货车，除俄国国内哈尔科夫和布良斯克两家工厂有制造和供应一些机车的能力之外，其余的绝大部分都是从美国费城订购的。这些钢轨、器材和车辆，经水路运到营口和哈尔滨。

1898年5月，中东铁路东线从哈尔滨和绥芬河同时开工。为了组装和维修各种机车、客车、货车和筑路设备，中东铁路建设局根据圣彼得堡中东铁路公司（理事会）的决定，在营口设立临时货车组装工厂，并于6月9日开始在哈尔滨建立临时总工厂，作为铁路的附属工厂。

1898年10月26日，哈尔滨临时总工厂① 基本竣工，主要承担机车车辆维修，中东铁路公司任命伊奥秀夫为临时总工厂厂长，这是我国东北地区最早兴建的铁路工厂。

哈尔滨临时总工厂当时的厂址位于原来的哈尔滨道里第一工程街，厂内设有机车、客车、货车和机械等4个分厂，其他的翻砂、锻冶、铆工、水箱、车辆和工具等作业，都分别包括在上述4个分厂之内。临时总工厂位于后来新建的哈尔滨机械总工厂的北面，所以人们习惯地称它为北厂。

哈尔滨临时总工厂投产时所雇用的一千三百多名工人当中，除去其中很小一部分是俄国从国内各工业中心用较高的报酬招募来的俄国技术工人之外，其余约占工人总数的80%到90%的则是中国工人，他们的主要来源有两个：一是我国东北三省，主要是中东铁路沿线失去田园和房屋的破产农民；二是我国华北地区的直隶和山东等省破产的农民和手工业者。进入到总工厂的中国工人也有一些来自洋务运动时期创立的北洋机器局和吉林机器局的，这就是临时总工厂中所谓的“天津帮”和“吉林帮”，他们大部分人都有技术，而且团结性也比较强。第一次世界大战爆发后，中东铁路为了装配从美国进口的800台“跌卡波德”机车，总工厂又特地从天津、上海和青岛等地拉来不少中国技术工人。由于工人们住在临时搭建的帆布帐篷里，生活条件极其艰苦，1903年，铁路当局修建了36个“人”字形大棚供工人居住，从此“三十六棚”成为这一地区和工厂的代名词，哈尔滨临时总工厂（后来新建为哈尔滨机械总工厂）

---

① 哈尔滨临时总工厂后发展为哈尔滨机械总工厂，是今中车哈尔滨车辆有限公司的前身。

图 10：简陋的 36 个大棚子

被俗称为三十六棚总工厂。

在俄国统治时期，哈尔滨临时总工厂设备简陋，机器陈旧，工艺流程十分落后，许多工序完全靠手工操作。夜班工人干活用汽灯照明，生产效率极低。建厂初期，机车分厂厂房低矮阴暗，室内仅有 2 条地沟和 5 条铁路线，供组装和修理机车之用，起重设备十分原始；分厂只有三四台一般起重机车，其余起重大部件时，主要依靠 4 个“千斤”（倒链）进行；翻砂也在机车分厂进行，炼铁翻砂时用 3 个小鼓风炉，每半个月开一次炉，而且还只能浇铸一些小型配件；机车分厂内完全没有什么劳动保护设备，整个厂房里蒸汽弥漫，煤烟和砂灰到处飞扬，严重地损害了工人的健康。客车分厂每月维修客车六七台，切割原木的火锯以蒸汽机为动力，直到 1903 年又安装了 16 台动力机械和 23 台搬运机械。机械分厂靠近江边，厂房里安装有十几台老式机床。货车分厂根本没有厂房，除去怕雨淋的工序用苇席搭成棚子以外，多数工序都在露天道线上作业，每天工作时间近12个小时，而且还经常延长。客车分厂只能修理俄式木结构四轮客车，车辆即使小修，周转期也需要十几天的时间。

1902年，中东铁路开始临时营业，当年旅客票价收入2844204卢布，货物运费收入9670787卢布。由于中东铁路客、货运输量超出铁路当局的预料，哈尔滨临时总工厂的生产能力显然远远不能满足俄国侵略和掠夺的需要。同年9月，作为俄国远东政策的决策人物的尼古拉二世宠臣、财政大臣维特来我国东北“视察”即将正式通车营业的中东铁路后指出：“修理机车客车之厂，已有松花江岸即沿江和营口两处，所占地面，约4100万萨身（俄国长度单位，1萨身=2.315米），仍不过应暂时之用。”维特当即下令“拓筑经久大厂”。

1902年底，中东铁路公司委派扎尼斯克斯基工程师在距哈尔滨临时总工厂向南半公里的沿江地带（即今经纬十道街）着手筹建新的大厂。按照设计要求，新的大厂应该成为使各个分厂既有分工又有协作的综合性的机车、客车、货车等车辆的修理工厂。

1904年至1905年的日俄战争，虽然延缓了总工厂某些新厂房的建筑，但是俄国向自己国内各大工厂主要是哈尔科夫、布良斯克和莫斯科各工厂订购了机床和其他设备。所以，1906年和1907年这两年之间，各分厂的设备和机械安装工作得以完成。

1907年，中东铁路哈尔滨机械总工厂正式建成，圣彼得堡总公司任命巴切罗夫为该厂厂长。哈尔滨临时总工厂各分厂都迁入新的哈尔滨机械总工厂，这就是所谓的南厂。南厂规模宏大，占地面积84.3万平方米，总建筑面积37785平方米。原北厂的厂房转交给中东铁路哈尔滨总库，作为库房。

哈尔滨机械总工厂内有两条专用铁路线与哈尔滨车站相通。除原来的机车、客车、货车和机械4个分厂之外，又增设了翻砂、铁工、机器、机车、客车、货车、车轮、水箱、铆工、制材、电灯等 11 个分厂。机械设备共有 324 台，工人达 2000 余名，工作时间为 9 至 12 小时。工厂成立了总账房，在厂长和副厂长直接领导下，由人事、总务、技术和会计等科室组成，作为工厂的生产指挥中心，后来又成立了机械和化学实验室。俄国还以保护工厂为名，设置了路警值班室，实际是在监视中俄两国工人，镇压革命斗争。除铁路旅团的部分技术官兵外，还有外阿穆尔护境军官兵四十余名在工厂长期驻扎。这就是俄国帝国主义在我国东北建立的第一个近代化的重工业工厂。

新的哈尔滨机械总工厂无论是在建筑布局还是在机械设备方面，都有显著的改善。厂内敷设了 5 条铁路运输线，各分厂也修了不少专用支线。此外，各分厂都安装了水、暖、风、电等设备。其他分厂也都添置了许多新的机器和设备，机车分厂还安装了天车，代替了原来的“千斤”（倒链）。后期建立的发电分厂安装了 4 台 25 千瓦的汽轮发电机，供应本厂动力、照明和哈尔滨车站用电；锻冶分厂增添了半吨、1 吨、2 吨和 5 吨的汽锤

图 11：哈尔滨机械总工厂

各 1 台，每月生产锻件达 50 吨左右，生产能力比原来的临时总工厂时期提高了 3 至 4 倍。日俄战争期间，总工厂又建成中心发电站。

按照设计能力，哈尔滨机械总工厂每年应大修机车 90 辆、客车 80 辆、货车 400 辆。到 1914 年，该工厂的生产能力在大修机车方面达到了设计要求，货车分厂的生产能力超过了设计要求的 2 倍。

1924 年 5 月，哈尔滨机械总工厂改由中苏合办。至 1928 年，全厂房舍总建筑面积为 40152 平方米。1935 年 3 月，工厂被日本铁道省接管，继续扩大生产规模，厂房总建筑面积增至 55295 平方米。1937 年 4 月，伪满铁道总局决定将工厂的机车修理业务迁往三棵树，建立三棵树铁道工厂，原工厂机车厂房改为仕上职场。同年，又将仕上职场与松花江北岸的松浦工厂合并，专门修理客货车辆。1939 年起，工厂扩建了铸物职场、再用品职场等。至 1945 年，全厂总建筑面积增加到 56044 平方米。1945 年 8 月 15 日日本投降后，工厂由苏联红军接管并更名为中长铁路局哈尔滨铁路工厂，三棵树机车生产部分迁回。1946 年 1 月，工厂被国民政府交通部接收。同年 4 月，哈尔滨市解放，工厂归属东北铁路总局，积极进行恢复生产的斗争。1948 年，新建了水箱厂仓库、制材厂火锯室和制动厂仓库等生产厂房及辅助设施。至 1949 年，厂区总建筑面积达 64997.48 平方米。

三、东省铁道机车制造所的建设

俄国在加速中东铁路（东省铁路）干线和南满支线工程建设的同时，出于侵略目的，抓紧进行大连商港的建设，东省铁道机车制造所[①]就是这一时期由俄国兴建的。

① 东省铁道机车制造所，在发展过程中曾更名为大连铁道工场、满铁沙河口铁道工场、中长铁路大连铁路工厂，是今中车大连机车车辆有限公司的前身。

旅大地区位于辽东半岛的南端，是东北三省及内蒙古东部地区的水陆交通枢纽。大连、旅顺与山东半岛的烟台、威海卫隔海相望，是守卫东北和京津地区的门户。由于旅大地区有着重要的经济和军事战略地位，成为日俄两国觊觎与争夺的目标。

1899 年 8 月 11 日，俄国沙皇尼古拉二世向财政大臣维特发布了关于建设自由港达里尼（大连）的敕令，声明大连商港向一切国家的商船开放，决定在商港附近建设一个城市并定名为“达里尼”。8 月 16 日，俄国颁布《暂行关东省统治规则》，省府设在旅顺，内设民政、行政、外交等部，由总督治理；下设旅顺、大连湾及岛屿、金州、亮甲店、貔子窝 5 个行政区。9 月 28 日，俄国政府通过了沙哈罗夫和盖尔贝茨编制的大连商港和城市设计方案。东省铁路公司购买了东、西青泥洼等村落的 3300 万平方米土地，大连市第一期建设工程开始，东省铁道机车制造所作为第一期工程项目之一同时兴建。

东省铁道机车制造所建在青泥洼火车站内，1901 年 7 月基本建设完工，

图 12：东省铁道机车制造所作业场

从事铁路机车车辆的修理。1903 年 7 月 14 日，东省铁路干线及南满洲支路宣告通车后开始运转，设有机车组装职场、机械职场、锻冶职场、铸造职场、制罐职场、客货车职场、裁缝职场，厂房是用木板和铁皮搭建的简易建筑，机械设备几乎完全缺乏。尚未扩建完善，就陷入战乱之中。

1904 年 2 月 10 日，随着日俄在我国东北地区的矛盾不断激化，日本向俄国宣战，一场旨在重新分割东北地区的帝国主义战争在中国国土上爆发。5 月 28 日，日军占领了大连港。1905 年 1 月 1 日，据守旅顺要塞的俄军投降，日军遂占领旅大地区。2 月 11 日，改俄称“达里尼”为大连。东省铁道机车制造所由日本野战铁道提理部接管，更名为大连铁道工场。

1905 年 9 月 5 日，日俄签订了《朴茨茅斯条约》及《附约》。《条约》第 5 条规定：“俄国政府以中国政府之允许，将旅顺口、大连湾并其附近领土领水租借地一部分之一切权利及所让与者，转移与日本政府。俄国政府又将该租界疆域内所造有一切公共营造物及财产，均转让于日本政府。”

图 13：1905 年的大连铁道工场

据此条约，东省铁道机车制造所正式由日本占领。12 月 22 日，中日签订《中日会议东三省事宜正约》（又称《满洲善后条约》）及《附约》，其中规定：俄国将旅顺大连租借地、长春到旅顺间的铁路及其与上述租借地、铁路相关的一切权利全部转让给日本。

日本政府优先考虑南满铁路在军事上的功能，对南满铁路实行国营化管理。1906 年 6 月 7 日，日本政府颁布了《南满洲铁道株式（股份）会社（公司）章程》，宣布设立南满洲铁道株式会社（以下简称“满铁”）。8 月 18 日，日本政府批准《满铁章程》。1907 年 3 月 5 日，满铁总社迁至大连，4 月 1 日开始营业，是日本帝国主义对中国东北进行外交、经济、军事等殖民统治的指挥中心。

满铁开始营业后，立即从日本野战铁道提理部接管了大连铁道工场，并于 4 月 23 日开始运营。满铁经营的铁路有长春至大连线（701.8 公里）、安东至奉天线（261 公里），还有周水子至旅顺、大房身至柳树屯、大石桥至营口、苏家屯至抚顺、烟台（辽阳属灯塔）煤矿（位于今辽宁省灯塔市境内）5 条支线，共计 145.7 公里。1907 年 5 月，日本利用英国的长期贷款，开始实施南满铁路改造工程，将铁路窄轨距改为与中国铁路相一致的标准轨距，并进行加修复线和工务、机务、电务、站场等设施的改造。

满铁对南满铁路的改轨和修复，使原有的机车、货车、客车均不能运行，需要重新购置和组装。大连铁道工场专门负责改造、修理和组装宽轨用机车车辆，同时承担满铁的各种订货任务，并供应各分工厂的重要材料物品。由于厂房是木制的临时建筑，设备差、规模小，又不能与其他设备配套，组装作业非常困难。满铁接管时，工场作业很闲散，允许工人自由上下班，仅有工人 943 人（中国人 18 人）、职员 59 人。

满铁还接管了辽阳分工厂的土地和其他建筑物，分担管理铁路车辆机械和器具的工作事务。1908 年 12 月 15 日改称辽阳车辆系。根据日本野战铁道提理部当时的设计，还新建了公主岭工作分工厂和安东（今辽宁省丹东市）分工厂，均属规模很小的临时修理厂。

由于日本尚缺乏供应大型机车车辆的能力，完全依靠从欧美国家进口。1907 年，满铁从美国订购了 205 台机车、95 辆客车、2090 辆货车、100 辆卡车的部件。同年 5 月，部件陆续运抵工场后，满铁昼夜作业，又从运输部补充了 647 名员工，由美国机车公司派遣的技师进行指导。6 月 18 日，组装完成第一台蒸汽机车；9 月 30 日，组装完成第一辆货车；12 月 29 日，组装完成第一辆客车。

至 1908 年 6 月 1 日，大连铁道工场在南满铁路改标准轨后正式运转，共组装机车 122 台、客车 69 辆、货车 1331 辆、卡车 100 辆。购置的机车有轴式为 2–8–0 的坚定型货运机车、轴式为 4–6–0 的十轮式客运机车、草原式调车机车以及双端式机车等。客车均为木制，货车包括棚车 860 辆、高边车（敞车）1030 辆、平车 200 辆。满铁原有的窄轨车辆，也在工场重新拆卸和改装。因满铁用英国的贷款购买美国制造的机车车辆，英国政府向日本政府提出抗议，又从英国购进了部分机器和机车。

鉴于工场厂区窄小、无法扩建，1908 年 7 月，日本侵略当局考虑对中国东北地区进行资源掠夺需要加建铁路，急需大批铁路运输工具和机械设备，满铁决定重建大连铁道工场。新厂址选择了大连郊外的沙河口，新厂占地 177.8136 万平方米，其中厂区占地 91.6340 万平方米，建筑面积 56837 平方米，包含 22 条蒸汽机车修理线、6 条货车修理线、9 条客车修理线。1911 年 8 月 9 日，原工场全部迁至新厂区，改称满铁沙河口铁道工场。至 1916 年末，新厂区有厂房 49 座，建筑面积 58662 平方米，住宅建筑总面积 29256 平方米。第一次世界大战结束后，工场采取紧缩方针，基本建设处于停滞状态。至 1922 年，工场有各种起重机 26 台、机械设备 630 台，铁路轨道 34 延长公里，输电线路 2131 米，输水管路 5075 米。

1928 年，在厂区内新修了 3000 米沥青运搬道路。1931 年九一八事变后，日本帝国主义为军事侵略和经济扩张，对工场增建车间、增置设备，不断扩大生产规模，先后扩建铰镔职场、仕上职场、制材职场，并新建一座容量为 6000 千伏安的变电所。至 1941 年，工场有各种设备 2849 台，其中动力设备 1183 台、切削设备 504 台；厂内各种建筑 125 栋总面积 101094.7 平方米，其中厂房 61 栋 75848.65 平方米。太平洋战争爆发后，工场设备超期使用，房屋长年失修。日本投降前夕，烧毁了全部管路、设备图纸和技术资料，使工场遭到严重破坏。

1945 年 8 月，苏联红军进驻工场实行军管，易名为中长铁路大连铁路工厂，工厂总面积 87.7 万平方米，生产厂房 103 座，办公大楼 1 座，各种设备 3327 台。在国民党军队封锁旅大地区的情况下，工厂积极开展了恢复生产的斗争，修理设备 3387 台（次），恢复 75 条生产线。至 1949 年，工厂占地面积 127 万平方米，其中厂区占地面积 85 万平方米，生产建筑面积 79300 平方米；各种设备 4517 台，其中金属切削设备 650 台、锻压设备 239 台、桥式起重机 45 架。铁路线路 37 公里，柏油道路 5.4 公里。

四、满铁铁道技术研究所的建设

满铁铁道技术研究所全称为“南满洲铁道株式会社铁道技术研究所”，是日本侵华时期设立的科研机构，1922 年 3 月建在满铁沙河口铁道工场旁边。

满铁铁道技术研究所主要从事铁道技术的研究与开发，为日本在东北的铁路运营和扩张提供技术支持。该所设计了许多蒸汽机车，解决了很多技术难题。所内的超低温试验室尤为人们称道，是中国第一个铁路机车车辆的研究所，也是当时亚洲最先进的研究所之一。

图 14：1928 年的满铁铁道技术研究所

1930 年 6 月，更名为满铁中央试验所沙河口理学试验所。1931 年 12 月，改称满铁中央试验所沙河口研究所。1937 年 3 月，改称满铁铁道研究所大连分所。1939 年 4 月，再次更名为满铁铁道技术研究所。1945 年日本投降后，该研究所改称沙河口铁道技术研究所，覆盖了机械、车辆、电气、土木、建筑、内燃机汽车、金属化学等多个学科，拥有 500 多名技术人员，由苏军军管。1951 年 11 月 28 日恢复重建，后历经多次更名，最终发展为以后的中车大连机车研究所有限公司。

五、齐齐哈尔铁路工厂的建设

1898 年，沙俄修建的中东铁路（东清铁路）穿过黑龙江，其中昂昂溪站（位于黑龙江省齐齐哈尔市）成为重要枢纽。但中东铁路的干线并未直接经过齐齐哈尔城区，导致城内交通不便。当时的黑龙江巡抚程德全向朝廷奏请，希望修建一条与中东铁路相衔接的铁路，但遭到了俄国控制的中东铁路公司的拒绝。经过多次交涉后，最终获批修建一条轻便铁路——齐昂轻便铁路，从齐齐哈尔城到昂昂溪火车站，约28公里(一说25公里)，轨距为1000毫米的窄轨。1907年开始筹建，1909年正式通车。1914年，因线路老化、经营不善，齐昂轻便铁路一度停运。

1922年，张作霖主政的东北地方政府推行“自建铁路”政策，试图摆脱日本控制的南满铁路束缚，齐昂铁路的改造是地方铁路网完善的一部分。1928年7月，齐昂线通车，将原窄轨改为标准轨距（1435毫米），与中东铁路一致，实现无缝衔接。与此同时，在齐齐哈尔火车站南约500米处建立了齐齐哈尔机务段，担负机车的乙、丙检修，有工人二百余人。

齐齐哈尔机务段就是齐齐哈尔铁路工厂[①]的前身。当时，工厂厂房简陋，设备落后，作业环境恶劣，工人生活困苦。1931年9月18日，日本关东军发动九一八事变，侵占我国东北。1931年11月19日，齐齐哈尔陷落，机务段被日本侵略者占据。1932年，溥仪在致日本侵略者的函中表示:“敝国承认，贵国军队凡为国防上所必要，将已修铁路、港湾、水路、航空路等之管理并新路之布设，均委诸贵国或贵国所指定之机关。”于是，将东北的交通运输大权拱手让给了日本侵略者。

1933年，日本侵略者的伪满洲国铁道株式会社名义上受伪满洲国委托，实际上接管了东北的原四洮、洮昂、洮索、呼海、奉山等铁路局，合并为奉天、新京、洮南、哈尔滨等4个铁路局。齐齐哈尔机务段隶属洮南铁路局。

1935年2月，增置部分厂房与少量设备后，改称齐齐哈尔铁道

① 齐齐哈尔铁路工厂，是今中车齐齐哈尔车辆有限公司的前身。

图 15：齐齐哈尔铁路工厂

工厂，工厂占地面积 66370 平方米。1937 年，工厂共有各种设备 429 台，其中机电设备 99 台、金属切削设备 35 台、切断设备 21 台、研磨设备 5 台、木工机器 9 台、起重运输设备 65 台，各类杂项设备 195 台。1939 年，工厂在齐齐哈尔火车站东北方向约 2.5 公里的地方开始建设新厂。1941 年，工厂有各种设备 243 台，其中金属切削设备 98 台。1942 年，部分建筑工程完工，机车修理、铆工、机械、电动、锻冶、翻砂等生产组织陆续迁移至新厂房，只有客车检修和货车检修仍留在原厂区进行。至 1945 年，工厂占地面积 57 万平方米，建筑面积 28636 平方米，建筑工程仅完成原计划的 32%。日本投降后，苏联红军接管工厂，1946 年苏联红军撤离时，大部分设备被运走，工厂仅剩设备二百三十余台。

六、牡丹江铁道工场的建设

牡丹江铁道工场[①]是日本侵略者占领东北时，为了增加检修机车、车辆的能力而建立的。

1933年，日本侵略者侵占东北成立的铁路总局订立了发展铁路工厂的第一个十年计划，曾确定在三棵树、牡丹江、图们新设工厂。1937年初，开始设计、兴建图们铁道工场，年内完成厂区围墙和组立、工具仕上、旋盘、翻砂、锻冶、电动职场基础工程和道路工程后，发现工地狭窄，车辆集散数量与原设想相差太大，加之和朝鲜方面的关税问题不能解决，决定终止工程，转到牡丹江建厂。1938年1月15日，牡丹江铁道工场开工兴建，投资总额为16481000日元。1939年，职工住宅动工建设，由南满洲铁道株式会社铁道总局的工作局管辖。工厂占地总面85万平方米，其中厂区35万平方米，剩余地区50万平方米。至1940年6月，先后建组立职场、制罐职场、铸物职场、锻冶职场、旋盘职场和锅炉房、空气压缩机房、仓库等建筑面积32933平方米，安装各种机器906台。1940年12月1日，牡丹江铁道工场初步建成，正式投入机车修理，当时职工总数为500人。为扩大修车品种，同年12月21日货车职场破土动工，于1942年4月1日建成投产。

当年，牡丹江铁道工场拥有检修机车105台、货车385辆，主要负责牡丹江铁道局管辖内15个机关区（机务段）的400台机车以及2500辆货车的检修。检修所需的简单部件均由本工厂制造，而复杂部件则由皇姑屯、齐齐哈尔、哈尔滨、新京（长春）、大连等铁道工场及从日本供应。在日伪统治时期工厂的生产发展非常缓慢，直到日本投降前，也未能达到

① 牡丹江铁道工场，是今牡丹江中车金缘铸业有限公司的前身。

原计划的生产能力。工厂的技术力量以日本职工为主，当时招收的中国工人大多是力工和徒工。1940 年 10 月，哈尔滨铁道学院为牡丹江铁道工场培养了约 150 名养成工，年龄大都在 14 至 16 岁之间，主要从事翻砂、锻冶、钳工、旋工等工种的劳动。日本侵略者以各种手段来管制中国工人：工厂设有调查系和警护分团，各职场都设有“善邻班”，随时监督工人的行动。警护分团成员大部分是日本人，均配有枪支。工人们上班要挂牌，下班要被搜身。在警护分团持枪日夜看守的情况下，工人们每天都要从事 10 小时以上的繁重劳动。

1945 年，日本投降前夕，对工厂进行了全面破坏，除部分厂房遭到战火的摧残外，其余全部被纵火焚烧，大火持续半个多月，所有建筑物的可燃部分全部化为灰烬。26 米跨度的钢架全部被烧变形，倒向弯曲度最

图 16：1947 年 2 月，牡丹江铁道工场检修的第一台蒸汽机车

大 310 毫米左右、90 米长的 3 栋跨度 16.5 米的货车厂房全部被烧光，东西墙向外倾斜 150 毫米左右，全厂燃烧面积达 32898.4 平方米。

1946 年 12 月，中共中央东北局和东北铁路总局决定将哈尔滨三棵树机车工场的 138 台设备运往牡丹江，重建工厂，正式定名为牡丹江铁道工场。

至 1947 年 6 月，牡丹江铁道工场除锅炉房外，其他设施大致齐备，修缮新建厂房 21962.5 平方米；暖气 291 处，折合散热面积 5199.99 平方米。1948 年，新建厂房 2406.3 平方米，住宅 6 栋共 2095.9 平方米。

第四节　胶济铁路催生青岛四方厂

胶济铁路连接青岛和济南，是山东省首条铁路，也是联结中国沿海与内陆的主要铁路干线之一。19 世纪 80 年代起，德国的银行财团和重工业把资本渗透和铁路建设作为德国出口经济在中国最重要的目标。山东有优越的港口条件和丰富的矿产资源，德国选定以胶州为中心的铁路网计划，与中国签订《胶澳租界条约》后，德国取得了修筑胶济铁路的特权。随后，专营铁路机车车辆修理的胶济铁路四方工厂也开始兴建。

一、胶济铁路的修筑

1897 年 11 月 1 日，山东曹州府巨野县发生“教案”，两个德国传教士由于作恶多端，被当地农民杀死。德国以此为借口，于 1897 年 11 月 7 日深夜派远东舰队司令棣利斯率领“柯莫兰号”“吉芬号”“亨利王子号”“粤古斯特号”4 艘巡洋舰袭击胶州湾，14 日强行登陆，胶州湾被德国占领。

胶州湾被占之后，清政府慑于德国的淫威，于1898年3月6日派出李鸿章、翁同龢与德国公使海靖签订了《胶澳租界条约》，中国政府将胶州湾租与德国，并允许德国在山东修建铁路、开采矿山。关于铁路，准许德国在山东建造两条：一条自胶州湾经潍县、青州至济南及山东省界；一条自胶州湾经沂州（今临沂）、莱芜至济南。在德国政府的推动下，亚洲业务财团、山东辛迪加（辛迪加，法文音译，意为垄断）和工业辛迪加组成一个联合公司（辛迪加），以获得“无限资本能力，共同申请铁路许可权”。1899年6月1日，德国政府正式授予该辛迪加在山东修建经营铁路和开发矿山的许可权。

此前，按照《胶澳租界条约》的规定，胶济铁路本应由华商与德商联合组织公司，“各自集股，各派人员领办，并应另订合同”。1898年1月，山东辛迪加委托普鲁士皇家土木技监、总工程师盖德兹到山东考察铁路建设条件。1898年9月至11月，德国人锡乐巴与罗克共同进行山东铁路的勘察工作，锡乐巴最初计划的山东铁路从胶州湾经沂州再到济南，全长942公里。后来铁路线修改为由青岛至济南。1900年3月21日，山东巡抚袁世凯与山东铁路公司总办锡乐巴制定了《胶济铁路章程》，该章程多达28款。

1899年8月25日，胶济铁路开始动工。1901年4月8日，青岛至胶州段铁路通车。1902年6月1日，铁路通至潍县。1902年底，铁路通至昌乐，全部干线的勘测工作完成，并在博山开始支线的勘测工作。1903年4月12日，昌乐县至青州府段开通。胶济铁路全部的轨道和桥梁材料、机车车辆、铁路电报、水泥以及用于铁路工厂和水站的设备等，都购自德国。在人员方面，参与胶济铁路建设的工程技术人员全部是德国人。

1904年6月1日，胶济铁路全部建成通车。

二、四方工厂的建设

在胶济铁路修建的同时，考虑到胶济铁路通车后的需要，山东铁路公司在距青岛 7 公里处的四方调车场旁边，四方村南侧横亘于青岛与沧口间通行道路的中央，开始筹建一个设备、厂房齐全，能担负胶济铁路全部车辆装配和修理任务的铁路总厂，预算投资 320 万马克。

1900 年 10 月，胶济铁路四方工厂[①] 开始兴建，1902 年建成，1903 年投产使用。工厂占地面积 125 万平方米，厂内建有办公大楼、仓库、动力室、机车库、水塔、油漆厂房、锻冶厂房、室内牵车台和锯木厂等，共有

图 17：胶济铁路四方工厂

① 四方工厂，在解放前曾用名胶济铁路四方工厂、山东铁道青岛工场、四方铁道工场、青岛铁路工厂、华北车辆株式会社青岛工场、四方铁路工厂，今中车青岛四方机车车辆股份有限公司的前身。

设备250台。至1914年11月，已组装机车23台、客车23辆、货车624辆。

为了培养一批德国式的工匠，工厂于1904年创设了艺徒养成所，每年招收10名学徒，学制4年，每日学习德语2小时，其余时间到现场学技艺，毕业后为工厂效力。德国人在厂内实行“华人职工控制法”，中国职工稍有不慎，就被关押或罚款。工作时间为每日9小时，星期日休息。

1914年11月前，工厂有德国人14人，中国工人270人。中国工人大部分是当地的木匠、铁匠和从青岛造船所招募来的工匠，还有从上海、天津等地招募来的工匠。

1914年8月，第一次世界大战爆发，对青岛早有野心的日本乘机从德国手中将青岛夺去。

1914年8月23日，日本正式对德国宣战。11月7日，驻青岛德军投降。11月16日，日军开进青岛，工厂被日军占领后更名为山东铁道青岛工场。因位于海泊河德军炮台附近，工厂在交战中曾遭双方炮击，厂内发电所、机车库、烟囱等多处受损。

被日军侵占后至1918年3月，青岛工场设事务所、13个职场（车间）和试验室等机构，共有职工972人、职员30人。场内有铁路线路二十余条，在线路交叉处设有转车盘，工场南、北、西端各设有一台直径57英尺的转车盘；车台职场（转向架车间）设有电动牵车台。场房总面积为19748.25平方米，主要有事务所、动力室、机车库、备品库、木材干燥室、给水设备、水塔及各职场等。事务所为3层楼房，楼下是办公室，楼上用作单身职工宿舍。动力室为平房，室内有发电室、锅炉室和储煤室。发电室装有220V、348A、80kW的直流发电机2台。锅炉室有直径2米、长9米的兰开夏锅炉1台、水泵3台，储煤室可储煤160吨。

在日本侵占的8年中，场内填平洼地82645平方米；增建翻砂、客货车、车轮、铸钢职场、实验室等房屋10栋；增添设备290台。1916年，场内设立“山东铁道从事员养成所四方分教场”，培训技工，每年招收40名学徒，学制4年。日本人对中国职工管理苛刻，同工不同酬。日本籍铁道部长一级工资为4200元，二级工资为1000元，中国职员月薪为20—30元，普通技工日薪为5角，一个日本徒工比中国高级技工工资还高。

1921年11月12日至1922年2月6日，美国、英国、法国、意大利、日本、荷兰、比利时、葡萄牙和中国等9国在华盛顿召开会议，讨论裁减海军及远东问题。1922年2月4日，中日双方签署《解决山东悬案条约》，规定日本将德国原在山东的权益（包括胶州湾租借地和胶济铁路）交还中国，但中国需向日本支付5300万日元作为补偿。1922年2月6日，与会国签署《九国关于中国事件应适用各原则及政策之条约》。公约重申“门户开放”原则，否定日本在中国的独占性权益。1922年12月5日，中日双方进一步签订《山东悬案铁路细目协定》，具体规定：胶济铁路及其支线与附属财产以4000万日元（折合约3200万银圆）由中国赎回。中方分期付款，款项偿清前铁路由中日共管。双方应在一个月内完成交接手续。

1923年1月1日，北洋政府从日方赎回胶济铁路。1月5日，又以折价银圆6035362.94元的高价赎回胶济铁路四方工厂（1923年更名）的全部设备、厂房、产品，继续建成客货车场，扩充机车修理场。1927年起，陆续新建木工场、缝工场，扩建油漆场等。

至1937年，四方工厂有厂房27栋，建筑面积25080平方米，各种设备935台（套）。七七事变爆发后，国民政府组织将工厂设备材料拆迁南运，至1938年1月17日日本满铁派遣团接管四方铁道工场(1938年更名)时，尚存机械设备214台。日本侵略当局根据侵华战争的需要，对工场开展较大规模的建设。至1943年，先后建成组装加工厂房、制罐职场、锻冶职场、变电所、动力室等16项建筑。

至1945年，工厂占地面积26万平方米，建筑面积5.13万平方米，铁路线长6900米，有各种机械设备450台。

日本投降后，1945年10月28日国民政府交通部接收了工厂。1946年10月11日，国民政府行政院将原东亚重工业株式会社拨交四方工厂管理。

至1949年5月，工厂占地总面积58.37万平方米，其中厂区占地26万平方米，房屋建筑面积125858平方米，各类设备978台。

第五节　正太铁路发轫石门总机厂

正太铁路，今称石太铁路，是连接石家庄与太原的铁路干线，推动了晋冀两地的物资交流和经济发展。正太铁路的修筑款项由山西省商务局向俄国的华俄道胜银行借款，后因俄国陷于日俄战争无暇修筑，转由法国巴黎银公司通过贷款方式控制路权。专为正太铁路修理机、客、货车的石家庄总机厂也随之成立。

一、正太铁路的修筑

正太铁路东起直隶省正定府(今河北省石家庄市正定县）柳林堡(铺)，经井陉县、山西阳泉、寿阳、榆次到达山西省会太原府，也称为柳太铁路。沿线有煤、铁等矿产，物产资源极为丰富。1896年，清政府接受张之洞七年前的建议，决定修建卢（沟桥）汉（口）铁路，并且以卢汉（京汉）铁路为干线，允许邻省修建支线与之衔接。山西巡抚胡聘之推崇张之洞“利用晋铁”的主张，于1896年6月初奏请朝廷，山西商务局在承办矿务时对柳林至太原铁路亦同请办。7月8日，得到光绪皇帝批阅“大致尚属周妥”，准予“妥筹办理”。1898年5月21日，山西省商务局曹中裕与华俄道胜银行璞科第，在北京总理各国事务衙门签订《柳太铁路借款合同》十六条。其中规定线路自直隶省正定府南柳林堡（铺）附近接近卢汉铁路处、终至山西省太原府洪恩门外，线路共约500华里。工程工期三年，借款2500万法郎，折合白银680万两（当时1法郎≈0.272两白银），年息六厘，25年本利还清。同年冬，法国实业团派工程师数人来华，经踏勘后，知工程繁难，建筑费极贵，决定采用1米的窄轨。

合同签订不久，同年，全国爆发义和团运动、八国联军入侵北京、慈禧太后与光绪皇帝逃离北京等重大事件爆发，修路之事暂时被搁置。

1902年6月，华俄道胜银行董事璞科第根据前约为据致电山西巡抚岑春煊，催促开办铁路事宜，并提出柳太铁路作为卢汉支线，应按卢汉合同加以修改。9月7日，外务部和路矿大臣奉旨研究后复奏，决定由原来的商借商款改为官借商款，并请铁路总公司督办盛宣怀按卢汉铁路办法与俄商妥订详细合同。

盛宣怀奉命与华俄道胜银行上海分行总办佛威郎谈判。经磋商，双方拟定了《正太铁路借款合同》28款和《正太铁路行车合同》10款。1902年10月15日（光绪二十八年九月十二日），由铁路总公司督办盛宣怀同华俄道胜银行上海分行总办佛威郎在上海签订合同。新合同名曰《1902年中国国家铁路五厘借款》，借款总数4000万法郎，折合白银1300万两，按九折交付，年息五厘，“三年之内全路告竣”。清政府派遣监督一员稽查出入款项。

《正太铁路合同》签订后不到两个月，因俄国正在赶工东省铁路和南满支路，无暇兼顾。而华俄道胜银行系俄法合资所组成，法国巴黎银公司与华俄道胜银行“名虽不同，其所有董事仍系银行董事”。华俄道胜银行董事璞科第指示，将正太铁路转让给法国巴黎银公司承办。铁路债权遂为法国巴黎银公司所有。

1903年2月，正太铁路准备开工时，清政府才发觉筑路采用1米窄轨，当即提出反对。而璞科第以正太铁路“地势险阻、工程艰巨”为借口，坚持采用窄轨，最后，清政府让步。法国总工程司埃士巴尼为进一步压缩费用，要求铁路进入平原之后，线路取直，因滹沱河建桥费用高，将东端起点从正定府柳林堡（铺）南移到京汉铁路枕头（振头）站（石家庄村东）。

按照《正太铁路行车合同》规定，正太铁路建成后，由法国巴黎银公司经营管理，成立正太铁路监督总办，掌“监督”之权；成立总管理处，由法国巴黎银公司委派总工程司主持，掌握运营管理全权。总管理处设在石家庄。总管理处设总工程司一人，首任总工程司法国人埃士巴尼掌管筑路工程全权。下设工务处、总务处、材料处、总机厂等，其下属的处长、段长、总会计、秘书、所长等全部由外籍人员担任。

1903 年 10 月，在正太铁路总工程司埃士巴尼率领下，组成三个测量队，开始对线路进行分段测量。

1904 年 5 月开始施工，全线分六段陆续开工，最多时有五段同时施工，完成一段即开通使用。除石家庄至乏驴岭、乏驴岭至下盘石之间，有两段由外国人承包外，其余大部分是由中国承包商承包施工建设的。中国人实际上参与了正太铁路的设计、测量，担负了全线桥梁隧道和一切附属建筑的修建工作。钢轨采用法国威昂式每米 28 公斤轨，木枕多为美松，轨距 1000 毫米，车站正线使用 10 号道岔，站线使用 8 号道岔。

正太铁路工程历时三年半建设，线路为单线双向，全长约 243 公里。设有车站 34 个，其中石家庄、太原为特等站；获鹿、井陉、娘子关、阳泉、寿阳、榆次为一等站；头泉、上安、岩峰、微水、乱流、白羊墅、测石、芹泉、赵东为二等站；其余 17 个站为三等站。在石家庄、阳泉、太原等 14 个车站设蒸汽机车给水设备。正太铁路全线设置三个车辆维修养护的工厂，一是石家庄总机厂①，二是阳泉工厂，三是太原工厂。正太铁

① 石家庄总机厂，是今中车石家庄车辆有限公司的前身。

路石家庄总机厂是为了综合性维修正太铁路机车而设的，坐落于石家庄村东。而阳泉工厂和太原工厂属于简单的小型养护厂，皆隶属于当地机车房管辖。正太铁路于 1907 年 10 月全线通车。

图 18：正太铁路石家庄车站

在正太铁路全线运营之后，设立了行车监督局和行车总管理处。中方政府代表出任监督局局长一职，掌管监督全权。行车总管理处，即法方总工程司的办公机关，由总工程司掌管正太铁路运营管理的全权。

根据合同规定，正太铁路借款本息还清后，法国巴黎银公司交还路权。1932 年 10 月 25 日上午 9 时举行接收典礼。正太铁路接收典礼在石家庄正太铁路同人会礼堂举行。10 月 26 日，正太铁路接收委员会发布通告："本路自十月二十六日起，开始接收各部，接收后悉归本局直接管理。"总务处、工务处、车务处、机务处、会计处、材料所等陆续完成接收。接收委员会组织了新的法规编审委员会，设立了购料委员会，裁并了购地委员会，改组了铁路警察署，成立了国民党正太铁路特别党部，继续留用的原法国籍职员一律改为铁道部专员身份在本路服务。接收之后，正太铁路文件废止使用法文，改用中文，并将工作时间改为 8 小时工作制。1933 年 2 月 1 日，正太铁路接收工作全部完成。

1938 年至 1939 年，日军侵华期间为满足军事运输需求，按照日方“满铁”技术标准，强行对正太铁路线路进行拓宽改造，改建为 1435 毫米标准轨距。这时期改称为石太铁路，直接接入京汉铁路。两条铁路汇聚在石门站，结束了石家庄市中两条线路两个车站相邻不连接的尴尬局面。

二、石家庄总机厂的建设

正太铁路确定以石家庄作为始发站以后，就在这里设立了修建、管理本路的大本营。

1903 年 9 月，主持修建正太铁路的第一任法国总工程司（清末民初官方文件常用译法）埃士巴尼来华后，把办事机构——铁路局设在了石家庄，随即招募了一些劳工，在石家庄村东买了一大片土地，并在这里搭起了一片片的席棚，盖起了数间土坯房。

1905 年 9 月，随着正太铁路的建设，法国巴黎铁路开车公司在这里开始兴建正太铁路石家庄总机厂，专为正太铁路修理机车、客车、货车。总机厂下设锻铁厂、熔铸厂、模具厂、装配厂、合拢厂、锯木厂、修车厂、机器厂等分厂，占地面积 1.2 万平方米，有先进设备一百七十多台。1906 年，总机厂从唐山、天津招募一百多名锻工、翻砂工、铆工和机器匠。1907 年 9 月，正太铁路竣工时，清政府派铁路提调梁士诒到正太铁路沿线和石家庄总机厂等修理厂勘验。梁士诒在呈给光绪皇帝的勘验奏折中指出：“所有洞道石桥、沿溪堤工，均系华工包造，坚细牢致，外人亦深羡服。”1907 年，总机厂开始试生产，技术骨干用从法国运来的新配件组装了 2 辆窄轨货车，作为试生产的样品。1921 年，石家庄总机厂完成全部建设，历时 16 年。按照 1921 年 12 月 31 日核计，建造各厂房及设置机器，价值共 327820 银圆。

总机厂四周垒着高高的石头围墙，共有 12 个门，各门均设护勇守卫。正太铁路的火车自火车站开出，向北穿过大石桥进入厂区，再向北从西北角的 5 号门出厂，开往太原。厂内铁路正线以东为生产区，正线以西及以北是树林带，正线东北是法国高级职员生活区。正太铁路由南向北从厂区穿过，铁路左侧建有俱乐部、正太铁路管理局大楼及高级职员居住的一座座法式别墅；右侧建有总机厂、机车间、停车场。总机厂厂区遍地种植着白杨树，葱翠成林，高达 10 米，盛夏气温低于市区华氏 4 度左右。俱乐部前建有溜冰场，10 月间即可注水冻结，各项娱乐包括舞会、电影、戏剧，丰富多彩。这片区域俨然与市面隔绝成了一个独立王国，中国人不准

图 19：石家庄总机厂

随便出入，连获鹿县县太爷进厂办事，也得先递贴，后告进。附近的老百姓都把这里叫作“洋城”。

1921 年前后，从石家庄到太原，正太铁路工人共有两千多人。其中，石家庄总机厂的五百多名工人来自全国不同地区：有三分之一是建厂时从天津、唐山等地招来的技术工人，是厂里的技术骨干；三分之一的工人招自福建、两广、江浙等地；三分之一的工人招自石家庄当地以及河北、山东等地。这样人员规模的企业，当时国内为数不多。因此，总机厂是一个名副其实的大厂。1932 年，石家庄总机厂与正太铁路一起被收归国有，在职人数为 592 人。

1931 年交通铁道部交通史编纂委员会编印的《交通史路政编：正太铁路》记载，1913 年，制造了货车 2 辆；1914 年，开始修理车辆，当年修理机车 29 辆次，修理客车 270 辆次，修理货车 1251 辆次；1922 年，制造客车 2 辆、货车 2 辆，修理机车 21 辆次、客车 128 辆次、货车 1190 辆次。1933 年上半年，总机厂建造出 4 辆冰箱冷藏车，附挂于上下行客货列车，专为运输鲜货之用。1907 年试生产组装 2 辆货车，1914 年正式投产修理车辆，1921 年完成全部建设，成为铁路运营以来的一大创举。

1937 年 11 月 24 日，日本满铁派遣团接管工厂，在被日本侵占时期，工厂曾有扩充。1945 年二三月间，为了削弱日军的军事工业基础，盟军（第二次世界大战期间，与日本处于交战状态的国家组成的同盟国军队）飞机多次空袭石家庄，工厂客车、货车、机车厂房被炸，受损严重。日本投降后，国民政府交通部接管工厂。至 1947 年 3 月，工厂有各种机器设备 194 台。

第六节　京张铁路创办国有制造厂

京张铁路连接北京与张家口，由清政府官款自办，并委派詹天佑主持修建，是中国首条不使用外国资金及人员、由中国人自主设计、投入营运的干线铁路，创设“竖井开凿法”和“人”字形线路，蜚声中外，打破了“中国人不能自建铁路”的断言。在京张铁路沿线建有一座集装修机车、客车、货车于一体的京张制造厂，即中车早期的南口机厂。

一、京张铁路的修筑

修筑京张铁路的动议最早可追溯至1899年之前。当时俄国就曾提出修筑由恰克图经库伦、张家口到北京的铁路，但未得到清政府同意。1903年，商人李明和、李春相继奏请通过招集股银承修京张铁路，但股银有外国资本渗透之嫌疑被拒。此后又有商人张锡玉奏请商办，因其意不明被驳。

对于修筑京张铁路，英俄双方争夺激烈，互不相让。俄国搬出《中俄密约》，借口“中国长城以北的铁路不能由第三国承建”，企图独占京张铁路修筑权。英国坚决反对俄国主张，并借口京张铁路是关内外铁路的延长线，必须由英国继续承办，否则不能拨款，以此对清政府进行威胁，企图争得修筑权。

1904年，直隶总督兼督办关内外铁路大臣袁世凯等人提议清政府提拨关内外铁路余利，不用外国工程司，由中国人自行筹款、自行勘测、设计、建造，独立完成京张铁路干线工程。

1905年，清政府为了缓和英俄之间的利害冲突，决定自建铁路，以便利西北地区的货物交通贸易，同时委派詹天佑主持修建这条铁路。这一时期，关内外铁路运营良好，盈利颇丰。袁世凯与胡燏棻商议后，于同年5月11日上《提拨关内外铁路余利修造京张铁路折》，正式请求修建京张铁路。上奏清政府“议提关内外铁路余利，拨修京张工程”“作为中国筹款自造之路”。按照袁世凯拟订的计划，最初的500万两白银预算从关内外铁路收入中每年支出100万两白银，拨付4年，另由关内铁路拨还款

80 多万两白银即可筹齐。后来，京张铁路所需建设资金主要来自关内外铁路收入的余利，邮传部也进行了统筹安排，还曾借用俄国交还营口海关税银 65 万两白银，并为京张铁路及其他官办铁路两次借贷外资 200 万两白银，所以资金问题没有影响京张铁路的修筑进程。

1905 年 9 月 4 日，京张铁路正式开工修建，12 月 12 日开始铺轨。中国自办京张铁路的消息传出之后，因为“由南口至八达岭，高低相距一百八十丈，每四十尺即须垫高一尺”“中隔高山峻岭，石工最多，又有 7000 余尺桥梁，路险工艰为他处所未有”，特别是“居庸关、八达岭，层峦叠嶂，石峭弯多，遍考各省已修之路，以此为最难，即泰西诸书，亦视此等工程至为艰巨”，京张铁路的施工建设难度举世罕见，外国人讽刺说建造这条铁路的中国工程师恐怕还未出世。

詹天佑亲率工程队勘测定线。由于清政府拨款有限，时间紧迫，詹天佑从勘测过的三条路线中选定由西直门经沙河、南口、居庸关、八达岭、怀来、鸡鸣驿、宣化至张家口。

京张铁路第一段为丰台至南口段。就在铁路铺轨的第一天，一列工程车的一个车钩链子折断，造成脱轨事故，一时间中国人不能自修铁路的各种诽谤中伤纷至沓来。詹天佑使用了自动挂钩法解决了这个问题，第一段工程于 1906 年 9 月 30 日全部通车。

京张铁路第二段为南口至八达岭岔道城的关沟段铁路。关沟段地势陡、坡度大，穿越军都山，最大坡度为 33‰，曲线半径 182.5 米，需要打通居庸关、五桂头、石佛寺、八达岭等 4 条隧道，工程非常艰巨。詹天佑仿照美国高山地区铁路设计方案采用“人”字形线路，将青龙桥车站作为一个临时停车点，设计折返线，避免了火车转弯，节省了路程和时间。在打通最长为 1092 米的八达岭隧道时，詹天佑组织施工人员从南北两头同时向隧道中间点位开凿的同时，采用竖井方法挖掘，中部开凿两个直井，分别向相反方向进行开凿，增加工作面，大大缩短了八达岭隧道的长度，不仅缩短了工期，也降低了工程的危险性，为提前通车提供了条件。

京张铁路第三段为岔道城经过怀来至张家口的铁路。此段铁路工程难度也很大，首先要面对的是由 7 根一百英尺长的钢梁架设而成的怀来大桥，这是京张铁路上最长的一座桥。1909 年 4 月 2 日，火车通到下花园，下花园到鸡鸣驿矿区岔道一段虽然不长，但是工程难度极大。右临洋河，左傍石山，山上要开一条六丈宽的通道，山下要垫高七华里长的河床。凭借着专业的知识技能和丰富经验，詹天佑出色地完成了这段铁路的设计建造。1909 年 9 月 24 日，通至张家口市。

在施工过程中，詹天佑土洋结合，因地制宜，就地取材，大大降低了线路成本，加快了工程进度，如用自造的水泥和当地石材建成了一些石桥以代替铁桥。这条铁路的钢轨、客货车辆分别购自汉阳铁厂和唐山制造厂。

这条铁路采用美国西部山区和沙漠区较低的设计标准，标准轨距 1435 毫米。1909 年 7 月，全长约 200 公里的京张铁路全线竣工，比计划时间提前，比计划投资节约。10月2日，在南口举行了京张铁路通车典礼，中外来宾达万人。

二、京张制造厂的建设

京张铁路修建之初，以詹天佑为首的工程技术人员为了适应维护路务的需要，决定在沿线建立装修机车、客车、货车的工厂——京张制造厂①。

① 京张制造厂，在发展过程中曾改名为南口机车厂、南口机厂，是今中车北京南口机械有限公司的前身。

詹天佑等人经过多方考察，经研究决定将厂址设在南口。主要因素包括：第一，京张铁路中部一大段山路地势险阻，南口尤甚，但南口距离各路铁路较近，车辆支应周转灵活。第二，关沟一带线路蜿蜒曲折，坡度陡峭，行车困难。由南口至关沟路程不过18.54公里，坡度最大处，每30公尺高出1公尺，机车在这里容易发生事故。南口离关沟最近，便于抢修。1906年8月第一段工程（丰台至南口段）接近完工时，在南口城西南的一块荒地上，用刺线围了个圈，用木板、铁皮盖了几间大棚，南口机车车辆机械工厂就这样诞生了，当时命名为"京张制造厂"。

京张铁路总局以工程为主，机构较为简单。总局任命梁合为副总管（实际是第一任厂长），负责处理厂内事务，总工程司詹天佑兼任总厂务。

建厂初期工厂总人数约三百余人，《交通史路政编》记载，1913年南

图20：京张制造厂

口机车厂总人数为427人，可分为员司和工目、工匠以及小工（杂工）等三层人。其来源如下：员司和工目是总局派来的，有的工目是由厂长推荐的。他们懂技术，有文化，随詹天佑筑路而来，为加强工厂技术力量而留厂工作。在厂长梁合的指挥下，管理全厂各项事务。有技术和管理能力的充当员司，有技艺的被分到各厂当工目。他们对工厂的发展有一定贡献。工匠在全厂占多数，是生产的主要力量。工匠的来源大致可分为三个方面：一是筑路的匠艺转到工厂来的。其中大部分是广东人，被称为广东派。建厂之初，在技术力量上处于主导地位。二是经路局长官、工厂厂长、员司工目或他们的亲友引荐而来的。三是有些工匠不甚忍受工目的欺压由别的厂到此，经考试录用。后两种人多来自天津、唐山两地的铁路工厂，被称为天津派和唐山派。随着工厂的发展，广东派逐渐为唐山派、天津派所取代，后者成为技术上的主要力量。小工（杂工）在全厂总人数中占的比例不大，主要来自工厂附近的农村。他们没有文化，没有技术专长，劳动强度最大，处于最下层的地位。

建厂前两年的主要任务是购进设备、招募工人和建造厂房等。建厂之初，机车、货车、客车的装修数量不大，设备也因而简陋，机器运转铆炉、翻砂、打铁都在一个大房子里进行，因为厂房间数少，连库房也合并在一起。修机车房更是简陋，用卷棚一围就算厂房，修车房也没有建立。各项工作安排、人员管理均由机器房统一负责。据1906年统计，全厂设备有：马力机2台、旋床6台、横刨床1台、水力套轮机1台、旋木机各1台、碾轨机1台、冲剪机1台、汽锤1台、风扇机1台、水轮机1台。

到1907年，根据生产需要，将工厂划分为8个厂（指车间），即铸工厂、锤工厂、锅炉厂、模型厂、打磨厂、修理机车厂、修理客货车厂、油车厂。设备的购置安装和厂房的建造都围绕这8个厂进行。后来的生产机构都是在这个基础上演变来的。

工厂成立之初，任务是为京张铁路工程服务，主要制造与维修筑路机械和工具。自 1906 年至 1908 年，两年大修机车 2 辆、货车 12 辆。1909 年（宣统元年），京张铁路通车后，工厂转而为该路运营服务，负责组装进口机车和修理客货车辆，清政府决定展修张绥铁路（张家口至绥远），设立张绥工程局，京张铁路总局专门负责运营。同年初，修筑京张铁路即将完工，机务的准备工作迫在眉睫，工厂组装机车和检修客货车的任务增大。因此，整顿机构、扩建厂房和增添设备就成为急需解决的问题。首先把厂（车间）改为房。根据生产任务的需要，对厂房进行调整，有的取消或合并，有的新建。在全厂设立机器房、铆炉房、翻砂房、打铁房、机车房、修车房、杂工房等 7 个生产部门，并设立公事房协助厂长办公。1909 年至 1910 年扩建的工程有：建铆炉房 1 所、修车房 1 所，建公事房 4 间、机器房 4 间、打铁房 3 间。至此，除机车房与机器房合用外，其余各房均独立。同时，购进机械设备 13 台：钻床 1 台、钢轨轮锯 1 台、横刨床 2 台、铰螺丝机床 2 台、水轮机 1 台、砂轮机 1 台、旋床 3 台、马力机 1 台、车轮轴大旋床 1 台、并添装机车起重机 1 架。

1910 年 3 月，京张制造厂更名为"南口机车厂"，仍隶属京张铁路总局管辖。同年，詹天佑赴粤任粤汉铁路总理，邮传部派关冕钧任京张铁路总办，郑诚任会办，邝孙谋任总工程司兼总厂务。4 月，部令京张、张绥两路另立，张绥工程局改组，定名为张绥铁路工程总局。10 月，部令撤销该总局，由京张铁路管理局兼办，称为京张张绥铁路管理局。

1912 年，中华民国成立后，邮传部改称交通部。

1916 年，北洋政府交通部令京张张绥铁路管理局更名为京绥铁路管理局。1916 年 11 月，南口机车厂改称"南口机厂"（沿用至 1949 年），1920 年隶属京绥铁路管理局机务处管辖。1916 年在扩建工程进行中，对全厂组织机构进行了整顿。整顿后的管理机构包括"五处一房"，即司账处、厂长办公处、工牌处、材料处、工务处、库房。生产机构包括9房，即机器房、机车房、铆炉房、铸铁房（1920年改为翻砂房）、木工房（木样房在内）、打铁房、油漆房（即油车房）、修车房、杂工房（在厂外）。

至1921年，工厂有蒸汽机3台，功率分别为80马力、16马力、10马力。工厂有员工806人。1931年，工厂有各种机械及动力设备155台，大都陈旧。1934年，工厂从美国购置新式水管锅炉及蒸汽发电机、轮轴水压力机、三吨汽锤及多种专用设备，规模扩大。1937年9月11日，日本满铁派遣团接管工厂。日本侵占期间，规模亦有扩大。1945年日本投降后，工厂被国民政府交通部接管。至1947年3月，工厂有各种机器设备292台（套）。1949年时，工厂占地6万平方米，有各种机械设备369台，员工一千二百多人。

第七节　津浦铁路南北两段三机厂

津浦铁路的建设分为南北两段，连接天津和南京浦口，贯穿中国华北、黄淮、江淮三大地区。该铁路的建造工程及管理权归清政府主导，但北段（天津至山东韩庄）由德国贷款并监督修建，南段（韩庄至浦口）由英国贷款并参与建设。尽管面临复杂的国际资本介入，但津浦铁路仅用38个月（1908年1月至1911年12月）便全线贯通，其修建速度之快为清代铁路之最，体现了晚清铁路建设的技术进步。津浦铁路南端设有浦镇机厂，负责江南段机车的维修；北端设有济南机厂和天津机厂，承担华北段机车的维护任务。

一、津浦铁路的修筑

由天津经山东德州至江苏镇江，一直是南北往来的重要通道，修建铁路将极大地方便民众出行和货物运输。1896 年，江苏候补道容闳呈请清政府批准承建津镇铁路（天津至镇江）。1898 年初，德国夺得胶济路权后，认为津镇铁路对胶济铁路的运输营业有妨碍，要求清政府将津镇铁路的线路离开山东省界。但这样一来，又将使津镇铁路靠近卢汉铁路，会遭到俄、法、比三国的反对。

为了解决这个错综复杂的矛盾，1898 年 9 月，英国和德国资本集团背着中国在伦敦举行会议，擅自决定承办津镇铁路。清政府无奈之下，派遣工部左侍郎许景澄出面，于 1899 年 5 月与英、德银行团代表签订了《津镇铁路借款草合同》。

1905 年 6 月，济南商会与天津商会协议“自造津镇铁路”，引发了“废约自办”津镇铁路的保路斗争。迫于国内形势，清政府对于津镇铁路的修筑，要求“让利争权”。

经过 5 个月的谈判，1908 年 1 月 13 日，清政府迫使英德两国做出让步，签订了《天津浦口铁路借款合同》。该合同将津镇铁路的借款与办路分为两事，建造工程以及管理一切之权全归中国国家办理，并决定将该路由天津筑至浦口（因为沪宁铁路途经镇江，津镇铁路的终点由镇江西移至浦口），定名为津浦铁路。合同规定津浦铁路建造及管理权归中国，但建造时需选用英国及德国总工程司各 1 人，且英国和德国有优先供应材料及延续借款权。

之后，督办津浦铁路大臣徐世昌受命又与英德两国续订了《津浦铁路续借款合同》。按照合同，清政府向英德两国总计借款 980 万英镑，年息 5 厘，以津浦铁路收入及直隶、山东、安徽、淮安关、江宁的税收做担保。其中，清政府向英国的借款金额，不及鸦片战争时中国向英国赔款 2100 万银圆的三分之一。

津浦铁路以山东枣庄韩庄为界，分南北两段，南段由英国修筑，北段由德国修筑；同时，规定将来修建津浦铁路的支线也必须购买英、德机车和其他设备，使用英、德的借款。而英德两国以债权人的身份修建和经营津浦铁路，从而控制了中国这一区域的交通命脉。1912 年末，全长 1009 公里的津浦铁路全线通车。

二、浦镇机厂的建设

英国人强行获得津浦铁路南段筑路权后，为了就近修理机车，占领中国铁路市场以谋取更大的利润，决定在津浦铁路的南端，长江北岸建一所铁路机车修理厂，即浦镇机厂①，后选中了清政府设在浦镇的督士衙门为修理厂的筹建厂地。是年，英国以强硬手段又低价征用了土地 25 万平方米。工厂于 1908 年 9 月开工，至 1909 年基本建成。新建厂房 2 幢、库房 2 座及写字间等共 6178 平方米。

建厂不久，从英国购进 42 马力蒸汽机车 1 台，又从英国运来二十多台简陋机床和几箱机车零件，并招收技术工人和杂役人员，开始小规模生产机车零配件。

浦镇机厂投入使用后，新任厂长、英国人奥斯登看中了环境优美的小虎山，当即决定在这里建设一处既能居住又能办公的别墅。小虎山坐落在工厂中心的北侧，居高临下，在山上俯瞰全厂，景象一览无遗。为避潮气，这幢位于山顶的建筑架空近 1 米，四周还搭起了高高的栅墙。虽说是单层建筑，但远远看去更像是三层楼房。房内布局按当时英国风格，不仅设有卧室、餐厅、舞厅、客厅，还单独建了鞋子间、器皿间、盥洗室、卫生间等。装饰也十分讲究，窗户有明暗四层纱窗，屋顶有玲珑的吊灯，地面铺有精致的地毯。过道走廊挂着名贵的纱帷，房间里摆

① 浦镇机厂，是今中车南京浦镇车辆有限公司的前身。

满了炫目的珠宝、玉器、古玩。四十多间房屋里仅住着3个英国人，一个是厂长奥斯登，另两个是总工程司韩纳和他的夫人；还有厨师、车夫、保姆、更夫等十余名中国人。

由于失业的农民很多，浦镇机厂建厂不久，就很快集中招募到了一批钳工、机修、油漆等方面的能工巧匠，其中：高级技术工人月薪12元，普通技术工人被分为6元、7元、8元三个等级，杂工则一律只给4元。1909年，浦镇机厂建成后的第二年，工人就顺利组装完成了比正线牵引机车小一些的“小一号火车头”，这既是机厂生产的第一个产品，又是华东地区组装完成的第一台机车，在当时引起了不小的轰动。

1927年，工厂归国民政府铁道部管理后，继续建设英国人管理时期尚未完工的厂房，改扩建翻砂厂，新建办公室、诊疗所、学徒补习班等。至1936年末，工厂生产用房屋建筑面积20294平方米，有各种设备381台（套）。1937年七七事变后，工厂将35台设备、部分物资和档案资料

图21：浦镇机厂于1920年到1922年由英国人建设的7至12号厂房

迁往后方。同年12月13日，工厂被日本铁道派遣团占领。日本侵占期间，根据侵华战争的需要，曾扩建了一些厂房，增添了少部分设备。1943年，修建18栋竹墙瓦顶平房，面积1962平方米，供日籍员工及家属居住。1945年8月，日本投降后，10月17日国民政府交通部接收了工厂，先后修缮了23座生产性房屋及18栋生活辅助设施。至1947年3月，工厂有各种机器设备465台。至1949年4月，工厂占地总面积32.15万平方米，房屋建筑面积35892平方米，其中厂房20358平方米、仓库4961平方米、办公室1921平方米、员工住宅3129平方米、其他5523平方米，自有铁路12公里。

三、济南机厂的建设

随着英国、德国在修建津浦铁路的问题上达成一致，津浦铁路北段交由德国人修筑，而在该线路的济南成为修理铁路机车的工厂所在地。

为保证该路建成后北段的机车、客车、货车的修理，德国人选定在济南府紧靠津浦路右侧的大槐树庄建设济南机厂①，位于津浦铁路与胶济铁路交会处，具体方位距天津357公里、距济南城西3公里。

当时的正式厂名是“津浦铁路总局济南机器厂”，又因其坐落于大槐树庄，故也得名俗称“大槐树机厂”。济南机器厂的建造事宜由德国工程师总管，包括厂内所有器械设备的安装调试、各工种人员的培训等工作。1910年，津浦铁路南北两段总局机务处成立，济南机器厂的建设管理权逐渐移交到北段总局机务处，但工厂建厂经费还是出自津浦铁路工程借款。当时，工厂的全部机器设备由德国购入。厂长是德国人道格米里，工厂的总经营、总务、厂房总管，机车工场长、客货车工场长、铸物工场

① 济南机厂，是今中车山东机车车辆有限公司的前身。

长、锻冶工场长、原动力室长等要职也是由德国人把持。

当时，建厂的工人们就地建造水塔，就地挖土烧砖瓦，经过三年的紧张施工，1913 年 4 月 1 日，津浦铁路局济南机器厂正式建成并投产。1914 年，津浦铁路局济南机器厂更名为津浦铁路管理局济南机厂，机厂占地总面积 574121.25 平方米，厂房总面积 30096.03 平方米，有工人 411 名；设备 82 台具，其中金属切削设备 26 台，专用设备 24 台，锻铸设备 15 台，电动机 12 台，起重机 3 台，锅炉 2 台。在与津浦铁路同时期建成的浦镇机厂、天津机厂、济南机厂三个工厂中，济南机厂的设置规模居三厂之首，工人主要来自天津的陈唐庄、德州和济南，这在当时已经是“大厂”了，所以济南人普遍称济南机厂为“铁路大厂”。

工厂“直辖于津浦铁路总局总办之下”，内设有材料所、机器厂各一处。材料所管理一切材料事务，机器厂专修破损车辆及各种铁、木工作事项。木工场、机器工场、打磨工场、锅炉工场、机车装车工场、客货车装车工场合建在一个大厂房里；铸物工场、锻冶工场、原动力室分别独立，各有自己的厂房。

史料中记载：“津浦铁路北段有机关车大小五十辆，客车一百一十五辆，货车六百七十辆，遇有破损概归此厂修理。”工厂设计的月修理能力是蒸汽机车 3 辆、客车 2 辆、货车 10 辆。

工厂大门设在整个厂区的东北角，进入大门首先看到的是马路两旁样式统一的成排小四合院，这是员司们的宿舍。再往里走，顺着马路的走向右拐就看到了一排三座均为三层的哥特式洋楼，这是德国厂长道格米里为他自己和工厂上层管理人员建造的宿舍。洋楼的周围安装着一圈栅栏，栅栏内种着花花草草，茂密的竹林郁郁葱葱，还有专人管理苗圃。

紧挨着二门的一座楼房，是厂长道格米里的住宅，但他不走二门进厂，在他家楼房的右侧有一条石子小路，通过一个小门直接通向厂里，他每天从这里进厂。

进入工厂，第一眼看到的就是厂长和管理人员的办公楼，也是哥特式洋楼，洋楼里铺着木地板。办公楼配有专门的服务人员，负责清扫卫生、打水、收发文件。

图 22：德国人在济南机厂于 1910 年建成的首任厂长办公楼

办公楼右侧就是厂房，厂房的布局也是德国人设计的。机械场建在主要建筑的中心地带，锻铸工场在其临近一侧，客货车场在它的东侧，机车及锅炉场在它的西侧。按照一般加工程序，由锻铸工场出来的粗加工品经过机械场加工后，向东可供应客货车场，向西可供应机车场及锅炉场。这种布局借鉴了当时欧美正在流行的一种机、客、货车检修流程，工作方法成熟，工作程序流畅，非常便于管理。此时由于工厂每月任务量很少，且设备能力有限，只能是待机车进厂后现修现配。

厂房里最惹眼的是分布于各个车间的德国设备。这些设备全是由德国海运到天津，再由天津组装好后通过刚建成的津浦铁路运到济南的。这些漂洋过海来到济南的设备，尤其是大型的电动移车台、动轮车床上一人多高的卡盘，对许多人来说别说见了，就是听也没听说过，一时间成为济南人街谈巷议的话题。

德国人为了牢牢把握住工厂的生产经营权，规定厂里所有机器设备的说明材料，各种技术资料、管理资料，一律用德文。厂里的设备坏了，哪怕是一个小小的机器零件如螺丝钉，也得向德国购买。这样的规定大大限制了工厂的生产规模，使机车在厂修理时间较长。

工厂投产后，全厂设有总办公室、机车场、车辆场、机器场、锅炉场、铸工场、铁工场、电机场、材料场、油漆场、原动力室。每月修理机车 3 台、客车 2 辆、货车 10 辆。

据钱士录所著的《参观长辛店、唐山、济南各机器厂报告》（铁路协会公报，民国二年十二月二十日第十六期）记载，工人月薪几元至十几元，而德国雇员的月薪是 250 元至 500 元，德国厂长道格米里的月薪是 800 元，相当于工人最低工薪的约 80 倍。

当时，除给天津来的部分技术工人在工厂西南墙外用红色砖瓦盖了几十户住房外（俗称红房子），绝大部分工人都是自己租赁民房或在工厂墙外住窝棚。

1914 年，工厂由北洋政府交通部接管；1928 年，归属国民政府铁道部。至 1934 年，工厂厂区建筑总面积 30801.63 平方米。1937 年七七事变后，国民政府铁道部组织工厂将设备拆除南迁，共运出各类机器设备 154 台、马达发电机 35 台，工具 14 套。

1938 年 1 月 27 日，日本满铁派遣团接管工厂，在日本侵占期间，工厂从日本和中国山西等地订购制造了一批设备。至 1942 年，工厂已有机器设备 107 台，其中专用设备 35 台、金属切削设备 56 台、锻铸设备 16 台。

1945 年 3 月，国民政府和盟军的飞机对工厂进行了轰炸，其中一次全毁建筑 14 处 3118.19 平方米，半毁建筑 11 处 1470 平方米，炸毁铁路线 6 处、水管 7 处，损失极重。

日本投降后，1945 年 11 月 9 日，国民政府交通部接收了工厂，当时工厂占地总面积 721893.59 平方米，工厂厂房 107 栋、建筑面积 37887 平方米，铁道线长 18417 米，道路线长 4098 米，有动力设备 180 台、搬运设备 23 台、制氧设备 14 台、电气炼钢炉 1 座、电焊机 7 台、蒸汽机 3 台、各种机械 212 台。设备中，有 33 台因被炸伤而不能使用，其余的也有很多缺损。至 1947 年 3 月，工厂有各种机器设备 399 台。

1948 年 11 月，济南机厂更名为华东区铁路管理总局济南工厂。1949 年 4 月，更名为济南铁路管理局济南工厂。

四、西沽机厂的建设

1909 年，德国为建设津浦铁路北段，在天津海河沿岸修建陈塘庄装车厂，先是作为由德国海运来的筑路机械的装卸点、维修点，后发展为由德国海运来的机车、客车、货车散件的组装厂。

1910 年，津浦路西沽机厂① 开始兴建，该厂由清政府向德国银行借款、德国人设计并承建。厂址在铁路天津总站（今天津北站）以西、北宁正线和津浦正线之间的锐角三角形地区内。年内建成了部分厂房和水塔一座，称西沽水塔，容水量 100 吨。厂长是德国人巴维尔，机器师是德国人马林。1911 年，陈塘庄装车厂并入，统称津浦铁路西沽机厂，隶属津浦铁路北段铁路局。

工厂是随津浦铁路兴建的，由津浦铁路北段总工程司（德国人）规划

① 西沽机厂，在发展过程中曾更名为天津机厂，是今天津中车机辆装备有限公司的前身。

图 23：西沽机厂

设计建设。建成之后，厂内所有修理机车车辆、制造机械等项工作均听命于该总工程司。工厂主要为津浦铁路（北段）修理机车车辆，制造机车、客车、货车配件，各种铜铁铸件等。厂内建筑计有锅炉房 5 间，面积 378 平方米；电灯房 1 间，面积 1500 平方米；铁匠房 3 间，面积 385 平方米；架车房 1 间，面积 704 平方米；公事房暨库房共 6 间，面积 836 平方米；煤夫房 4 间，面积 93 平方米。此外有员司住房 92 间，面积 371 平方米。工厂还有机车房、花车房（修理客车的厂房）、机器房、木工房、翻砂房、铆工房等。职工约 300 人，生产多为手工操作。

1914 年，第一次世界大战爆发，德国人撤离工厂，管理权交还中国政府，厂名改为津浦铁路管理局天津机厂。拥有蒸汽机 3 部，每部 74 马力；拥有发电机 3 部，每部 54 千瓦，与蒸汽机连用；其他动力设备 4 部。1920 年，工厂增设部分机械设备，生产能力得到提高。全年修理各种机车 12 台、客车 965 辆、货车 390 辆。

1932年，工厂占地面积19696平方米，建筑物有场房、锅炉房、办公室等23座，均为钢架及砖结构，有各种机器设备199台。1937年七七事变后，国民政府铁道部组织将工厂部分设备器材拆除运往济南机厂，共装8辆汽车，其中有1台15吨吊车。同年8月29日，日本满铁派遣团接管工厂。在日本侵占期间，曾对济南机厂（1938年7月更名为济南铁路工厂）进行了扩建。至1940年，工厂占地面积27072平方米，建筑面积7867平方米，有各种机器设备139台。1945年日本投降后，11月5日国民政府交通部接收了工厂。至1947年3月，济南机厂（1946年3月更名为津浦区铁路管理局济南机厂）仅有机器设备50台。

第八节　京奉铁路周边配建修车厂

京奉铁路（关内外铁路）是清朝末年修建的连接北京和奉天（今辽宁省沈阳市）的第一条铁路，也是中国的第一条标准化铁路，唐胥铁路是京奉铁路的第一段，后逐步延伸拓展修筑完成。京奉铁路的建设和运营标志着中国铁路近代化的开端，改变了沿线城市的交通格局，在沈阳建有皇姑屯修车厂、皇姑屯总厂两家工厂。

一、京奉铁路的修筑

京奉铁路起于北京正阳门东站，止于奉天省的奉天城站（今沈阳北站），干线里程843.1公里。它见证了中国清朝末年的铁路建设史。1881年，唐胥（唐山至胥各庄）铁路的建成通车，标志着京奉铁路的初步形成。1893年，唐胥铁路向南延伸至天津，向北延伸至山海关，并更名为津榆铁路。1894年，津榆铁路继续延伸至北京，改称京榆铁路，又称京山铁路。1898年10月，清政府决定将京榆铁路延伸至奉天，并改称关内外铁路。1907 年 8 月，关内外铁路最终更名为京奉铁路。1912 年，京奉铁路因滦河大桥竣工实现全线通车，并与南满铁路（中东铁路长春至大连段）接轨。南京国民政府成立后，因北京改称“北平”，奉天省改称“辽宁省”，故京奉铁路更名为北宁铁路。

二、皇姑屯修车厂的建设

1912 年京奉铁路开通后，京奉铁路总局在皇姑屯建设机务段，车辆检修属于机务段职能的一部分，负责奉天至山海关的客货车检修、列车检查工作，段内修建了客车库，为皇姑屯客货车修理厂的雏形（因此，1912 年也被中车沈阳机车车辆有限公司确认为起源年）。当时，工人大多来自京奉铁路唐山制造厂。

1922 年第一次直奉战争后，京奉铁路分为京榆（山海关）和奉榆两段。奉榆段由张作霖控制，并成立东三省交通委员会奉榆铁路管理局，负责经营该段铁路的业务。当时，东北境内主要有中东、南满、京奉三条铁路干线；中东、南满铁路分别为俄国和日伪所控，两家拥有的铁路工厂分别为哈尔滨总工厂和满铁沙河口铁道工厂，二者均不为中国修造机车车辆。无奈之下，奉榆段的运营车辆只能送往京奉铁路唐山制造厂检修，使得该厂难以应付。因此，东三省交通委员会奉榆铁路管理局在扩建皇姑屯客货车修理厂的同时，计划在奉榆线建立一个大型工厂，皇姑屯修车厂的兴建便被提上日程。

1925 年 4 月 28 日，皇姑屯修车厂动工兴建，选址距皇姑屯站 1 公里处，聘请英商怡和机器公司工程师阿洛斯顿担任新建工厂的总设计师，并调派东北大学理工学院教授石志仁来厂兼任工程师，与德商宝利建筑公司经理马克斯共同承担工厂的设计工作。工程计划分三期建设：一期计划建设机车工厂，二期计划建设客货车工厂，三期计划有关机车方面的增建及客货车方面附属建筑的新设。建厂工程采取招标承办，即由德商宝利建筑公司承包，建筑工程所需的钢结构房梁房架由山海关桥梁厂铆制，各种钢材由唐山制造厂调拨，水泥、砖瓦亦由唐山地区购进，仅砂石之类在当地取用。1928 年，工厂建设基本竣工，建成了机车建立所、机械所、铸工所、锅炉房、电机房、水塔、仓库等，还有工厂办公楼、北门查工房、东西门守卫室和部分工人住宅。所有厂房建筑皆系钢架砖混结构。厂区面积为 203640 平方米，建筑面积为 12959 平方米，安装机械设备 145 台；由于客货车厂房尚未着手新建，故将部分机械设备安装在皇姑屯客货车修理厂内，工厂设车辆部管理，因此，皇姑屯客货车修理厂也被称为外修理厂。1933 年 4 月，外修理厂失火，人员与设备迁入厂内，但由于皇姑屯修车厂厂房不够，就将客车生产转移到御花园工厂（东北大学校办工厂）。

1928 年 8 月 20 日，工厂锅炉房鸣放汽笛，以示正式开工投产。首任厂长朱葆芬，在职 6 个月；1929 年 3 月，由石志仁继任。1930 年 9 月，

图 24：皇姑屯修车厂

石志仁赴美国监造新购机车，聘用英国人富兰克林·萨克敦为厂长。1931年，工厂下设文牍股、庶务股、会计股、工务股和设计股。生产机构有机车建立所、锅炉所、机械所、模型所、铸工所、动力所，共有职工1031人，其中生产工人799人。

1929年12月29日之前，皇姑屯修车厂隶属于东三省交通委员会奉榆铁路管理局；之后属于国民政府铁道部北宁铁路管理局，厂名改为北宁铁路皇姑屯工厂。1931年九一八事变前，检修机车66台，客车、守车129辆，货车1149辆。

1931年11月，日军占领沈阳后，将北宁铁路管理局所属奉榆段改名为奉山铁路，并成立了奉山铁路管理局，北宁铁路皇姑屯工厂划归该局管辖。1933年伪满铁路局成立后，北宁铁路皇姑屯工厂名义上归属管辖，但实权则被南满洲铁道株式会社所垄断。1935年，厂名改为奉天铁道工场。同年，御花园工厂失火，剩下的机器设备、四百多名工人和职员，连带产品的生产能力全部并入奉天铁道工场。

1942年，奉天铁道工场工人和职员增至3868人，其中生产工人2446人。厂区面积增至455956平方米，建筑面积增加到6.3万平方米，机械设备增至664台，生产能力有所增长，1943年达到最高，年局修或一般修机车302台、客车716辆、货车3098辆。

日伪控制奉天铁道工厂时期，厂内工人遭受欺压和严密监视；还骗来500多名劳工关在铁丝网工棚里，任意奴役，狼狗看守，称此工棚为“共荣庄”。

1945年日本宣布投降后，苏联政府所属的中长铁路公司派波波夫上校暂行接管奉天铁道工场，并将工厂改名为中长路皇姑屯工厂。

1946年3月26日，国民政府交通部派李维国接收工厂，将厂名改为皇姑屯总机厂。1947年12月1日，又改为皇姑屯机厂。

1948年11月2日，沈阳解放，中国人民解放军沈阳特别市军事管制委员会派石玉永等人接管工厂，定名为皇姑屯铁路工厂。

同在皇姑屯地区的还有另一家铁路工厂。1937年七七事变后，南满洲铁道株式会社感到日本供给的机车、车辆已满足不了需要；在东北制造零件，运往日本国内或大连组装，亦感不便。1938年，日本成立了满洲车辆株式会社，同年7月在沈阳皇姑屯建厂，生产机车及轨道车辆。1945年日本投降后，苏军接管工厂并拆走设备，后更名为沈阳铁路车辆厂。其间，短暂由八路军接管。1946年，工厂被国民党接收，改名为皇姑屯总厂。1948年沈阳解放，中国共产党接管工厂，更名为东北铁路总局皇姑屯机车车辆工厂。

抗美援朝战争爆发前，皇姑屯铁路工厂俗称南厂，皇姑屯机车车辆工厂俗称北厂。抗美援朝战争爆发后，皇姑屯机车车辆工厂奉命迁往齐齐哈尔市，留下的全部厂房及部分人员、设备并入皇姑屯铁路工厂。

1953年，皇姑屯铁路工厂更名为皇姑屯机车车辆修理工厂，隶属铁道部。1954年2月1日，铁道部决定恢复扩建北厂。1955年1月3日，北厂恢复扩建工程竣工。1956年，铁道部决定将皇姑屯机车车辆修理工厂分为皇姑屯机车客车修理工厂（南厂）和皇姑屯货车修理工厂（北厂），各自独立经营。1958年8月15日，南北两厂合并，定名为沈阳机车车辆工厂。

三、皇姑屯总厂的建设

1937年七七事变后，南满洲铁道株式会社感到日本供给的机车、车辆已满足不了需要，便决定在我国东北建立机车车辆制造基地，为其扩大侵略服务。1938年1月，日本人秋山正八发起在满洲创立车辆制造会社的动议，邀集船田（禾洋）、秋田（日立）、田中（田中）、下田（川崎）

及三菱重工业、三谷重工业、住友金属工业等会社以及在满洲的各工业界，于1938年5月5日创立了满洲车辆株式会社。

1938年7月，满洲车辆株式会社投资3000万日元，在奉天市皇姑屯区西建立工厂。总占地面积为50.7万平方米，总建筑面积为9.2万平方米，下设机关车工场、客货车工场、铁钢工场三个工场，以下又设12个职场。全厂有员工3035人，270名职员中，日本人占85%，工厂领导层全是日本人。

满洲车辆株式会社生产的主要产品是蒸汽机车、轨道货车、轨道客车。设计能力为年产新制机车36辆，客车40辆，货车1200辆，实际最大产量为机车22辆，货车599辆。

1945年8月15日，日本宣布无条件投降。8月20日，苏军进驻沈阳，全面接管满洲车辆株式会社。10月20日，苏军将工厂的75台主要设备拆卸并运往苏联。11月5日，苏军将工厂划入中长路管辖，改名为沈阳铁路车辆厂。11月24日，苏军一度撤出，由八路军六百余人接管防务。不过数日，八路军退出，苏军复来。1946年3月7日，国民党军队进入沈阳，苏军撤离，国民党资源委员会接收了工厂。

国民党资源委员会（以下简称“资委会”）的前身为国防设计委员会，成立于1932年，隶属民国政府参谋部，蒋介石自任委员长，翁文灏任秘书长，钱昌照任副秘书长。1938年，隶属民国政府经济部，抗战胜利后改为隶属行政院。钱昌照、翁文灏、孙越崎曾先后任委员长。1949年，资委会下辖131个公司，近千个工厂，拥有职员32000余人，工人226000余人。

1946年3月7日，国民党军队进驻沈阳。3月24日，中华民国政府设在东北的敌伪事业资产统一接收委员会辽宁省分会经济组派员张松龄、交通组派员张名艺，与苏军代表马克西莫夫磋商后，共同接管了沈阳铁路车辆工厂，改名为经济部机车车辆制造厂。资源委员会成立了资源委员会沈阳机车车辆制造有限公司，将经济部机车车辆制造厂改为皇姑屯总厂，隶属于资源委员会沈阳机车车辆制造有限公司。公司管理范围包括皇姑屯总厂、铁西工厂等单位。

资源委员会沈阳机车车辆制造有限公司皇姑屯总厂占地面积243847平方米，建筑面积为52668.38平方米，从事机车、货车新造和机、客、货车修理。1946年3月7日，资委会接收了工厂。6月19日，沈阳电力局开始供电，工厂正式复工。总厂下设机车场、车辆场、锻铸场、修配场、北车辆工场、南车辆工场。锻铸场下设锻冶工场、铸钢工场、铸铁工场、模型工场。修配场下设工具机工场、电气修理工场、再制品工场、汽车修理工场。从1946年6月19日复工到1947年9月末，工厂新造大机车12辆，新造窄轨小机车7辆，修理大小机车19辆，新造货车222辆，修理各类客货车26辆。1948年，新造机车18台，修理机车23台，新造货车325辆，修理货车99辆。当时，皇姑屯总厂生产所需的物资中，钢材、焦炭由鞍钢和本溪供应，大小烟管和部分制动配件向美国购买，螺丝铆钉和部分配件则向私营小企业订货，各种车轮和机车架靠伪满时期残余存货支撑。所生产的机车、货车、客车售给交通部、运输总局、阜新煤矿、烟台煤矿、西安煤矿、本溪煤矿、鞍山钢铁公司、辽宁造纸公司、辽宁水泥公司、台湾糖业公司等企业。国民党接收工厂后，分批遣送日本籍员工回国，招中国员工进厂。至1947年9月末，工厂有中国员工2320人，其中职员326人，工人1628人，警役170人，其他人员196人，还有留用的日籍顾问和技师21人。

至1947年末，工厂共有设备1151台。其中金属加工设备316台、制型设备51台、剪冲设备26台、木工设备47台、动力设备316台、运输设备76台、实验设备9台、铣床40台、其他设备290台。这些设备分布在机车车场 234 台、车辆场 224 台、锻铸场 124 台、修配场 392 台、工务处 155 台、技术处 11 台、总务处 11 台。

抗战胜利后，物价飞涨。1948 年春，国民党反动派统治即将崩溃之际，国民党官员在逃跑前肆意扣发工人工资，不发给工人粮食，大量解雇工人。在这种情况下，工人群众开展了“求生存、反饥饿、迎解放”的罢工运动。工人们秘密组织起来，拆卸工厂的机械设备，把重要机械零件埋藏起来，把各种工具和材料也都藏起来。为防止敌人逃跑时破坏，各厂工人组织了护厂队，保护工厂，迎接解放。

1948 年 11 月 2 日，中国人民解放军解放了沈阳。翌日，资源委员会沈阳机车车辆制造有限公司皇姑屯总厂被中国共产党接收，工厂改名为东北铁路总局皇姑屯机车车辆工厂。工厂成立了“职工代表会”“管委会”等群众组织，积极组织抢修工作。1948 年 11 月 23 日，工厂复工，职工也陆续回厂。至 1949 年年底，工厂人员已增至 3692 人。

抗美援朝战争期间，沈阳这座离中朝边境仅 200 多公里的城市，受到了战争的直接影响。为了国家安全与生产大局，沈阳众多骨干工厂纷纷作出“南厂北迁”的决策，其中皇姑屯机车车辆工厂便奉命迁至齐齐哈尔，并与齐齐哈尔铁路工厂合并，共同使用“齐齐哈尔铁路工厂”这一厂名。

第九节　同蒲铁路配建西北机车厂

同蒲铁路初为山西大同到山西蒲州的铁路，故称同蒲铁路，是一条贯穿山西省中部的南北铁路干线，过黄河接入陇海铁路。同蒲铁路的筹建始于 1904 年，正式修筑于民国时期，以太原为界分为北同蒲和南同蒲两段，是山西省兵工修筑的窄轨铁路。同蒲铁路施工中所需的铁路桥梁机具和机车、客车、货车，由中车早期的太原西北机车厂负责制造与修理。

一、同蒲铁路的修筑

1904 年 8 月，山西巡抚张曾敭向光绪皇帝上奏，请求批准山西绅商集股自建大同至蒲州的同蒲铁路，次年得到批准。

1907 年 10 月，山西同蒲铁路有限公司成立，开始组织人员勘测。原计划由太原经小店和清徐到达平遥，但太原至小店一段路与正太铁路出现并行，按照 1902 年《中俄正太铁路借款合同》“沿途 100 公里以内，不准中国再修造铁轨路和机械运行之路”的说法，同蒲铁路不得不重新改线。

1908 年，同蒲铁路因“路线不合，股本不敷”，一直未能开工。但是，与同蒲铁路几乎是同一时期筹建的京张铁路已打通了居庸关隧道和八达岭隧道。翌年，原计划 6 年完工的京张铁路，提前两年竣工通车，而同蒲铁路依旧毫无动静。在清政府的严厉斥责下，同蒲铁路于 1911 年 1 月才开始动工，由榆次向南修筑，到当年 9 月，完成了榆次到太谷间的 35 公里路基及 7.5 公里的钢轨铺设。一个月后，正在修建的同蒲铁路因缺乏资金和辛亥革命爆发而不得不停工。

到 1913 年 3 月，筹建了近 10 年之久的同蒲铁路，仅勉强修了 8 公里长，就已负债高达 139.7 万两白银，山西省只能请求将这条铁路收归公有。7 月，大同至成都的同成铁路计划修建，同蒲铁路并入同成铁路管理，并在太原设同成路北路工程局，但很快便于翌年 7 月撤销。

在此后长达 15 年的时间里，同蒲铁路又先后组织过两次修筑，但却都未能逃过中途停工的命运。

1928 年 11 月，阎锡山向蒋介石提出拨款修建同蒲铁路的请求，遭到拒绝。阎锡山决定集本省之力自筹资金修建这条铁路，为防止中央军借铁路进入山西，故意选择修建窄轨铁路，选用 15.9 公斤 / 米的轻型钢轨。

1930 年 11 月，阎锡山因中原军阀混战失败而宣布下野，随后撤离山西，同蒲铁路也随之停建。

1931 年 12 月，阎锡山再度统治山西。这次，他决定以晋绥兵工为主要力量，修筑同蒲铁路。1932 年 10 月 20 日，阎锡山在太原绥靖公署下成立“晋绥兵工筑路指挥部”，他本人兼任总指挥，下设同蒲铁路工程局，以兵工为主，仅用少量包工。

1933 年 2 月 1 日，就在阎锡山准备动工修建同蒲铁路之际，蒋介石为了把势力扩展进山西，于 3 月 10 日，紧急指示正太铁路管理局设立大潼铁路工程处修建大同到潼关的铁路，与阎锡山修建的同蒲铁路展开竞争。3 月 20 日，同蒲铁路勘测太原至介休的线路，与大潼铁路测成一线，大潼铁路提出抗议，同蒲铁路只好重新改道测量。1933 年 5 月 23 日，全长 865 公里的同蒲铁路正式动工，在太原站举行开工典礼，南段铁路于 1936 年 1 月 1 日建成通车，北段铁路于 1936 年 8 月建成通车。

同蒲铁路向德国购来的机车有 1–3–0 和 0–4–0 两式，前者 37 台，为牵引列车用；后者 6 台，为调车用。客车 54 辆，货车由西北实业公司机车厂自造及国外购来自装的共有 414 辆，以载重 15 吨车占多数。至于机车和客车的装配及修理，都由该实业公司各工厂承办。

二、西北机车厂的建设

在洋务运动的风潮中，全国许多省份出现了一批以“制造局”“机器局”命名的军火工业。在洋务运动初期，清政府建设的近代军工厂大多集中在交通便利的沿海地区。然而，甲午战争后，随着北洋水师的全军覆没，清政府的海防彻底丧失，沿海地区易于受到外敌攻击。

1898 年 1 月 22 日，光绪皇帝急谕各地，要求筹款设立制造厂局，以重军需。根据这一指令，山西巡抚胡聘之开始筹办山西机器局①。由于清朝末年财政十分困难，山西机器局的经费没有着落。3 月 27 日，胡聘之预支 480 两库银，约合银圆 660 元（按 1900 年汇率 1 两≈1.38 银圆），在太原北门外的柏树园购买了普济观旁土地 308 亩和庙宇房屋，成立了山西机器局。1899 年 10 月，山西机器局建成投产，主要进行枪械修理，同时制作洋鼓、洋号、大刀、长矛等器具。

1914 年，阎锡山将山西机器局改组为山西陆军修械所，隶属山西督军署军械局，主要进行步枪和机关枪的修理。此后，阎锡山为扩充和巩固势力，积累资金，在修械所内增设铜圆生产业务。

1920 年 3 月，阎锡山将山西陆军修械所改名为山西军人工艺实习

图 25：山西机器局

① 山西机器局，今中车太原机车车辆有限公司的前身，在发展过程中曾改名为山西陆军机械所、山西军人工艺实习厂、太原兵工厂、太原修械所、壬申制造厂、西北机车厂、太原铁路工厂。

厂，继续承担军械的修理工作，包括各类枪支、火炮等武器装备的维修与保养。

1927 年 1 月，阎锡山为适应军事力量的不断扩张，将山西军人工艺实习厂改名为太原兵工厂，至此，工厂步入军火工业的鼎盛时期。太原兵工厂成为民国史上的三大著名兵工厂之一，专门制造枪炮弹药，为当时的军事需求提供了重要支持。

1930 年冬，阎锡山与蒋介石作战失败后逃往大连。1931 年初夏，太原兵工厂大量遣散工人职员，并改组为太原修械所，生产基本陷于停顿。

约一年后，阎锡山又回到山西，于 1932 年 1 月开始筹备西北实业公司。同年 8 月，将太原修械所改组为壬申制造厂（因 1932 年为农历壬申年得名）。1933 年 8 月 1 日，西北实业公司正式成立。

1934 年 9 月，壬申制造厂归属西北实业公司后，设 9 个厂。其中一个厂因厂房、设备精良，承担了同蒲铁路施工中所需的铁路桥梁机具和机、客、货车的制造与修理任务，遂更名为西北机车厂。

西北机车厂从成立到 1935 年夏，共计装配 0–8–0 式机车 6 台，2–6–0 式机车 39 台，各类货车 260 辆，并自制货车 200 辆，自制三等客车式样 2 辆。除修配机车、车辆外，还制造了一批社会用品和机具，包括压道车、转盘车、土斗车，旋床、铣床、牛头刨床、钻床、插床、双轮除草器、种子机、撒播器、喷雾器等。

到 1937 年，西北机车厂职员为 110 人，工人为 1700 余人，厂房建筑 1483 间，各种主要设备 800 余台。这一时期，西北机车厂因有较大的设备，所以有能力为同蒲铁路装配自产的机车、客车、货车，并且能自制客车和货车；至于筑路和行车所用的机具，都能大批供给，因此，对于同蒲铁路的早日建成起了重要作用。1936 年，工厂开始试制机车，完成 2–6–0 式机车 2 台。至抗战前夕，还制成十七式山炮 40 门、一三式山炮 200 门、三二式迫击炮150门；为西北钢铁厂完成碾钢厂房房架和高炉配件一套，为西北煤矿制造锅炉一批。

1937年七七事变爆发后，日本侵略者长驱直入。11月9日，日军接收了西北实业公司各厂，并对其中规模较大、设备较好的8个工厂拆卸一空，其中有西北机车厂、西北水压机厂、西北熔化厂、西北铸造厂、西北机械厂等。仅西北机车厂的造炮专用设备及一部分精密机器、西北熔化厂造枪弹的自动化设备和西北水压机厂全部压炮弹壳的设备就达八百余台，全数运走，只剩下3个工厂的厂房和数十台残留的机器。

与此同时，日军为保障军事运输，迅速恢复西北机车厂的修理功能。1938年3月19日，日军派第一铁道材料厂阿久井部队进入工厂，开始整理。5月20日，日本铁道省又派车辆修理班若林部队进入工厂协助整顿。1939年2月，若林部队解散，改组为“军管理第十四工场”，包括原西北机车厂、西北熔化厂、西北水压机厂等3个工厂。同年4月，归属华北交通株式会社后更名为“太原铁路工厂”。

为了加强对华控制，日军接管太原铁路工厂期间，对工厂内部进行了调整。一是改组管理机构，加强对生产的控制。日军按照本国的企业组织形式，对工厂的组织机构进行改组。日军先后从本国调来200余人，占据了所有的领导岗位，每天由作业课召集一次生产会议，检查生产情况。

二是增加各种设备。从1938年开始，日军陆续从各地运来一批机械，包括机车动轮镟床、剪刀机、250吨及500吨水压机和压轮机等重型专用设备和一批普通机床，提升了修理能力。到1941年，工厂已有重要设备96部。到1943年，全厂设备增加到363部，新增设备多为日军从石家庄、天津等地拆运而来。

三是扩建厂房。日军侵占之前，西北机车厂为扩大生产能力，曾经新建厂房3座，但尚未完工。侵占之后，日本侵略者继续完成了这3项工程，将之充当了机工厂房、客货车厂房、机车厂房。又将机车修理部分迁入新址，并在新厂中设置了前所未有的台车起重机1部和高车3部，使生产能力进一步提高。

四是扩大厂区面积，修建专用铁路。1939年，全厂总面积为130339平方米，利用面积为32785平方米。到1941年，总面积扩大到35万平方米，利用面积扩大到40331平方米；1944年利用面积再次扩大为43407平方米。其中，以客货车职场的面积增加最快：1939年以前只有2450平方米，1944年就增至8683平方米。1939年，工厂专用铁路线全长2640米，到1941年增至7700米，增幅近3倍。

五是培养技术工人。从1939年起，太原铁路工厂先后培养了6批技术工人，称之为“见习生”，共300人，每批训练时间约两年。除此之外，还训练了5批“短期养成工”，又称“速成技工”，共157人，每批学习时间约3个月，训练内容以基础维修为主，核心技术由日籍员工掌握。由于采取了以上措施，太原铁路工厂的生产能力有一定提高。1939年前后，每月仅能修理机车3至5台、客货车20余辆，到1941年太平洋战争爆发前后，生产达到最大产能，最高产量为每月修理机车32台、货车81辆，并能制造与修理锅炉、摩托车、压道车、水泵及各种铁路附属设备等。这期间，日本侵略者为提高运输能力，改石太铁路线的窄轨为标准轨，太原铁路工厂承担了240辆窄轨车改准轨车的加工任务；1940年东晋铁路线通车，太原铁路工厂又承担了修理车辆及制造给水设备的任务。

1941年，工厂占地总面积35万平方米，利用面积40331平方米，专用铁路线7700米；工厂有重要设备96台，其中空气压缩机5台、水压机和压轴机5台。1943年，工厂设备增至363台，1944年工厂利用面积扩大至43407平方米。1945年五六月，工厂遭到国民政府军队和盟军飞机的轰炸，受损甚重，至日本投降，西北实业公司接收工厂时，仅剩机器

图 26：1947 年西北机车厂自行试制成功的“复兴号”机车

设备 157 台，大多缺乏维修，已不能使用，2000 余间厂房大部分倒塌。1946 年，新建厂房 103 间，整理补修厂房 1053 间，从其他厂和日本赔偿物资中调拨机器设备 97 台。1947 年自制设备机床 97 台，1948 年自制设备 142 台。至 1948 年末，工厂有各种机器设备 500 余台。

第十节　粤汉铁路长江南岸设两厂

粤汉铁路始建于 19 世纪末，北与卢汉铁路衔接，连接广东和湖北两地，贯通腹地，南驰岭表，扼守中国海防咽喉，具有特殊的战略地位和重要的经济价值。粤汉铁路的长江南岸建有中车的两家工厂：株洲机厂和武昌车辆工厂。中车早期的武昌机厂参与了粤汉铁路的勘测、设计和施工过程，制造的蒸汽机车、客车车厢和货车车厢等各种铁路建设设备和零部件直接用于粤汉铁路的铺设和相关设施的建造。

一、粤汉铁路的修筑

粤汉铁路北起武汉，南抵广州，干线全长1060公里（约660英里）。自1898年美商合兴公司承建始，历经波折。1900年因保路运动停工，后虽复工但受一战影响资金链断裂，至1918年仅完成武昌至株洲的400公里（含湘省自建株洲支线）及广州至韶关的217公里。株洲至韶关的440公里区间因资金匮乏停建达15年之久。

粤汉铁路长期不能贯通，不仅影响了粤、湘、鄂三省的交通，阻碍了华中、华南地区的物流通畅，而且严重影响了战争时的军事调动。1933年，南京国民政府出于军事与经济上的考虑，决定修通粤汉铁路。株韶段全长约400公里，需开凿17座隧道，工程量非常大。为确保提前完工，株韶段工程局全面铺开，大搞人海战术，最多时每天出工人数18万多人，含临时征调的湘粤两省民工，采取分段包工制。彼时距离九一八事变已两年之久，日军占领东北后又向华北步步紧逼，有鉴于此，铁道部认为“粤汉铁路之完成关系整个局面太大，实有提前完成之必要。为适应形势的需要，主管部门动员修路大军，抢时间，抢进度，终于提前一年于1936年将粤汉铁路全线修筑通车。粤汉铁路全线贯通不仅仅密切了东南各省的经济联系，而且在抗战期间，对运输军队、疏散各路撤退机车车辆、拆移工业设备、抢运难民物资等起到了巨大作用。

二、株洲机厂的建设

株洲机厂①的创建历经坎坷。它首创于1936年，随后历经了抗日战争

---

① 株洲机厂，是今中车株洲电力机车有限公司的前身。

和解放战争，遭受过日军飞机两次狂轰乱炸与桂系军阀的强行拆卸。在新中国成立之前，由于战争的破坏，其创建两起两落，均以被撤销或全面停顿而告终。

1936年2月21日，粤汉铁路整理计划委员会第三次会议讨论：鉴于株洲地处粤汉、浙赣、湘黔三路交会要冲及湘江之畔，对各路货车修理及配件供应均具有优越的地理条件，且物资丰富，取给便利，国家资源委员会拟规划在株洲地区筹建钢铁、铸铜、汽车、化工、电工等工厂，株洲将成为内地之重要工业区域。故此，会议决定：粤汉铁路总机厂由衡阳改设株洲，并呈报中华民国铁道部，由新路建设委员会主持筹划建厂事宜。同年，中华民国铁道部批准了此决议，并调粤汉铁路管理局运输处处长程孝刚、机务处处长茅以新主持筹建工程(株洲机厂筹备处5月成立，程孝刚、茅以新分别任正、副处长)，同时下拨开办费4.5万元，另由中国银行团借款75万元作为国内用款，由英庚款委员会拨借15万英镑（约合当时国币247.5万元)，作为订购外洋机器材料之用，并决定将粤汉铁路管理局原拟在广州筹建西村机厂而到英国所购之厂房钢梁、机器及起重设备（总价值当时约151万元）全部拨交株洲机厂使用。程孝刚、茅以新怀着“产业报国”的理想，率领工人们来到株洲田心，并亲自多次去周边勘察，反复比选厂址，最终在田心测得面积广约一千市亩的土地，作为建厂之地。他们蹚过泥泞、劈山建厂、填塘修路，在此打下了湖南轨道交通装备产业第一根桩基。同年8月1日，他们在田心塅的叶家祠堂即后来的株洲铁路电机学校（2000年改名为湖南铁道职业技术学院）大门口处挂出“铁道部株洲机厂筹备处”厂牌，工厂筹建工作正式开始。程孝刚借鉴当时日本铁路工厂最先进的管理经验，在工厂设有5股(事务股、会计股、供应股、工作股、技术股)、5场（第一、二、三、四、五场)，其中以技术股与工作股为主，此二股互相监督、协同配合，形成平行工作法，工厂管理模式

图 27：1936 年 8 月 1 日，程孝刚、茅以新等人打下株洲机厂创建的第一根桩基

初步建成。

1937 年 7 月，七七事变发生，全民族抗日战争爆发。9 月，胶济铁路四方工厂奉命撤退到株洲机厂，并将部分机器拨交该厂使用，同时调来员工约 130 人。10 月 8 日中午，日军飞机空袭湖南，轰炸田心，工厂正在筹建中的大铁房等处中弹被炸，在场的四十多位建筑民工被炸死。

1938 年 3 月，工厂建筑物次第落成，总面积达 26840 平方米，同时安装各种机器二百七十余台。全厂有职员一百余人，工人近 1000 人（包括建筑工人）。4 月，大部分机器安装完毕，部分工场开始生产，承接粤汉、浙赣等铁路机车的少量修理及配件生产任务。5 月，国民政府交通部组织将武昌机厂的大部分器材设备迁至株洲机厂。由于建厂工程与生产同时进行，工厂资金短缺。为此，国民政府交通部于 8 月 2 日在重庆召开株洲机厂借款基金委员会第一次会议，提请向英庚款委员会借款。通过这次借款，工厂建厂工程才得以继续进行。8 月 31 日和 9 月 1 日，日本飞机连续两天中午轰炸田心，在厂区连续投弹数十枚，虽然人员无伤亡，机械无损坏，但机车场吊车钢梁被炸坏一段，厂房屋顶玻璃全被震坏。至此，工厂生产基本陷入停顿。11月13日，长沙发生“文夕”大火（是当时国民政府为避免军事物资落入日军手中而实施的“焦土抗战”政策，三万多人丧生。这场大火与花园口决堤、重庆防空洞惨案并称为中国抗战史上的三大惨案），工厂职工因此人心惶惶，开始拆迁机器装车疏散。12月，工厂在厂内制氧场安装2台220千瓦蒸汽发电机组并开始运转（是当时株洲第一台发电机组），供全厂生产及生活用电，工厂是株洲第一家自行供电单位。与此同时，工厂还与中国汽车公司在白石港合办电厂，安装2台1000千瓦汽轮机，但由于战争影响，并未组装完毕，其中1台迁往桂林，另1台迁往重庆。

1939年初，国民政府交通部决定撤销株洲机厂筹备处，令全部机器、员工拆迁、转移至广西、贵州，设立柳江、全州、黔中等3个机厂，发电设备迁往桂林发电所，车辆场全部钢梁屋架拨交湘桂黔铁路，工厂成立“株洲机厂保管室”，由国民政府交通部迁厂委员会接管，任命左纪桢为保管室主任，率6名工人负责看守维护厂房及未迁设备。同年7月，人员撤退完毕，机器设备也拆迁殆尽。至此，工厂创建工程全部停止。

1944年1月，国民政府交通部在重庆举行铁路会议。会上讨论了战后铁路机车车辆制造及修理工厂建设问题，拟定了十年铁路建设计划，确定“机车制造厂拟先就江南、江北各设一厂，江南厂拟就株洲设立……”计划书中还认为“株洲机厂修复时间必将在先，因工厂建筑已有基础，进行恢复可节省时间，故确定株洲为机车制造厂，准备第一年建设，第二年生产，按每年最大产量生产机车300辆设计，并同时设立钢铁用品制造厂，生产轮箍、钢锭、铸钢件……”1945年2月，国民政府交通部令准将1944年5月在桂林成立的粤汉、湘桂、黔桂三路总机厂改称“铁路总机厂”，统筹全路机车车辆工厂建设。

抗战胜利后，株洲机厂保管室疏散人员于9月份返厂，开始清理工作。1946年3月15日，铁路总机厂派员到株洲机厂调查其战后状况，认为该厂规模宏大，但战争破坏严重，各类建筑项目中除原化验室房屋未遭破坏外，其余均遭到了不同程度的破坏，各类机器设备大都已拆运而荡然无存，厂中一部分土地被垦为农田，大部分是杂草丛生。同年5月6日，铁路总机厂呈奉交通部路字第3285号指令，核准在株洲田心再次设立株洲机厂筹备处。5月16日，任命周劢为筹备处处长，徐名植为副处长，工厂复建工程正式开始。筹备处下设6组（总务组、计划组、工事组、建筑组、材料组、会计组）、6场（机车场、机器场、车辆场、锻铸场、机具场、动力场）。筹备处成立后，原拟在田心办公，但筹备人员到达田心后，发现株洲至长沙交通极为困难，而第一期工程的招标事项均需在长沙办理，往来费时太多。为了提高工作效率及安全性，筹备处决定将当时进行设计、招标与联络事项的工作人员集中于长沙办公，并在当时长沙中山西路61号成立株洲机厂筹备处长沙办事处。8月1日，工厂复建工程正式动工。8月至11月，黔中机器厂调拨的器材工具分三批先后运抵工厂。12月，工厂利用黔中机器厂运来的德制汽油发电机（12千瓦、14千瓦各1台）开始发电。

1947年3月，由联合国善后救济总署拨来的厂房钢梁3000吨、机床设备308台及日本赔偿的部分机器陆续运至工厂。因此，工厂当时的机器设备来源，除战时拆迁后方的机器运回外，大部分为联合国善后救济总署在英、美、加等国订购分配给铁路总机厂新拨而来的机器设备（约14000吨）和日本赔偿的一部分设备。4月，工厂3台75千瓦柴油机取代汽油发电机发电。7月，工厂开始在株洲白石港筹建电力车间（白石港电厂），安装联合国善后救济总署拨来的2台750千瓦汽轮发电机，通过高压线送电至工厂使用。7月25日，工厂筹备处长沙通讯处改迁新址，并改名为“交通部铁路总机厂株洲机厂筹备处长沙办事室”。

1948年，工厂完成的厂房建筑有铸工场、锻冶场、白石港发电厂、新建车辆工场厂房、机器工场扩建部分及职工宿舍、食堂、子弟学校、浴室、水塔、道路等，共计完成建筑面积42480平方米。此外，还完成厂内永久性铁道6.73公里。由联合国善后救济总署陆续拨来的机器设备已达643台，日本赔偿的设备已达200台，不过其中许多设备残缺不全。当时工厂实有职工518人，其中职员98人（技术人员占60%）、技术工人232人、普通工人188人。在复建厂房、安装设备的同时，工厂开始小规模试生产。但是，从1948年初开始，物价不断上涨，生产资金日益缺乏，缺水、缺电、缺料严重，生产进展艰难，职工因工资每月拖欠而生活困苦不堪。

1949年，工厂筹备将平车改为棚车生产。为此，铁路总机厂拨款30万元（实际到账27万元），命令工厂改装4辆牲畜车。但按当时工料价格计算，每辆车改装费即需30万元，因此铁路总机厂所拨之款与实际所需相差甚巨。工厂倾其财力勉强于1月开工，截至3月20日完成两辆车的改装。此后因货币贬值太快，工厂不仅被迫停顿改装棚车生产，而且其他各项工程也逐步停顿。该年1月起连续3个月，铁路总机厂未拨发工资，职工生活难以维持。4月，经铁路总机厂核准，工厂派人去长沙、广州变卖钢筋、水泥等建厂物资，补发全厂职工工资。此时，解放战争迅速推进，桂系军阀白崇禧图谋窃厂南逃。6月20日，国民政府华中军政长官公署驻株洲高级参谋陈铭英电令工厂将全厂机器及材料立即造册送审，并于21日亲自到厂，命令工厂在一星期内将全部机器设备拆运“后方”，同时派一个工兵排进驻工厂进行监督。铁路总机厂得

图 28：1948 年株洲机厂全图

知此情况后，为保存铁路设备不落入桂系军阀，便以国民政府交通部的名义下达了一道紧急命令：着株洲机厂筹备处在柳州设立分厂，立即迁运机器，并保留部分设备在株洲，作维持粤汉、浙赣两条铁路机车车辆修理之用。工厂马上将此命令抄送给陈铭英，但他置之不理，仍催促工厂拆卸机器。7 月初，工厂除动力场发电房的 2 台 220 千瓦发电机未拆卸外，其余机器设备全部被拆卸，共装车 11 列。这些列车开出株洲后，陈铭英等人无法控制行车，加上当时铁路运输混乱、线路堵塞严重，运输工厂的机器列车被甩停在衡阳以北沿线小站。此时，在香港出差的周励处长跟中国共产党组织取得了联系，并通过粤汉铁路局衡阳路局地下党的协助，最终将工厂的机器列车全部直运广州，停于西村存车线上。新中国成立后，再次重建株洲机厂，这些拆卸外运的机器设备大都被陆续运回了工厂。

三、武昌车辆工厂的建设

武昌车辆工厂[①]是根据 1945 年国民政府交通部铁路会议拟定的“战后五年建设计划及铁路总机厂之车辆制造设计纲要”而创建的。1946 年 8 月 17 日在南京正式成立“武昌车辆工厂筹备处”，由留美工程师李萱予任筹备处处长。1947 年 4 月，筹备处迁至汉口卢沟桥路 14 号办公，随后选定厂址。1948 年初，筹备处从汉口迁至厂址所在地。

建厂设备一部分是抗日战争胜利后来自日本，一部分是联合国善后救济总署的救济物资，来自美国、英国、加拿大等国。这些物资中的 191 台设备和 14 跨厂房钢架等，用来装备武昌车辆工厂。

勘定厂址时，经李萱予等实地观测，理想的厂址在青山。但青山厂址因军事管制受限，便选用徐家柳附近的赵家墩。这里地势低洼，积水成塘，芦苇丛生。有利条件是紧靠月亮湾码头和武昌北站，有交通之便，不必新建公路。当时建厂的设备、器材就是从上海水运至月亮湾码头停泊卸货。

建厂用地中有 497.5 亩土地属于湖北省政府和粤汉铁路，可以拨用，另有 631.5 亩为征购土地，需拆迁 70 多户民房。原计划 1947 年 6 月进入场地施工，因物价飞涨，货币贬值，收到拆迁费的农民蒙受较大损失，部分农民拒绝拆迁，阻挠施工，工厂不得不追加 30%的拆迁费。即便如此，仍有 14 户叫苦不迭，无法拆迁，影响施工。经多方疏导，筹备处定出失业农民救济办法，建厂工作方逐步展开。

原计划于 1947 年冬开始修理货车，1948 年完成建厂工程并开始修理和制造客车。但预算不能如期拨付，法币急速贬值，有时不得不卖掉水泥

① 武昌车辆工厂，后与江岸机厂等合并，组建成现中车长江车辆有限公司。

支付工人工资。直至 1949 年 5 月，生产厂房尚未完工。

1949 年 5 月 27 日，中国人民解放军中原军区铁路运输司令部派李连科、李鸿举，接着派董金岭、郇化民、刘柏祥为军事代表接管工厂。为支援大军南下作战，同年 6—7 月间，解放军从武东（即武昌）装卸队抽调 2 个队到工厂，与全厂职工一道不分昼夜地工作。他们砌好 14 栋厂房，挖填土方 4418 立方米，并完成全部下水道工程，铺设轨道 1.5 公里，安装重型设备 4 部、小型机具 10 部。工厂于 1949 年 8 月 1 日正式投产，开始修理客车。

第十一节　陇海铁路建有三桥车辆场

陇海铁路始建于 20 世纪初，以卢汉铁路的东西向支线汴洛铁路为基础向东西方向展筑，贯穿中国西北、华中和华东广大地区，最初名为陇秦豫海铁路，代表所经过的甘肃（陇）、陕西（秦）、河南（豫）、江苏等地，由于江苏连云港古称“海州”，故简称为陇海铁路。陇海铁路修入西安时，中车早期的长安机厂三桥车辆场在古镇三桥成立，负责机车车辆修理。

一、陇海铁路的修筑

陇海铁路的修筑在历史上与汴洛铁路有着直接的关系。1912 年 9 月，北洋政府与比利时签订《陇秦豫海铁路借款合同》，决定以汴洛铁路为基础向东西方向修筑陇海铁路。

汴洛铁路始建于 1899 年 11 月，清朝督办铁路大臣盛宣怀以“预筹干路还款、保全支路”为由，呈请清政府将汴洛铁路作为卢汉铁路支线统归铁路总公司筹款建造。比利时国家铁路公司请求承办，得到清政府的应允。1903 年 11 月，中比双方由盛宣怀与比利时国家铁路公司代表卢法尔在上海签订《汴洛铁路借款合同》和《汴洛铁路行车合同》。1904 年 3 月，汴洛铁路开始勘探。1905 年 10 月，汴洛铁路以郑州站为起点，分别向东西两个方向开始修建。1907 年，清政府批准修筑洛潼铁路，由民众集股筹建成立河南铁路公司。1909 年 12 月，汴洛铁路全线竣工。

1912 年 9 月，北洋政府与比利时签订《陇秦豫海铁路借款合同》，以汴洛铁路为基础向东西方向修筑陇海铁路。1913 年 1 月 1 日，汴洛铁路并入筹建中的陇海铁路，归北洋政府交通部陇海铁路督办总公所管辖。1920 年 5 月，北洋政府与比利时和荷兰签订了借款合同，续建陇海铁路。此后，经过多年分段建设，陇海铁路部分路段陆续通车，但受战争等因素影响，建设过程十分艰难。1953 年 7 月，陇海铁路全线建成通车。

二、长安机厂三桥车辆场的建设

1934 年 12 月 20 日，陇海铁路修入西安，国民政府铁道部决定筹建长安机厂，遂在三桥镇购地 82 万平方米，作为建厂基地，后因军事与政治等原因，未能兴建。1937 年 3 月 1 日，陇海线西安至宝鸡段正式通车。七七事变后，卢沟桥畔的枪声引燃了整个中华民族的抗日圣火，应战时之需，中华民国铁道部决定将连云港码头、徐州机厂和洛阳机厂等迁至西安和宝鸡，筹建长安机厂。

1938 年 2 月 15 日，洛阳机厂修车班李志诚等工人及家属二十余人受命西迁。在监工郑兴礼的带领下，这支队伍携带几把大锤和千斤顶，登上两节货车车厢。他们冒着日寇的炮击轰炸，在硝烟弥漫、碎石横飞的战火中闯过潼关，于 2 月 23 日到达三桥。4 月 15 日，从三桥车站向厂区铺设两股铁道，将车辆推入厂内，开始修理。在这片遍地沟壑、蓬蒿丛生的黄土地上，这支队伍依靠手拉肩扛，开始了艰苦卓绝的创业。至此，标志着长安机厂三桥车辆场[①]正式成立。当时工厂隶属国民政府交通部陇海铁路管理局，成为战时西迁的第一家修理铁路客货车的工厂。

同年6月，装有4台皮带传动机床和1台锅驼机的“机工车”由徐州机务段迁移到三桥，工厂自此有了第一批机械设备。后来陆续从洛阳、徐州、连云港来的工人，就在这荒凉的黄土地上，开始了建厂创业的艰难征程。当时，工厂仅有职工50人。

1940年，长安机厂工作重心移至宝鸡，12月24日工厂更名为“宝鸡机厂三桥车辆场”，职工人数发展至150人。

1941年后，工厂盖起91平方米的办公室，修建了913平方米的修车风雨棚和几间安装机床的机器房。工人没有住房，住在破车厢里。后来，有的搭土窝棚，有的住窑洞，有的用道木垒棚子，有的住在附近农村。当时，电压是24伏，只够检修客车车电和办公室照明。

1943年，国民政府交通部决定扩充工厂，同年9月1日独立行使管理，改称“三桥镇车辆修理厂”，归陇海铁路管理局机务处直辖。名为扩充，实际未投资扩厂。职工人数发展至286人。

1945年抗日战争胜利后，国民政府交通部又准备建设西安机厂。1946年9月1日成立了西京机厂筹备处，并在工厂北侧建设了新厂。由于国民党发动内战，新厂土建工程只完成一小部分辅助房屋，增添了部分设备，即停止下来，1948年暂移交工厂使用。

1949年5月17日，中国人民解放军第一野战军在富平召开会议，决定解放西安。5月20日，西北野战军第六军五十团一路攻占咸阳，抢渡渭河，直抵三桥。工厂职工用压道车将一个班的战士送往西安火车站，为西安解放作出了贡献。

---

① 长安机厂三桥车辆场，是今中车西安车辆有限公司的前身。

图 29：解放初期，工厂通往三桥车站的南大门

西安解放后，工厂隶属陇海铁路管理局西安分局管理。此时，工厂占地 18.7 万平方米，有职工 402 人、简易厂房 2479 平方米、机械设备 35 台，职工住宅 79 户计 3650 平方米。

1949 年解放时，工厂的工艺技术十分落后，基本上靠手工操作：锻工抡大锤，加热拉风箱，搬运用人抬、肩扛。劳动强度大，作业条件差，生产效率低。年修客车 10 辆、货车 50 辆。虽然数量不大，但车种多、类型杂。客车是二、三、四等车都修，货车是棚、敞、平、守、罐、保温车都有，而且是日本、德国、朝鲜、美国、法国等国制造的旧杂车。一无图纸资料，二无检修规程，全凭工人经验，现车修配。

1938 年至 1949 年的 11 年间，工厂设备简陋，技术落后，生产能力低下，主要依靠手工作业，共修理客车 915 辆、货车 1896 辆。

第 三 章

中车工业在砥砺进步中向前发展

中车工业的载体主要是铁路工厂，大都与铁路同时建设。最初主要以机车车辆修理为主营业务，后在修造能力上有所提升。20 世纪初期，中国铁路工业在帝国主义列强的控制下艰难发展，铁路自定章程，管理体制多样。抗日战争爆发后，中国的铁路工业遭受重创，国民政府组织铁路工厂南迁和西迁，导致中车的工厂无法正常开展机车车辆的制造和修理，中车的机车车辆工业处于瘫痪状态。日军侵占的中车工厂则被用于支持其军事侵略和经济掠夺。抗战胜利后，国民政府虽接管中车各地工厂，试图恢复企业生产，但由于战争的破坏和资源的匮乏，进展缓慢。与此同时，中国共产党领导的解放区内的几家中车早期工厂在极其艰苦的条件下，积极开展“死车复活”活动，成功修复大量濒临报废的机车车辆，有力地支援了解放战争。新中国成立前夕，党领导下的中车大部分工厂已恢复了部分生产能力，并开始自主设计制造机车车辆，为新中国成立后的中国铁路机车车辆工业的发展积累了一定的物质基础。

第一节　蒸汽机车的逐步自主制造

中国铁路运输最早均采用 2 对动轮的小型蒸汽机车。19 世纪末，随着运输量的增加，陆续采用较大型蒸汽机车。1876 年以后，在中国铁路运行的机车，绝大多数是从英、美、法、德、日、比、捷等国整机购买的机型复杂多样的机车，或从国外购买部件在国内组装，形成了中国铁路机车车辆工业早期生产现状。从1900年开始，津榆铁路总局唐山修理厂等修车厂每年装配制造一些蒸汽机车。从1914年开始，东北地区的大连沙河口铁道工场等工厂开始制造蒸汽机车，1931年以后，东北地区的机车制造业迅速发展起来，制造出了许多性能优良的蒸汽机车。随着国内铁路建设的缓慢发展，中车早期工厂开始逐步引进和自主制造蒸汽机车。

一、“中国火箭”号机车的诞生

1881年，在修筑唐胥运煤铁路时，为解决牵引煤车的难题，在李鸿章授意下，胥各庄修车厂（1884年改为唐山修车厂）英国工程师金达按照利用开矿的轻型卷扬机锅炉和蒸汽机做动力的构思设计了图纸，用煤矿井架的钢铁材料及购买的车钩，由该厂工人改装出第一台蒸汽机车，有两根车轴。开平矿务局英籍总工程师薄内的夫人，沿用英国斯蒂芬森制造的第一台机车“火箭”号的名称，称该车为“中国火箭”号。6月9日，在乔治·斯蒂芬森100周年诞辰时，由薄内夫人主持命名典礼，举行第一次行车。因唐胥铁路是以骡马牵引列车为由在朝廷奏准的，行驶不久，京城御史连章弹劾，说机车开驶震动东陵帝王的陵寝，所喷黑烟有伤禾稼，奉旨勒令停驶。后经李鸿章的奏请，唐廷枢向朝廷多方解释，几个月后机车才准照常行驶。1889年，唐山修车厂按照国外机车的图纸，又组装成一台蒸汽机车，该车有2根动轴和1根托轴，双水柜在锅炉两侧。该车沿用了“中国火箭”号名字。

二、中车工厂的机车装配和制造

中车工厂早期组装生产的蒸汽机车，部件都是从国外购置的，技术标准来自不同的国家，有宽轨、窄轨，也有标准轨，车钩有高有低，有的有水柜，有的没有水柜。沙河口铁道工场组装生产的蒸汽机车，汽锅板、动轮轴、大口径干燥管、空气制动机、电气机器、石棉填料等主要部件均由日本运进。关内铁路工厂后期生产除锅炉钢板、烟管、风泵、制动装置等18种材料和零部件从国外购买外，其余的车架、汽缸、摇连杆等大型零部件已能自己制造。

1900年起，各铁路局的较大铁路机厂，如唐山等修车厂除修车外，每年组装生产少量蒸汽机车，实际就是从国外进口机车零部件，自己装配机车。虽然制造的机车数量较少，但是积累了机车制造方面的宝贵经验。同年，唐山修车厂根据英国的机车设计图纸和购置的零部件，开始装制MG（音莫古）34型机车，该车全长16.78米，总重46.84吨，汽缸直径453毫米，动轮直径1346毫米。

1903年，唐山修理厂仿制的MG3型蒸汽机车，被称为“自制机车之最老者”。该车轴式为1–3–0，动轮直径1372毫米，机车固定轮轴距4191毫米，机车全轮轴距6527毫米，煤水车全轮轴距5486毫米，水柜容量13.728立方米，煤箱容量3.556吨，整备时机车重量42.964吨，煤水车重量32.867吨，最大牵引重量7620公斤。

1907年，大连铁道工场开始组装生产蒸汽机车。该厂移地重建后，更名为沙河口铁道工场，1912年开始编制组装生产蒸汽机车的计划，从1914年开始，东北地区的大连沙河口铁道工场（即大连厂）等工厂逐渐开始制造蒸汽机车，先后组装生产了坚定型和太平洋2（PF2）型蒸汽机车。这两种机车很快被淘汰。1918年起，该工场先后组装生产了米卡衣1型、米卡衣2型、太平洋3型、太平洋5型、SLS型、SL17型、米卡衣6型、太平洋6型、太平洋7型、太平洋8型、山地型、米卡衣KO型等型号蒸汽机车。

1910—1930年间，唐山工厂批量组装生产了十轮型（TenWheels，代号 TH、TW、TN）蒸汽机车，轴式 2–3–0，机车总重约 121 吨，机车全长 18612—18 811 毫米，汽缸直径 482 毫米、行程 610 毫米，动轮直径 1750 毫米，锅炉蒸汽压力 14kgr/cm^2；批量组装生产了摩格尔 4 型（MG4）蒸汽机车，轴式 1–3–0，机车总重 98.2—99.21 吨，机车全长 17 421—17 726

图 30：十轮型（TH、TW）蒸汽机车

图 31：摩格尔 4 型（MG4）蒸汽机车

毫米；生产了草原型（Prairie，代号 PR、PL）蒸汽机车，轴式 1–3–1，机车总重 59.8 吨，机车全长 11395 毫米，用于调车和小运转。以上机车主要在北宁铁路使用。

截至 1921 年，吴淞机厂共组装蒸汽机车 28 台。

到 20 世纪 30 年代，沙河口铁道工场的蒸汽机车制造业就很发达了。东北地区的哈尔滨机厂也组装生产过蒸汽机车。

据 1934 年统计，国民政府铁路机车保有量中，国产机车 82 台，其中，唐山工厂生产 62 台、四方工厂生产 11 台、吴淞机厂生产 9 台。

1936 年，国民政府铁道部在江苏常州设立戚墅堰厂制造客货车辆、在湖南株洲设立株机厂制造机车。因抗战关系，各机厂均先后拆迁，未能发挥作用。

1937 年前后，唐山机厂（1937 年更名为北宁铁路唐山机厂）还先后组装生产了 MG16 型、MG1 型、MG6 型、MG4 型、PL12 型、TH3 型、密卡杜 7 型、太平洋型客运等蒸汽机车：密卡杜 7 型（Mikado，代号 MK7、MA）蒸汽机车，轴式 1–4–1，机车总重 137.3 吨，机车全长 20666 毫米，机车速度 80km/h，动轮直径 1370mm，主要在京奉铁路运用；太平洋型客运蒸汽机车，轴式 2–3–1 客运机车。唐山机厂制造机车的能力由小到大、逐步发展。

这一时期，四方工厂先后组装生产了轴式 0–3–0 型、0–3–1 型调车蒸汽机车，1–2–2 型、2–3–0 型客货混用蒸汽机车，0–4–0 型货运蒸汽机车和 2–3–0 型客运蒸汽机车。吴淞机厂、南口机厂、西北机车厂也组装生产过蒸汽机车。

至 1937 年，关内铁路工厂自制机车共 82 台，其中唐山机厂为最多，共有 62 台；次为胶济铁路四方工厂，共有 11 台；再次为吴淞机厂，共有自造及改造机车 9 台。自制机车约占机车总数的 6%。沙河口铁道工场组装生产蒸汽机车 237 台。

1937 年卢沟桥事变后，日本帝国主义侵占了中国的华北、华东、华中等地区，国民政府所属铁路工厂迁移至广西、贵州、陕西等地，完全丧失组装生产蒸汽机车的能力。日本侵略者占领的铁路工厂加大蒸汽机车组装生产，以满足其军事侵略和经济掠夺的需要。除沙河口铁道工场外，日方还在大连机械制作所、新成立的满洲车辆株式会社和唐山机厂、四方工厂等铁路工厂组装生产蒸汽机车，生产的车型有草原 2（PR2）型、草原 3 型、米卡衣 4 型、米卡衣 7 型、太平洋 Ha 型等。1943 年起，部分蒸汽机车零部件已开始在东北的沈阳、鞍山、大连、锦州、长春等地制造。1938 年至 1945 年 8 月，青岛工场（四方工厂）组装生产蒸汽机车 380 台、仿造蒸汽机车 25 台；沙河口铁道工场组装生产蒸汽机车 280 台，大连机械制作所组装生产蒸汽机车 261 台，满洲车辆株式会社组装生产蒸汽机车 126 台。

1945 年 8 月，日本投降后，国民政府先后接管被日本占领的中车早期工厂。由于战争的破坏，这些工厂尚未具备组装生产蒸汽机车的能力，只是个别工厂利用厂内遗留的部件拼凑了几台蒸汽机车。1946 年 6 月至 1947 年，四方工厂组装了 3 台蒸汽机车，编号为 1969、1970、1971，轴式 1–4–1。1946 年 9 月至 1947 年 9 月，沈阳机车车辆制造公司组装生产准轨蒸汽机车 12 台、窄轨小机车 7 台，1948 年组装生产蒸汽机车 18 台。

1945 年，关内各机车工厂的机器设备和厂房在日军撤退时被严重破坏，东北地区的机车工厂也遭到很大破坏，大量设备被苏军拆迁运回苏联，很多机车制造厂损失惨重，从而使中国蒸汽机车的制造能力受到重大破坏，短时间内难以恢复。

1947 年，全国只生产了 22 台机车。由于战争的影响，1948—1951 年，中国的蒸汽机车生产完全停止了，机车修理能力也大大萎缩。各机车厂虽然厂房设备遭到了严重的破坏，但是几十年的机车修理和设计制造造就了一大批技术工人和工程技术人员，在 1952 年以后迅速恢复机车生产中发挥了巨大的作用。

三、东北地区的机车设计与制造

虽然全国的铁路工厂均或多或少进行了机车的设计与制造，但是在这一历史发展阶段，东北地区的机车制造能力发展迅速，如大连铁道工场（1911 年移址重建后称满铁沙河口铁道工场）等在中国铁路机车工业的初创期扮演了至关重要的角色。

1905 年，日本接管南满铁路（中东铁路长春至大连段）后，主要采用美国制造的蒸汽机车（准轨）。满铁的机车数量增加很快，1907 年只有 78 台，全为欧美机车，1931 年已增到 529 台。其中欧美生产的 361 台、日本生产的 16 台、满铁沙河口铁道工场生产的 152 台。

满铁在从欧美购置新车的同时，也大力发展自己的机车设计制造业。到 1945 年，前后经历了 4 个阶段。1907 年起，大连铁道工场除修车外，还组装部分蒸汽机车。1914 年，满铁沙河口铁道工场开始仿制蒸汽机车。1918 年该厂开始成批设计制造蒸汽机车。从 1935 年开始，东北地区的机车制造业开始迅速发展。1935 年至 1945 年，开发生产了多种性能优越的第二代蒸汽机车。

1931 年，九一八事变日本占领东北以后，随着新线的开辟及旧线运量的增加，机车车辆需要量亦大大增加，机车保有量迅速增长。由于战争的关系，日本已满足不了满铁的机车车辆订货，因此，满铁在东北积极扩充机车车辆制造能力，并大力开发适合东北地区特殊条件运用的新型机车。这些新开发的机车采用了大量新技术，如提高蒸汽的温度、提高燃烧室的燃烧效率、锅炉通风效能的改善、给水预热装置的完成、滚子轴承的采用等。东北的蒸汽机车制造业迅速发展起来。在伪满洲国的 14 年间，满铁新设计开发了 14 种蒸汽机车，还为陇海线设计开发了 1 种。其中，太平洋（PF）系列（轴式 2–3–1）4 种型号；密卡杜（MK）系列（轴式 1–4–1）5 种型号；草原（PR）系列（轴式 1–3–1）2 种型号及其他型号。这些机车的设计，充分考虑到了东北地区气候寒冷、线路差等特点，同时大量采用了先进技术，如增高蒸汽过热温度、提高锅炉蒸汽压力、提高热效率、车体流线化，采用大直径的动轮、滚柱轴承、排汽通风涡轮以及很多优质材料等。机车的牵引重量达到 17000—24000kg，性能接近世界水平，部分性能指标达到了世界水平。

图 32：1934 年，沙河口铁道工场组装制造的“亚细亚号”SL—7 流线型蒸汽机车

截至 1944 年，东北铁路机车保有量的三分之一以上是东北各厂生产的。其中，1933—1944 年间，满铁新增机车中东北生产的 629 台：1938 年 50 台、1939 年 64 台、1940 年 99 台、1941 年 63 台、1942 年 95 台、1943 年 117 台、1944 年 91 台。1945 年满铁新增 15 台，全为东北生产。东北蒸汽机车产量最高的 1943 年，共生产 128 台。据 1944 年统计，东北机车制造能力为年产 230 台，华北年产 20 台。东北地区机车工业，当时在亚洲占有重要地位。满铁沙河口铁道工场等机厂的蒸汽机车生产能力，不仅能满足东北地区的铁路需要，且能供应胶济、陇海及朝鲜铁路所需机车。

1945 年，由于战争的破坏，抗日战争胜利后，东北地区的机车制造能力基本丧失了，机车制造也彻底停止了。大连厂等工厂只能修理机车车辆。然而，经过几十年机车设计与制造的实践，培养出了一大批工程技术人员和技术工人，为 20 世纪 50 年代迅速恢复机车制造奠定了人力资源基础。

第一阶段（1907—1913），从修车和组装机车学习制造机车技术；大连铁道工场从修理厂改造为制造厂。经过几年的技术整备，从 1907 年开始，大连铁道工场除修车外，还组装部分蒸汽机车，其机车零部件购自美国。从欧美购进机车零部件进行装配，也可称为学习技术与设备、准备材料积累阶段。

第二阶段（1914—1917），1914 年满铁沙河口铁道工场开始制造蒸汽机车，实为仿制机车。1914 年，仿美国坚定 4 型（CS4）机车，设计制成了坚定型（CS）蒸汽机车，是东北最早制造的机车。该机车轴式 1–4–0，装有蒸汽过热器，性能优良，当年生产 6 台。1916 年，设计制造出太平洋 2 型（PF2）客运蒸汽机车，轴式 2–3–1，该机车的牵引力比较大。上述 2 种机车因质量尚不过关，运行数年即报废，未成批量生产。

第三阶段（1918—1934），成批设计制造大型货运蒸汽机车和小型快速机车等。设计制造出了第一代蒸汽机车：密卡杜系列货运机车、太平洋系列客运机车等。

经过十多年的使用，满铁最后确定货运机车采用密卡杜系列基本设计构造，客运机车采用太平洋系列基本设计构造。1918 年以后，满铁沙河口铁道工场以密卡杜（MK）系列，轴式 1–4–1 机车设计构造为基础，设计制造了密卡杜系列多种型号的货运机车。以太平洋（PF）系列，轴式 2–3–1 机车设计构造为基础，设计制造了太平洋系列多种型号的客运机车。

满铁从美国定制的大型蒸汽机车密卡杜 1 型，轴式 1–4–1，于 1909 年投入运用。满铁沙河口铁道工场经对这种机车研究和多次改进，1918 年设计制造出改进后的密卡杜 1 型货运汽机车，成为满铁的标准货运机车。与美国密卡杜 1 型相比，该车主要改进了锅炉、烟箱、过热器和汽缸等零部件。1918 年，大连厂开始成批生产密卡杜 1 型机车，在日本本土亦开始成批生产。该型机车此后成为满铁的主型货运机车。在满铁主要干线运行的密卡杜 1 型机车，备有给水加热器，蒸汽过热器有 A 式和 E 式 2 种。

1911 年，满铁从美国定制大型货运机车密卡杜 2 型（MK2）投入运用，该机车轴式 1–4–1，装有 3 个汽缸，牵引力很大。1924 年，满铁沙河口铁道工场对其研究改进后，设计制造出密卡杜 2 型大型货运蒸汽机车，并成批生产，受到日本等东亚车辆界的瞩目。该型机车是在美国密卡杜 2 型基础上设计制造的，轴式 1–4–1，装有 3 个汽缸，其中蒸汽先进入 1 个高压汽缸，再经过管道进入 2 个低压汽缸，高压汽缸安装在车架之内，2 个低压汽缸则装于两侧的车架之外，动轮轴是曲轴。密卡杜 2 型还装有自动喷火机，牵引力大，可牵引 60 辆货车，空车重量 116 吨。但是，因为结构复杂，零部件精度高，生产要求高，所以运用检修都不方便。

设计制造的太平洋 3 型（PF3）小型客运蒸汽机车，轴式 2–3–1，其零部件与密卡杜型通用。主要在支线运行。

1927 年，制造出了太平洋 5 型（PF5）客运蒸汽机车，轴式 2–3–1，功率 1822 马力，机车的汽门采用滚子轴承，该车速度极快，牵引旅客快车“鸠”号由长春到大连，仅用 12 小时，平均时速 58km。

图 33：太平洋 5 型（PF5）蒸汽机车

设计制造的草原 2 型（PR2）及草原 3 型（PR3）蒸汽机车，轴式全为 1–3–1。用于支线和调车，产业铁路也大量运用。

设计制造的密卡杜 4 型（MK4）蒸汽机车，轴式 1–4–1，最高速度 85km/h，牵引力 34000kg，机车锅炉的蒸汽压力属于高压型，为 $17kgf/cm^2$。汽缸直径 630mm，鞲鞴行程 760mm。

1932 年，设计制造出的密卡杜 6 型（MK6）蒸汽机车，轴式 1–4–1，锅炉蒸汽压力 $14.5kgf/cm^2$。是标准小型货运机车，主要用于调车、小运转和在支线运用。属于这类机车的有 5 种。

设计制造的太平洋 6 型（PF6）客运蒸汽机车，轴式 2–3–1，功率 1637 马力。是将老式太平洋型机车改造而成的，主要改进了锅炉及其附属零件，为普通旅客列车用之标准机车。在满铁干线上运用的该型机车都装有给水加热器。属于这类机车的有 4 种。

第四阶段（1935—1945），是大规模设计制造蒸汽机车时期，机车制造业得到了迅速发展。设计制造出多种第二代蒸汽机车。

1935年，设计制造出的太平洋8型(PF8）客运蒸汽机车，轴式2-3-1，构造速度 120km/h。作为将来替代太平洋 5 型（PF5）机车的标准客运机车，在设计之初，综合了过去满铁各种机车的运行经验，博采众长，采用了很多先进的技术，诸如各轴采用了滚柱轴承等。锅炉蒸汽压力 14.5kgf/cm^2，汽缸直径 600mm，鞲鞴行程 710mm，动轮直径 1850mm。锅胴最大内径2030mm；大烟管直径90mm，计108根；小烟管直径51mm，计93根；烟管长 5000mm。燃烧室传热面积 28.1m^2，烟管传热面积 224.17m^2，总蒸发面积 252.27m^2。过热面积 88.77m^2，火堰（炉床）面积 5.36m^2。功率 2060 马力，牵引力 20000kg，附着率（粘着率）4.00%。机车煤车总轴距 22815mm，水箱容量 3000L，煤箱容量 15t。机车整备总重量 199.91t，其中动轮载重 68.57t、导轮载重 23.85t、从轮载重 23.49t、煤水车重量 85t。该机车特别减轻走行部的重量，使能承载大型锅炉，用以增大锅炉马力，且防止高速行驶时牵引力下降。

设计制造的山地型（MT1）高速货运蒸汽机车，轴式 2-4-1，功率 2400 马力，牵引力 24988kg，附着率为 4%。汽缸直径 630mm，鞲鞴行程 760mm，动轮直径 1750mm。机车锅炉蒸汽压力 14.5kgf/cm^2。锅胴最大内径 2030mm；大烟管直径 90mm，计 108 根；小烟管直径 51mm，计 93 根；烟管长 5900mm。燃烧室传热面积 28.71m^2，烟管传热面积 266.77m^2，总蒸发面积 293.47m^2。过热面积 106.48m^2，火堰面积 5.36m^2。机车煤水车总轴距为 22815mm，水箱容量 35000L，煤箱容量为 13.5t。机车装备总重量 211.28t，其中，动轮载重 83.39t、导轮载重 23.33t、从轮载重 20.56t、煤水车 85t。是满铁机车中，轴距最长、重量最大的机车。在满铁干线上，主要用于向北部快速运送鱼菜。但由于回程牵引普通货物，没有高速的必要，为了增加附着重量，所以增加 1 轴，静载重量大于牵引能力。

1936 年，设计制造的小型快速客运蒸汽机车 DB3 型，轴式 2–2–2，锅炉蒸汽压力 15.5kgf/cm^2，功率为采用重油 1100 马力(采用煤 930 马力)。该机车采用了很多先进技术，诸如各轴采用了向心滚子轴承、主连杆及连接杆、过热蒸汽喷汽吹入式重油燃烧装置等。该机车可采用重油作燃料，免除煤烟和煤灰的污染，满铁为了将来制造高速客运机车，特使该机车具备高速性能，以做试验。

在密卡杜型基础上适当改造，设计制造的密卡杜 K0 型（MKK0）货运蒸汽机车，增设了燃烧室及给水加热器，蒸汽压力增加 10%，耗煤量未增加，但牵引力增大 10%。机车的零部件与密卡杜型通用。满铁陆续将运用的密卡杜 1 型机车亦改造成密卡杜 K0 型。

1941 年，设计制造的太平洋 Ha 型客运蒸汽机车，是太平洋 K0 型的替代机车。该型机车的行走部分，全部采用了滚柱轴承，机车运行费用极低，备受专家赞美。

1941 年，设计制造的密卡杜 7 型（MK7）蒸汽机车，轴式 1–4–1，是一种非常先进的机车。

1941 年，设计试制成功的密卡杜 9 型(MK9）特殊复水式蒸汽机车，轴式 1–4–1，最高速度 75km/h，锅炉蒸汽压力 14.5kgf/cm^2，采用大气压凝气方式将排出的蒸汽收回。由于不能利用排气力给燃烧室通风，于是采用了通风排气涡轮（70 马力，2850r/min）和冷却通风涡轮（240 马力，7000r/min）排烟。该机车是由密卡杜型改造而成，主要用于给水最困难地区，该机车水回收率 94%，燃料节约 15%—20%。1934 年沙河口铁道工场曾设计制造此车，以备在热河沙漠地带运用，然而未能实现。

另外，满铁沙河口铁道工场在1937年还为陇海线设计制造了德卡保型（DP）机车，轴式1–5–0。该机车性能优良，煤耗极低，在中国交通界颇负盛名，还向胶济、朝鲜铁路等供应机车。

东北地区除满铁沙河口铁道工场批量生产机车外，还有另外2个工厂亦批量生产机车。一个是大连机械制作所，1937年开始生产机车；另一个是满洲车辆株式会社沈阳工场（以下简称“满洲车辆会社”），1939年开始生产机车。东北机车产量最高的1943年，共生产128台，其中满铁沙河口铁道工场生产47台、大连机械制作所生产55台、满洲车辆会社生产26台。据1944年统计，截至1945年“八一五”抗战胜利，东北3个厂共生产机车917台，其中满铁沙河口铁道工场生产517台。东北的机车生产能力为年产准轨机车230台，其中满铁沙河口铁道工场70台、大连机械制作所100台、满洲车辆会社60台。另外，大连机械制作所年产窄轨机车能力30台。

东北地区运用的小型机车，初期主要是从欧美国家或日本进口，由本地制造的很少。1937年以来，东北地区小型机车需求量迅速增加，同时受战争影响国外输入量大大减少，甚至完全停止。东北的工厂开始较大批量制造，最初制造的是大连机械制作所、鞍山沼田机械工业会社及满洲车辆会社等3家。其后为完成小型机车标准化的计划，并避免影响大型机车制造工作，决定由大连机械制作所沈阳分厂、鞍山沼田机械工业会社专门制造小型机车，并规定121吨以下的机车由鞍山沼田机械工业会社制造，15吨以上的机车由大连机械制作所沈阳分厂制造。

四、铁路机车设计制造标准的制定和改进

1917年，北洋政府交通部成立了“铁路技术标准委员会”，詹天佑任会长，聘英、法、日、美工程顾问各1人。设计了标准机车车辆，制定了

机车车辆制造规范等铁路技术标准。其中，客运机车采用太平洋系列，轴式 2–3–1；货运机车采用密卡杜系列，轴式 1–4–1。这些标准规范于 1922 年公布实行。美国顾问克拉克（Clark）对设计制定统一的机车车辆标准有很大贡献。

太平洋系列(轴式2–3–1）客运机车,1886年在美国利哈谷铁路(Rehigh Valley Railroad）首先采用。因其性能优良，1900 年以来这种机车在美国非常盛行。

密卡杜系列（轴式 1–4–1）货运机车，美国于 1885 年设计制造出的第一台机车。1907 年，日本为满铁从美国机车制造厂定制了这种机车，同时命名为 Mikado。

1929—1932 年，国民政府铁道部重新制定了铁路及机车车辆技术标准。其中，客运机车仍然采用太平洋系列，轴式 2–3–1，轴重 18t；轴式 2–3–2，轴重 18t 及轴式 2–4–2，轴重为 15.5t 的蒸汽机车。货运机车仍然采用密卡杜系列，轴式 1–4–1，轴重 16t；大功率蒸汽机车，轴式 1–5–2，轴重 14.5t 等。以密卡杜系列、轴式 1–4–1 和坚定系列、轴式 1–4–0 为标准型，度量衡（计量单位）一律改成公制。编写了《机车制造规范》《车辆材料标准》等。

1937 年，国民政府铁道部派应尚才赴美国考察美国铁路机务标准化。1938 年，国民政府将铁道部并入交通部，铁路改由交通部管理，交通部力求统一机型，交通部铁路机务标准设计处，专门规划设计，应尚才主持工作，在 1938 年至 1946 年间，按照中国各路情况，重新设计出标准机车、车辆、机务段、车库和机车厂，编定绘制出了《机车、车辆、机务及机厂各种规范及标准图样》，以备抗战胜利后铁路恢复运输和发展。其中，标准型客运蒸汽机车仍采用太平洋系列，轴式 2–3–1；标准型货运蒸汽机车仍采用密卡杜系列，轴式 1–4–1。

五、中国设计英国生产的机车

1933年，国民政府铁道部为粤汉铁路选购机车遇到了难题。粤汉线需要大功率机车作为牵引动力，但粤汉铁路的线路和桥梁承载能力低，动轮轴重必须轻，国内外没有能满足该线路条件的机车。应尚才建议自己设计。在铁道部路政司帮办杨毅的支持下，应尚才接受了设计任务。他率领一批中国专家，设计联盟型（Confederation，代号FE，1949年以后改为KF）蒸汽机车。该设计采用了当时许多的先进技术，与当时国外的先进机车不相上下。

联盟型机车客货两用，轴式2-4-2，功率1750kW，构造速度100km/h，最大速度达到110km/h，机车及煤水车总重195.73吨，机车及煤水车长28410mm，动轮轴重16.9—17.1吨，锅炉蒸汽压力15.5kgf/cm^2，锅炉传热面积278.14m^2，锅炉过热面积116.50m，汽缸直径540mm，行程750mm，动轮直径1750mm。

联盟型机车在设计理念和设计理论上也有自己的特色，主要特点如下：（1）通过改进锅炉、炉床的传统结构和大、小烟管的布置形式，采用E型过热管和复式汽阀，在不增大锅炉尺寸的条件下，扩大了蒸发、传热和过热面积，提高了锅炉的热效率。采用高强度合金钢火箱板，锅炉压力提高到15.5kgf/cm，提高了机车功率。（2）机车走行部采用2对导轮、4对动轮和2对从轮，用较多的动轮和从轮轮轴分担机车重量，适当减轻动轮轴重，使机车可以安全通过粤汉铁路最低重载能力的古柏氏E-35级以上的桥梁。导轮和从轮的双轴转向架还可以确保机车安全、平稳地通过小半径曲线，因而机车可以在建筑标准偏低的铁路线上行驶。（3）改进了司机室的布局，从轮和煤水车轴箱配备了恒温式自动给油装置、自动加煤机等当时最先进的部件，改善了司机和司炉的工作条件。（4）根据对机车性能的整体要求，在设计中注重实现锅炉供汽能力、汽机工作能力和68t黏着轴重的均衡配合，整个设计比较经济合理。机车轮轴功率1750kW，在当时是最大功率的机车之一。在轴重分配方法、牵引计算等方面也都有创新和改进。

由于国内铁路机厂及基础工业不具备制造条件，经向外招标，由英国沃尔冈工厂中标生产，共计24台。由于英方制造大型机车的经验不足，对部分设计意图理解有误，1934年，应尚才率专家组到英国帮助解决设计技术问题，同时负责监制。

1936年1月，首批6台机车运抵青岛，在胶济铁路和津浦铁路进行试运行；同年3月，另外6台机车运抵上海，在沪宁线试运行，其性能优良。其余12台则是运到广州交货的散件。1937年全民族抗战爆发后，国民政府将24台联盟型机车转移到湘桂线的桂林。1944年，这些机车在抗日战争中遭到破坏。1950年起，戚墅堰厂修复了21台机车，配属上海机务段运用，代号改为KF型，成为沪宁、沪杭线的客货运输主力，一直使用到20世纪70年代。1983年，中国政府将KF型7号机车赠送给英国，现存放在英车约克郡的大英铁路博物馆。

第二节　内燃机车的引进与早期研制

内燃机车是20世纪20年代发展起来的，凭借其优越的性能，首先用于铁路调车作业。20世纪30年代内燃机车技术得到了大发展。1945—1956年间，世界上诸如美、苏等一些国家相继开始大量采用内燃机车和电力机车代替蒸汽机车。

相较于蒸汽机车，内燃机车具备以下优势：功率大，能耗低，效率高，整备时间短，启动、加速快，速度高，运行交路长，通过能力大，污染小，劳动条件好，可多机重联牵引，使用、操作、维修方便，故障率低，维修量少，中、大修周期长，使用维修费用低，使用寿命长。与电力机车相比，内燃机车具备以下优势：一次性投资少，见效快，使用机动灵活。内燃机车是铁路现代化的主要牵引动力之一。

内燃机车由内燃机、传动装置、车体、走行部（可分为车架式和转向架式）、制动装置和辅助装置组成。内燃机一般采用柴油机。传动装置可以采用电力传动、液力传动或机械传动。内燃机车可分为干线（客运、货运）内燃机车、调车小运转内燃机车和内燃动车组等。此外还有燃气轮机车。

中国从 1925 年开始运用内燃机车。同年春，上海上南汽车股份有限公司购进并运用 2 辆 1000mm 窄轨铁道汽油机车。同年秋，上川交通股份有限公司在上海使用黑油机车、油电机车等，用于近郊运输，这是中国最早使用的小型内燃机车。1936 年，北宁铁路在北京至通县（今北京市通州区）段曾试用了汽油机车。

1929 年，东北的满铁购进电传动内燃机车和电传动内燃机动车，并在南满铁路投入运营。这是中国最早使用的大型内燃机车。

1933 年，满铁沙河口铁道工场试制出 100 马力（LM_3P）$_3$ 及 150 马力（LM_3P）$_5$ 两种内燃机动车。

1934 年，满铁沙河口铁道工场成功试制了电传动内燃机动车（H.M）。该车速度高，性能优越，动车的两端均可驾驶，1 台头车可牵引 3 节拖车。由于不需要加煤和上水，日行可达 480km。在南满铁路沈阳至大石桥 180km 的线路上，每日可以往返 3 次。其内燃机额定功率 500 马力，额定转速 900r/min，持续功率 460 马力，持续转速 830r/min。该车的内燃机等部件分别是由瑞士苏尔泽兄弟公司（Sulzer brothers co.）和日本新泻铁工厂制造的。该机车的电气等部件分别从瑞士和日本进口。这种动车采用重油作燃油，燃料费用仅为最小蒸汽机车的1/4，但是动车的造价非常昂贵，是150马力内燃机动车的1.7倍。1934年共制造6台，在南满铁路投入运营。

1935年，满铁沙河口铁道工场成功试制2台内燃机动车，即GM_3P–4和GM_3P–6。GM_3P–4装有100马力内燃机，GM_3P–6装有150马力内燃机。动力传动方式采用沁克雷式水力离合器与英国科特尔公司制造的换流器配合，控制方式采用电磁方式。GM_3P–6主要是单车运行，必要时可以挂2—3辆客车。这2种内燃机车曾做短途、中途、长途试运行，性能优良。

此后，大连厂试制的GM_3P–7型内燃机动车，与GM_3P–6型内燃机动车相同，也配备了控制装置。车体外侧长18845mm，车体外侧宽2960mm，车最高处3684mm。车轮直径840mm，空车重34.5t，定额载客92人。采用的内燃机为8缸4冲程直列式，气缸直径135mm，冲程170mm，最大功率175马力，转速1750r/min；标定功率150马力，转速1500r/min，重1400kg。该型车可连接2到3辆客车运行，还可牵引拖车，以牵引2辆客车为主。

据1943年末统计，东北满铁使用的内燃机车有4台标准轨内燃机车，都属于满铁，主要用于调车、小运转和建设铁路，完全是试验性的。另有185台窄轨内燃机车和动车，主要运行在专用铁路和森林铁路上。这些机车与动车除少数是东北生产外，大部分是从国外进口的。新中国成立时，从旧中国接管了46台内燃机车。

第三节　客车的设计制造与生产规模

中国的铁路客车设计制造的起始阶段可以追溯到清朝末期和民国初期。这一时期，中车工厂制造的客车主要源于外来技术的引进和仿制，以蒸汽机车为动力，车速较慢，线路少，覆盖地区有限。后来，随着客车设计制造技术的日益成熟，客车的产品种类逐渐增多，中车工厂制造客车的生产规模也相应扩大。

1883 年，唐山修车厂为开平矿务局组装制造了中国第一辆铁路客车，所用钢铁材料、木材和部件都是从英国购置的。1893 年，唐山修车厂开始制造民用客车，依据英国设计的图纸，车身长 20 尺，车体为木质，外板用柚木和大漆，后改用洋松和混合漆。

20 世纪初期，一批铁路先后在中国东北和东部沿海地区兴建，控制着大部分铁路权的帝国主义国家在其本国购买客车部件运往中国，在所属的铁路工厂进行组装，用于各铁路的运营。这些客车都是木制，车身长 13.8 米，用油灯照明。在北部寒冷地区，冬季以煤炉取暖。客车没有通风设施，依靠门窗自然通风。给水方式为在车厢一端设置水箱，利用位置高低之差使水自然流出。1907 年 9 月起，经清政府邮传部批准，邮政车开始在京奉、京汉两路运用。铁路运输初期，客车种类仅分为一等车、二等车、三等车。1911 年 6 月，清政府邮传部批准设立四等车，以有盖货车代用。至 1912 年，关内各铁路共有客车 955 辆，种类有头等车、二等车、三等车、四等车、头二等合造车、二三等合造车、膳车、邮政车、行李车、守车等。1914 年，平汉路购置了绿钢车。1915 年，满铁沙河口铁道工场开始制造铁骨木制客车。1923 年，津浦铁路购用蓝钢车，随后陇海、北宁、粤汉等铁路也购置了全钢新式客车。中国的铁路工厂对客车的构造亦有改进，车辆客量增大，车辆重量增加，行驶速度加快。

20 世纪 20 年代末期，满铁沙河口铁道工场开始制造车身长 17.26 米的木制客车和卧车。1932 年，该厂将客车高窗式车顶改为圆形车顶，以减轻列车的阻力。1933 年，国民政府铁道部决定改进三等客车设备，座位由纵排改为横排，装设电灯，改进厕所。至 20 世纪 30 年代中期，满铁沙河口铁道工场开始制造全钢制客车。

中车工厂早期制造的客车中，部件大都是从国外购买，连木材也大部分从国外购买，后逐渐转向从国内采伐制作。至1937年，关内各铁路运行的客车有2800辆，中车早期工厂自行制造的占59%，其中唐山机厂制造741辆，吴淞机厂制造232辆，四方工厂制造193辆，闸口机厂制造118辆，其他机厂也有少量制造。东北地区中车工厂制造各型客车656辆，其中满铁沙河口铁道工场制造602辆，客车种类有卧车、头等车、二等车、三等车、膳车、厨户车、行李车、邮政车等。

1937年卢沟桥事变前后，国民政府组织所属铁路工厂的人员和设备向西南等地区撤离，客车制造中止。日本帝国主义侵占华北、华东地区后，在四方、唐山等工厂恢复生产，与东北地区的满铁沙河口铁道工场、满洲车辆株式会社、大连机械制作所等一起从事客车制造。1938年至1944年，满铁沙河口铁道工场制造客车194辆，满洲车辆株式会社制造181辆，大连机械制作所制造354辆，青岛工场（四方工厂）制造68辆，唐山机厂制造12辆，制造客车的各种部件已经能在东北地区完成。1943年太平洋战争爆发，1944年客车制造停止。期间，国民政府交通部组织设计了多种全钢客车，编定规范，绘制图样。1945年，修订公布了一等卧车、一等膳车、一二等合并客车、一二等卧车、二等客车、二等卧车、三等客车、三等客车及厨车、三等卧车、行李及邮政车、行李及守车、厨车等12种客车规范书和客车通用标准图。抗日战争胜利后，国民政府接管了中车各工厂。至1948年，仅制造了50辆客车，系从美国购买的旧车在中国进行改造组装而成的，原设计的客车制造规范和计划没有得到落实。

在特种客车制造上，非常值得一提的是为慈禧太后特制的“花车”，以及“鸠”号旅客快车和“亚细亚号”特快旅客列车。

1888年，唐胥铁路延伸到天津，唐山修车厂为李鸿章巡视津唐铁路装配了一辆专车，在平板货车上加装车厢，使乘客能坐在车内凭窗眺望，也可在车厢外平台上观望。这是中国最早制造的瞭望车。1889 年，唐山修车厂为慈禧太后设计制造的专用客车，史称“銮舆”“御车”，俗称“龙车”。该车的车架全长 61 英尺，车厢全长 56 英尺，车宽 10 英尺，车高 15 英尺，自重约 29.3 吨。车辆采用木制车体、钢制底架、三系弹簧转向架和自动车钩制造而成，代表着当时世界火车发展的先进水平。该车车体外侧装饰清王朝“龙旗”上龙的图案。车内装饰极为豪华，采用珍稀木料，车厢内部设有官厅、休息室、寝房、谈话室、厮屋等设施，会见大臣所用的官厅内设有盘龙立柱和宝座。厅堂内宝座、木器和装饰品，多以手工雕刻而成，地板上铺设“洋地毯”，以“极品锦缎”做成铺（坐）垫、锦缎窗帘。据《唐山市志》记载，唐山修车厂共计为慈禧太后制造“龙车”17 辆。1902 年秋至 1903 年，詹天佑主持修建了一条专为清皇室祭扫祖先陵墓的西陵铁路，唐山修车厂又制造了一些“花车”。至 1912 年，关内各铁

图 34：1889 年，唐山修车厂为慈禧太后制造的中国第一辆皇家客车——銮舆龙车

路有花车、客厅车、公事车、瞭望车等特种客车 87 辆。

1924 年，沙河口铁道工场制造了“鸠”号旅客快车，此车投入运营后，大连至长春间仅需 12 小时，比以前提前了 8 小时。1934 年，沙河口铁道工场制成“亚细亚号”特快旅客列车。该列车的编组情况为行李邮件车辆 1 辆、三等车 2 辆、餐车 1 辆、二等车 1 辆及展望车 1 辆，合计 6 辆，定员 328 人。各车辆均采用最新设计，为减小空气阻力，将车体外部改为流线型；为降低轴承的摩擦力，使用滚动轴承；为减轻车体重量，使用强力钢及镁、铝等轻金属，废用铆钉，全部改用电气熔接法；座位是电钮自动式，备有美国制空调装置。该车的牵引动力为太平洋 7 型（PF7）机车。从 1934 年 9 月 1 日开始，在大连和长春间 704 公里的铁路上运转，营业限制速度定为 120 公里，是当时世界上最快的列车之一。沿途停车站只有

图 35：太平洋 7 型（PF7）蒸汽机车

大石桥、鞍山、奉天、四平，行车时间为8小时20分，平均时速为82.5公里。中东路长哈线改为标准路轨后，1935年9月1日，“亚细亚号”的行驶区域延长到哈尔滨，行车时间为12小时30分。该列车体现了当时满铁技术的最高水平，被称为“东亚的珍品”。然而，该列车主要服务于欧美旅客和日本侵略者。

1937年，关内各铁路有花车、客厅车、公事车、瞭望车等特种客车144辆。至1943年3月末，东北铁路特种客车有包车10辆、灵车2辆、头等瞭望卧车和客车14辆、公事车和试验车8辆、路员供应车26辆、医疗车10辆、通信车4辆、警卫车48辆，还有慰安车等特殊用途车辆。

此外，中国最早运行动车组始于1930年，京沪路购到蒸汽车5辆，行驶于上海、吴淞间，当时称自动客车。1936年，北宁路在北平、通县一带试用汽油车，是内燃机客车在中国应用之始。1937年春，沪翔区间铺成双轨，又自制流线型蒸汽车1辆，在该段行驶。

第四节　货车的制造品类与生产规模

1881年，在修建唐胥铁路时，胥各庄修车厂用从英国购买的车轮、钢材，制造了13辆载重5吨和10吨的木质敞车，用于运煤。这是中国最早制造的铁路货车。

20世纪初期，中国东北和东部沿海地区兴建第一批铁路时，各铁路所属铁路工厂利用从不同国家购买的部件和材料，组装生产了一批木质货车。因车辆大小、材料不同，各铁路车辆种类繁多，样式各异。至1912年，关内各铁路共有货车8461辆，其中通用货车包括有盖车（棚车）1817辆、高边车（煤车）4054辆、低边车（矿石车）1803辆、平车171辆，载重有盖车最高40吨，其他车最高30吨，最低7吨，都是木制车。1912 年起，东北的沙河口铁道工场开始制造货车。1921 年起，该厂开始制造铁骨构造货车。1922 年，北洋政府交通部决定，今后购买新货车以 40 吨为载重标准，制定并公布了 40 吨棚车和 40 吨高边敞车的标准。1937 年，国民政府铁道部公布了 40 吨平车和石砟车的标准。早期货车车钩除正太、同蒲两路窄轨用钩链联挂外，其余均用自动挽钩。以美国铁路协会的 D 型挽钩为标准。制动各路初期车辆仅备手轫刹车，此后列车增重，速度增加，所有三四十吨货车多改装为自动风轫，而以手轫为辅。至 1937 年，关内各铁路运用的 20800 多辆货车中，各机厂自制的占 62%。其中，唐山机厂制造 12143 辆，占自制货车的 94%；四方工厂制造 429 辆；其他各路机厂虽均有制造，但为数不多。东北铁路工厂制造了各种铁路货车 14293 辆。

1937 年卢沟桥事变后，日本帝国主义发动全面侵华战争。国民政府所属铁路工厂向西南等地撤离，完全丧失了铁路货车的生产能力。为满足军事侵略和经济掠夺的需要，日本帝国主义迅速扩大东北工厂的生产能力，其中铁路货车制造以大连机械制作所和满洲车辆会社为主，货车重要部件已能在东北生产，货车产量每年都在 4000 辆以上。1938 年至 1945 年，东北各工厂共制造各种铁路货车 29690 辆。

1945 年，国民政府交通部公布了 40 吨全钢棚车、40 吨全钢高边车、40 吨全钢高边开底车、40 吨全钢低边车、40 吨全钢平车、货运守车 6 种货车规范书，并制定了战后五年铁路建设规划，设武昌、西安、北平车辆厂 3 处。抗日战争胜利后，国民政府接管了各铁路工厂，仅沈阳车辆制造厂和四方工厂利用原有的材料制造了少量的铁路货车，原设计的货车制造规范和建设规划都没有予以施行。新中国成立前夕，中国共产党领导的解放区铁路工厂已经恢复了铁路货车的生产。1949 年起，大连铁路工厂依照当时运用的敞车，设计制造了铆接结构载重为 30 吨的 C1 型敞车。

在专用货车方面，1895 年，唐山修车厂制造了 5 辆守车，为二轴木制。这是中国铁路工业最早制造的专用货车。1907 年，京奉铁路全线通车后，唐山制造厂参照国外购置的车辆，先后设计制造了少量的水槽车(即罐车)、油槽车、家畜车等专用货车，吨位都比较小，家畜车是木制的。至 1912 年，关内各铁路共有牲畜车 223 辆、杂车（含槽车、守车等）393 辆。牲畜车最多时近 300 辆，杂车最多时 550 多辆，但仅占货车总数的 4%左右，制造很少。东北铁路工厂 1933 年起，开始制造运送鱼类的冷藏车、保温车和运送重油、轻油、石蜡等的槽车等专用货车。至 1943 年 3 月，东北铁路有冷藏车 46 辆、保温车 339 辆、加温车 80 辆、通风车 92 辆、牲畜车 95 辆和水、豆油、重油、轻油、柏油、汽油、硫酸、硝酸等 10 种槽车 373 辆。

在特种货车方面，20 世纪初期，中国铁路刚兴建时，各铁路运用的特种货车数量很少，都是从国外购置的。1912 年，中国国有铁路共有杂车 393 辆。至 1934 年 6 月，平汉、北宁、津浦、京沪、沪杭甬、正太、道清、汴洛、陇海、广九、湘鄂等国有铁路有特种货车 1318 辆。1934 年，东北沙河口铁道工场制造了载重 90 吨六轮转向导车的平车。1936 年后，沙河口铁道工场和东北的车辆工厂先后制造了倾翻车、熔铣车、搬运焦炭电车、矿石秤量车、焦炭消火车、救援起重车、轨道桥梁试验车、万能试验车等特种货车。

第五节　机车与客货车辆的维护与修理

中国铁路机车车辆修理业始于 19 世纪 80 年代。早期因机车购自多国，轨距、车钩与技术标准各异，各铁路自设工厂维修，依赖进口配件，修制互不统属。1924 年，北洋政府颁布首部车辆检修规范，划分检修等级，但因机型庞杂难以统一而难以落实。抗战时期，日占区强制改造车钩标准并推动配件自产；国统区因工厂内迁丧失维修能力，至战争后期可用机车锐减。解放战争中，东北解放区发动“死机复活”活动，通过拼修废弃车辆恢复运力。1949 年军委铁道部成立后，着手建立新的管理制度，实现从殖民化修造体系向自主工业体系的转折。

一、机车修理

中国铁路早期运行的蒸汽机车从多个国家购进，构造各异，有宽轨、准轨的，也有窄轨的，有带水柜的，也有不带水柜的，车钩高低不等，技术标准各不相同，零部件无法互换。因此，蒸汽机车修理工作基本上是以路设局，以局设厂，车不出路，修不出局。各路运行的蒸汽机车由本铁路局所属的铁路工厂负责修理，有时甲路机车驶至乙路，遇有微小修理或更换配件时，因缺乏同样备用的机件，无法及时修理，也要拉回本路工厂。各厂的设备简陋，只限于普通的修理，汽缸、车钩、风轫、气泵、油泵、进水机及钢铁配件，以及火箱锅板、轮箍、弹簧、烟管等钢料，都是从国外购买。清末，各工厂机车修理的标准制度各自确定，路与路之间没有联系，中国铁路的机车无统一标准的修制修程。

中华民国成立后，新路建设渐多，对于各路机厂加以整理扩充，交通部从旧路各厂中择其大者集中管理，调节供应，提倡分工合作，力谋自制配件，车钩、风轫、气泵、进水机等均可自制。1922 年起，中华民国政府主管部门先后组织制定了《国有铁路车辆制造保养检查标准及规则》《国有铁道机车检查规则》等规章制度，将机车检查分为始用检查、行车检查、洗炉检查和定期检查四种。但由于机车种类繁杂，无法制定统一的标准而难以落实。关内的工厂修理规模由大到小依次为唐山、四方、太原、长辛店、戚墅堰、济南、浦镇、石家庄、宝鸡、武昌、江岸、南口、张家口、徐州、闸口机厂等；关外的依次为大连沙河口、皇姑屯、哈尔滨、长春机厂等。

1937 年全民族抗日战争爆发后，南京国民政府组织将各路运用的蒸汽机车随军队撤退，遭到敌机猛烈轰炸，津浦路 110 台机车被炸毁，陇海路 271 台机车全部陷入敌手，有的路机车无法撤退，一律自行破坏。随着国民政府的步步撤退，可运用的蒸汽机车急剧减少，至 1944 年仅有 207 台；从事修理工作的铁路工厂所剩无几，边撤边建的铁路工厂只能维持蒸汽机车的简单修理。

日本帝国主义占领华北铁路后，第一项工作是改低车钩高度，由 107.9 厘米降至 87.6 厘米，以实现与满铁的车钩标准的统一；在东北制定机车配件自给自足的计划，将东北由生产材料供给地变为成品加工地，修理蒸汽机车所需配件大部分已渐能自给。

1944 年末至 1945 年初，国民政府在重庆召开铁道会议，通过的《各铁路修理机厂应如何筹设案》提出“各厂管理及工作采用科学的标准制度，机车每两年进厂大修一次”，“原有铁路机车修理厂暂定设甲种厂 6 所乙种厂 12 所，共 18 所，甲种厂以设在路线主要交叉地点，乙种厂设在主要起讫地点为原则”。

1945 年 1 月，国民政府曾制定战后第一期五年铁路建设计划，包括新建铁路修理工厂。抗日战争胜利后，国民政府接管各铁路和机务设备，当时各机厂大都陷于凌乱状态，机车车辆损坏严重，且有翻弃路旁遭受风雨锈蚀的。华北各路机厂比较完善，华东和华南各路则规模小且简陋，不能担负繁重的修理工作，各区利用联合国善后救济总署所找机器材料和各厂留下的部分设备，先后修复和扩充了皇姑屯、南口、唐山、西北（太原）、石家庄、宝鸡、长辛店、汉口江岸、天津、济南、四方、浦镇、戚墅堰、徐家棚等机厂。在一年多时间里，大修平津、津浦、平汉、京沪、粤汉、陇海、晋冀、湘桂黔、浙赣、川滇、滇越、淮南铁路所用蒸汽机车1434台，中修2474台。1946年6月，国民党政府发动全面内战，解放区军民奋起反击，展开大规模的铁路破袭战，对国民党控制下的铁路实行大破坏，国民政府制定的铁路建设计划（包括机车车辆修理工作）根本无法实施。

国民党政府发动全面内战后，解放区内以哈尔滨为中心的北满、西满、东满5000多公里铁路线由中国共产党领导的东北民主联军接管。当时仅有机车236台，其中能够使用的不到100台，在配件与修理材料奇缺的情况下，大量待修机车成为“死机”。东北解放区铁路机务部门和铁路工厂的职工开展“死机复活”活动，将被遗弃在铁路沿线的“死机”收集起来，拆用部件、配件进行拼装。1946年突击修复遭到破坏的蒸汽机车36台，同年10月、11月命名的“毛泽东号”机车和“朱德号”机车，就是利用破损的米卡伊型304号和1083号机车修复起来的。到1948年底，解放区已拥有全国铁路（不含台湾铁路）60%以上，解放的铁路工厂组织职工抢修蒸汽机车，支援全国的解放战争。

1949年1月10日，中共中央电令成立军委铁道部，确立高度集中的领导体制，研究制定全路统一的规章制度。同年3月24日，军委铁道部以机字第3号令公布机车型式称号，4月1日以机字第11号令予以修正，为全国统一机车型号进行修理工作做了必要的准备。同年4月下旬，在解放军渡江南下时，共产党地下组织发动工人开展护厂护路护车斗争，将机车部件拆卸藏匿起来，使计划撤退的机车不能开行。5月23日至28日，军委铁道部在北平召开的北方厂务会议上研究制定了《北方机车大中修范围暂行办法》，把蒸汽机车按使用天数规定各修程的检修周期改按走行公里规定，大修里程检修标准为客运机车36万公里、货运机车31.5万公里，中修里程检修标准为客运机车12万公里、货运机车10.5万公里，并规定了汽罐部、机械部、车架部及走行部、煤水车、制动装置、电气及配线装置等检修范围。到1949年10月，陆续修复蒸汽机车724台，其中1949年“死机复活”202台，大修278台，中修274台，甲检61台，局修181台，事故修15台，有力支援了全国的解放战争。

二、客车修理

中国铁路工业客车修理始于19世纪80年代后期。1888年，天津至唐山的津唐铁路通车后，津唐路及以后延伸铁路运行的客车由唐山修车厂负责检修。20世纪初期，一批铁路开始在中国兴建，陆续通车后的客车维护修理由各铁路所属的铁路工厂负责。运行的客车部件分别从多个国家购进，没有统一的修理规则和技术标准。1913年，唐山制造厂对修理客车进行改造，将无座椅的三等客车加装座椅、行李架、厕所，对其他客车加装照明、采暖和制动装置。1914年，在客车车轴上加装传动式发电机。1924年11月，北洋政府交通部颁布《国有铁路车辆制造保养检查标准及规则》，将客车检修分为大、小修理两种修程，客车大修由铁路工厂施行。1930年7月，北宁线车机两处改组会议通过车辆修理细则，明确客车使用2年之后须送厂大修。据1930年统计，各铁路工厂全年修理客车为唐山工厂403辆、皇姑屯机厂145辆、长辛店机厂222辆、南口机厂147辆、济南机厂113辆、浦镇机厂187辆、四方工厂298辆、吴淞机厂289辆、闸口机厂208辆。1935年，北宁铁路局规范客车修程，把入厂修理的客车分为普修、轻修、专修、重修和改造。其他路局也制定了一些规则。东北地区的沙河口铁道工场、奉天铁道工场、新京铁道工场、牡丹江铁道工场、哈尔滨铁道工场、齐齐哈尔铁道工场等也从事客车修理工作，规模最大为沙河口铁道工场，1911年至1937年共修理客车9082辆。

1937年卢沟桥事变后，日本帝国主义先后侵占中国的华北、华东和华中地区，接管原有的铁路工厂，恢复客车修理工作。首先改变客车车钩高度，由107.9厘米降至87.6厘米，与东北的车辆统一联挂。把客车修程划分为大修、小修和重造。修理客车既有电灯也有油灯，既有暖气也有煤炉，车窗全用黑布以防夜间光线外泄。在东北地区扩充设备，增强修理能力，客车修理所需部件在东北地区已能制造。而国民政府利用撤离工厂的设备临时组建的几个铁路工厂只能进行简单的客车维修，客车损坏严重，至1944年12月，国民政府管辖铁路运行的客车仅有847辆，其中损坏的占68%。

1945年抗日战争胜利后，国民政府交通部组织接管了各铁路工厂，将客车修程规定为大修、中修、其他三种。客车修理仍由各路负责。各路组织将损坏的客车尽量予以修复，恢复运输。1945年9月至1947年12月，各路共大修客车3429辆（次）、中修2205辆（次）。

抗日战争胜利后，中国共产党领导创建的东北解放区有长达5000公里的铁路，客车仅有551辆，能够使用的只有100多辆。各铁路工厂开展群众性的配件收集活动、“死车复活”活动，与铁路部门一起把遗弃在铁路沿线的“死车”收集起来，拆用部件、配件进行拼装，迅速恢复了一批客车。随着解放战争的深入发展，已解放的铁路工厂职工积极参加客车修理活动，支援全国的解放战争。1949年5月，军委铁道部召开的北方厂务会议研究确定了机客货车大中修工作范围暂行办法、机客货车每月出厂辆数、机客货车大中修在厂日数、预制机客货车配件暂行办法、统一机客货车入出厂手续等工作事项，恢复正常的生产秩序。1949年1月至9月，已解放的26个铁路工厂共修造客车1546辆，其中“死车”复活255辆，一般修理810辆，局部修理241辆，事故修理35辆，改造53辆，重造5辆，新造41辆，其他甲、乙、丙检修22辆。

三、货车修理

中国铁路工业货车修理始于19世纪80年代初期。1881年，中国第一条铁路——唐胥铁路及随后延伸的津唐铁路通车后，运行的货车由唐山修车厂负责检修。这些货车主要是5吨、10吨的运煤车。20世纪初期，一批铁路开始在中国兴建，陆续通车后的货车维护修理由各铁路所属的铁路工厂负责。当时各路货车种类繁多，标准各异，修理工作杂乱无章。货车多为30吨以下的木制车，维修材料十之八九依赖从国外购买。1924年11月，北洋政府交通部颁布《国有铁路车辆制造保养检查标准及规则》，将货车检修分为大、小修理两种修程。1929年，国民政府铁道部公布《客货车验车规则》，将货车验车分为甲种定期验车、乙种定期验车、普通验车及临时验车4种，其中，甲种定期验车对车辆进行较全面的检查修理，由铁路机厂施行，货车及特种车满2年须入厂检验一次。此后，修理货车的材料渐次在国内制造。据1930年统计，各铁路工厂全年修理货车数量分别为唐山工厂3045辆、皇姑屯机厂1077辆、长辛店机厂478辆、南口机厂463辆、济南机厂387辆、浦镇机厂386辆、四方工厂1343辆、吴淞机厂1092辆、闸口机厂332辆。据1935年调查，全国各路共有货车13236辆、56种。车辆大小式样渐趋一致，各铁路局相继制定了一些规则和标准。东北地区的沙河口、哈尔滨、奉天、新京、齐齐哈尔等铁道工场也从事货车修理工作，其中规模最大的是沙河口铁道工场，1907年至1937年共修理货车67835辆。

1937年卢沟桥事变后，日本帝国主义先后侵占中国的华北、华东和华中地区，占领原国民政府铁道部所属的铁路工厂，添置部分设备，恢复货车修理工作。在东北地区，日军扩充设备，新建铁路工厂，增强修理能力，使得货车修理所需部件已能全部在东北地区制造。日军改变货车车钩高度，将 107.9 厘米高钩改为 87.6 厘米低钩，便于与东北地区的车辆统一联挂。国民政府维持的铁路仍用高钩，利用搬离工厂设备临时组建的几个铁路工厂只能维持简单的货车修理，配件只能现拆现配。至 1944 年秋，仅有一个工厂可进行修理。随着战争的推进，国民政府管辖铁路运行的货车逐年减少。至 1944 年 12 月，货车已从 1937 年 5 月的 17294 辆减少到 4873 辆，其中损坏的占 63%。

1945 年抗日战争胜利后，国民政府交通部组织接管了各铁路工厂，并组织各路工厂将损坏的货车尽量予以修复。至 1946 年 3 月，全国各路已有各种货车 26133 辆，其中损坏的占 31%。两年时间内，大修货车 14813 辆、中修 12803 辆，除新添的 3567 辆货车外，原有货车大部分都进行了修理。

抗日战争胜利后，中国共产党领导创建的东北解放区铁路线路恢复后，急需机车车辆。在长达5000公里的铁路线上，其有各类货车8708辆，其中能够使用的不足 3800 辆。在配件与修理材料奇缺的情况下，大量维修车辆成为“死车”。铁路各级党组织发动工人群众，开展群众性的配件收集活动、“死车复活”活动，通过拆卸可用部件、配件进行拼装，迅速恢复了一批货车，有力支援了东北的解放战争。1949 年 5 月，军委铁道部召开北方厂务会议，研究确定了货车大中修工作范围暂行办法，包括每月出厂辆数、大中修在厂日数、预制配件暂行办法、统一货车入出厂手续、货车检修材料标准使用等工作事项。该办法在已解放的唐山、长辛店等铁路工厂施行，为建立全国统一的货车修理制度进行准备。1949 年 1 月至 9 月，已解放的 26 个铁路工厂共修造货车 6752 辆，其中“死车”复活 1685 辆，一般修理 2005 辆，局部修理 2042 辆，事故修理 206 辆，改造 104 辆，重造 29 辆，新造 242 辆，其他甲、乙、丙类检修 331 辆。

19 世纪 80 年代初，中国铁路机车车辆工业开始生产，唐山修车厂曾组装生产了第一辆运煤敞车、第一台蒸汽机车和第一辆木制客车，但主要还是从事机车车辆修理。20 世纪初期，中国早期机车车辆工业初步形成后，主要从事修理工作，小批量的机客货车制造也是属于组装性质的，主要零部件都是外国的产品。蒸汽机车牵引力比较小，客车货车是木质的，货车大都是 30 吨以下的。至 1937 年，关内铁路工厂组装制造蒸汽机车 82 台、客车 1652 辆、货车 12800 辆；日本侵占的东北铁路工厂制造蒸汽机车 237 台、客车 656 辆、货车 14293 辆。日本帝国主义发动卢沟桥事变后，国民政府组织铁路工厂南迁和西迁，导致工厂完全丧失了制造修理能力。日本侵占的铁路工厂曾制造修理了大批机车车辆。1945 年日本投降后，国民政府组织接管各铁路工厂，恢复生产，曾修理了部分机客货车，仅利用留存的部件组装了几台蒸汽机车，仍然没有新造的能力。

第六节　生产组织与管理的发展变化

中国铁路机车车辆工业自 19 世纪 80 年代初期起步，经历了从无到有、从弱到强的发展历程。在这个过程中，生产组织和管理体制也经历了多次重大变革，这些变革不仅反映了中国铁路工业的发展脉络，也体现了中国社会从封建社会、半殖民地半封建社会向社会主义社会的深刻转变。

1881 年，胥各庄修车厂组装生产了中国第一辆运煤敞车、第一台蒸汽机车，但其主要工作还是集中在机车车辆的修理上。这一时期，中国早期铁路工厂的管理权大多被外国人掌管，管理体制混乱，各路自定章程，互不统属。清政府没有统一的管理机构，各铁路工厂依附于所在铁路，官办、官督商办、官商合办、外国承办、民办（商办）多种形式并存。使用货币不统一，有英镑、法郎、卢布、马克、日本军票，也有国内的银元、钞票等；使用文字不统一，多用帝国主义列强国家的文字；管理组织不同，技术标准不同，度量衡制度不同，会计管理制度各异。

19 世纪末 20 世纪初诞生的一批中车早期工厂，大都是帝国主义列强利用与清政府签订的不平等条约，或由外国资本直接投资，或由清政府以苛刻的条件借款等方式兴建的。这些工厂分别隶属于不同的帝国主义国家，例如哈尔滨铁路工厂由俄国管辖，长辛店机厂由比利时主导的京汉铁路公司管辖，大连铁路工厂由俄国（后由日本）管辖，四方工厂、天津机厂由德国管辖，江岸机厂、石家庄总机厂由法国管辖，吴淞机厂、浦镇机厂、济南机厂由英国管辖。帝国主义列强对这些企业实行的是殖民统治，工厂管理机构负责人全部由外国人担任，企业财务结算使用的是外币，文字使用的是外文，企业的一切活动都由外国人做主，企业获得的利润全部被外国人掠夺。

在中国人自己经营的铁路工厂中，随着铁路体制逐步完善，在铁路工厂中实行监工制。1920 年 6 月 25 日，沪杭铁路局呈复递送的《工厂规则》中，对监工和工头作出过具体规定。监工制为反动的官僚资本主义经营管理工厂的一种制度，是由厂长、副厂长、工程师、系科长、分厂长、工务员、监工一直到领班组成的多层管理制。大多数监工为了讨得统治者欢喜和器重，对待工人采取的管理方法和手段是相当黑暗恶劣的，凭其个人好恶随意打击、开除和威胁工人，利用朋友组织派别帮会，互相排挤挑拨制造是非，破坏工人之间的团结；强迫工人为其家庭服务，榨取工人的额外劳动力；进行特务活动、随意陷害工人、破坏工人运动等恶劣行为。

1912 年，中华民国成立后，邮传部改为交通部。京汉铁路和所属工厂规定一切公文中文外文并行，各路纷纷仿效。袁世凯篡夺大总统位置后，继续执行清政府的干线铁路国有和以路权抵借外债政策，取缔商办铁路，将路权收归国有，大肆拍卖路权，与帝国主义国家签订了大量借款合同。依附于各铁路的机厂经营权、管理权仍然由帝国主义列强掌控。随着新铁路的修建，又先后修建了铜山、洛阳、长春、闸口、徐家棚、皇姑屯等机厂，原有铁路机厂的规模也有所扩大。北洋政府统治期间，也曾颁布了一些规章制度，对铁路工厂逐步形成监工制的管理体制，还有公文程式、会计章程、工厂规则、办事通则、薪金等级制度、请假制度、奖惩制度等等，但由于军阀割据、连年混战，许多制度得不到执行，各铁路工厂的管理也处于混乱状态。

1928 年 11 月，南京国民政府铁道部成立后，首任部长孙科提出以“管理统一”“会计独立”两大原则为铁道施行方针，进行工程整理、机务整理、财务整理和改进业务等工作，组织制订了一些规程规则，受限于地方势力和财政拮据，改革仅在部分线路落实。1931 年 4 月至 6 月，铁道部组成京沪、沪杭甬、北宁、津浦、胶济、陇海等路机厂厂长、技术管理人员参加的日本铁道机厂考察团，考察了日本和国内各机厂，提出一些措施，增进各路机厂的管理和工作效率，改善设备。这些规程和措施实行不久，日本帝国主义发动九一八事变，侵占了中国东北，东北地区的各铁路工厂先后被日本侵略者占领，考察成果因战争爆发未能有效落实。继而，日本帝国主义继续向中国内地进犯，1932 年爆发“一·二八”淞沪抗战，吴淞机厂、闸口机厂被敌机轰炸，遭到严重破坏。

1931 年九一八事变后，东北地区的铁路工厂全部被日本帝国主义占领。1937 年卢沟桥事变后，华北、华东和华南的大部分铁路工厂实行的是殖民统治。日本在侵占中国华北、华东地区的过程中，以“满铁”的名义接管各铁路机厂，先后设立华北交通株式会社和华中铁道株式会社，管辖各铁路机厂。日本帝国主义从东北等地运来机器设备，恢复原有工厂的生产。在东北地区，日本帝国主义修建满洲车辆株式会社和牡丹江工厂，制定第二次发展铁道工场十年计划，拟建立吉林、通化、苏家屯、灵山、安东（今辽宁省丹东市）、锦县（今辽宁省锦州市）、佳木斯 7 个铁道工场并已着手实施。制定了东北地区铁路所需机车车辆在东北当地生产的计划，到20世纪40年代初期，部分蒸汽机车零部件已能在东北的沈阳、鞍山、大连、锦州、长春等地生产。无论在东北还是关内各铁路机厂，日本帝国主义都实行着残酷的殖民主义统治。在生产机车车辆的同时，这些工厂还被强制大量生产装甲车、装甲运输车、军刀等军用物资，用于屠杀中国军民。

随着日本帝国主义对华侵略的逐步加深，国民政府军队持续溃退，导致可供使用的蒸汽机车急剧减少。至1944年，全国可运用的蒸汽机车不足300台，从事修理工作的铁路工厂所剩无几，边撤边建的铁路工厂只能维持简单的机车车辆修理工作。1944年5月，国民政府交通部在桂林将黔中、柳江、全州、桂林、苏桥、麻尾6个机厂合并为粤汉、湘桂、黔桂三路总机厂，以期集中力量从事战争生产。总机厂刚刚成立不久，日军发动豫湘桂战役，各机厂又尽速拆除撤退，因输送困难，除黔中机厂外，其他各厂机器和器材均被破坏，损失无遗。1945年5—6月，反法西斯战争胜利前夕，在国民政府军队和盟军的联合空袭行动中，西北（太原）机厂、石家庄机厂、济南机厂遭到轰炸。日本投降前夕，日军放火烧毁了牡丹江铁道工厂，其他铁路工厂也是设备长年失修、机器超负荷运转，饱受战争摧残的中国铁路机车车辆工业已是遍体鳞伤。

1945年8月15日，日本政府宣布投降。远在西南地区的国民政府交通部陆续派员接管了关内沦陷区的铁路工厂，苏联红军暂时接管了东北铁路工厂，撤离时部分铁路工厂也由国民政府交通部接管。国民政府交通部拟定了战后第一期铁路建设五年计划，内容包括新建机车厂2处，设在株洲及西安；车辆厂3处，原计划设在武昌、西安及北平，后改为株洲、武昌、西安3厂，并开始筹建工作。利用各厂留下的部分设备、联合国善后救济总署所拨机器材料和日本赔偿的部分物资，对原铁路机厂进行了修复和扩充。在一年多时间里，大修天津、津浦、平汉、京汉、粤汉、陇海、晋冀、湘桂黔、浙赣、川滇、滇越、淮南铁路所用蒸汽机车1436台、中修2474余台，大修客车3429辆（次）、中修2205辆（次），大修货车14813辆、中修21803辆。1946年，国民党政府在美国的支持下，抢占铁路干线，运送军队与军用物资，向解放区发动了全面战争，各铁路工厂再次陷入内战的浩劫之中。

抗日战争胜利后，中国共产党组织八路军、新四军挺进东北，建立了东北人民民主根据地。1946年，东北民主联军先后解放了齐齐哈尔、哈尔滨、牡丹江三座城市，3个铁路工厂归属中国共产党领导的东北铁路总局管理。在东北解放区以哈尔滨为中心的北满、西满、东满长达五千多公里的铁路线上，仅有机车236台，其中能够正常使用的不到100台。在配件与修理材料奇缺的情况下，大量待修机车成为“死机”。东北铁路总局组织将三棵树工厂的设备分迁，重建牡丹江工厂，东北解放区的铁路工厂与机务部门的职工共同开展“死机复活”活动。他们将被遗弃在铁路沿线的“死机”收集起来，拆下部件、配件进行拼装。1946年，职工们突击修复了36台遭到破坏的蒸汽机车。

1947年11月，石家庄市解放，石家庄铁路工厂归属石家庄铁路局管理。随着解放战争的发展，其他铁路工厂陆续获得解放。这些工厂除在分配制度上采取供给制或半供给制外，还采取了不打乱原有企业的办法，保留原有企业机构和一些旧的管理制度，使生产不间断，以配合解放战争。

1946年，中国共产党领导的东北民主联军解放齐齐哈尔、哈尔滨、牡丹江三座城市后，其所属铁路工厂由东北铁路总局接管。为适应战时需要，东北铁路总局开始逐步废除监工制，并试点以民主管理结合半供给制的过渡体制，至1948年东北全境解放后监工制被彻底废除。1949年4月，东北铁路（包括工厂、车站、机务、电务各段）试验推行管理委员会和职工代表会。5 月 23 日至 28 日，军委铁道部在北平召开北方厂务会议，决定改革工厂管理制度，建立工厂负责制。大会通过了《取消监工制决定草案》，草案指出，今天工人阶级已经得到解放，成为国家企业的主人，过去国民党反动派统治阶级所遗留下来的监工制度已经不适合于人民企业的管理方针和广大工人群众的要求，必须立即废除。

会议决定在唐山、长辛店两个铁路工厂取消监工制度，建立民主管理制度，成立管理委员会。1949 年 6 月 27 日至 7 月 10 日，在北平召开的全国厂务会议上，中央军委铁道部机务局局长马钧作总结报告，指出负责制和监工制是两种不同社会制度的两种不同管理铁路的方法，并建议进一步扩大废除监工制的实施范围。会后，在已解放的铁路工厂内普遍废除了监工制。

1949 年 1 月 10 日，中共中央军委电令成立中国人民革命军事委员会铁道部，统一全国各解放区铁路的修建、管理和运输。军委铁道部成立后，在组织铁路抢修和运输工作的同时，着手建立新的管理制度。同年 4 月 27 日，军委铁道部公布机构设置，设机务局负责铁路工厂工作。5 月 23 日至 28 日，军委铁道部在北平召开北方厂务会议，会议决定改革工厂管理制度，建立工厂负责制，包括机客货车包修包检负责制、机械包管包用包检修负责制、生产成品负责制、工具包管包用负责制、材料管理使用购置检查负责制等。会议还研究了组织生产竞赛提高生产效率的办法，统一铁路工厂组织系统及名称，统一人事职称，取消监工制度，成立管理委员会，研究设备、材料管理，研究预决算制度实施办法，建立成本会计制度，简化统一各种表格内容及格式等。6 月 27 日至 7 月 10 日，军委铁道部召开全国厂务会议，进一步研究铁路工业建立新的管理制度。7 月 25 日，军委铁道部决定新设厂务局，负责铁路工厂的管理。

这一系列重大举措，为新中国铁路机车车辆工业体系的健全完善和发展做了必要的准备。在组织已解放的铁路工厂建立健全规章制度、动员职工抢修机车车辆的同时，对尚未解放的工厂通过地下党组织开展护厂斗争，确保工厂完整地回归人民手中。至1949年末，全国有三十多个铁路工厂获得解放。1949年，已解放的铁路工厂共修理蒸汽机车724台，其中“死机”复活202台，大修278台，中修274台，甲检61台，局部修理181台，事故修理15台；修造客车1546辆，其中“死车”复活255辆，一般修理810辆，局部修理241辆，事故修理35辆，改造53辆，重造5辆，新造41辆，其他甲、乙、丙类检修22辆；修造货车6752辆，其中“死车”复活1685辆，一般修理2005辆，局部修理2042辆，事故修理206辆，改造104辆，重造29辆，新造242辆，其他甲、乙、丙类检修331辆。皇姑屯工厂、四方铁路工厂、唐山铁路工厂的工人还利用工厂原有的部分零部件，组装出7台蒸汽机车，分别命名为“北平号”“华东号”“中苏友好号”等。这些中车机车车辆工厂的工作成绩，有力地支援了全国的解放战争。

第四章

中车工运在革命洪流中风起云涌

“十月革命”一声炮响，为中国送来了马克思主义。全国各地纷纷成立共产党早期组织，探索救亡图存之道。1921 年，中国共产党成立。早期铁路工人具有革命斗争性强、传播信息速度快、社会影响力大、纪律严明便于组织等特点，所以一批具有早期共产主义思想的先进知识分子就将铁路工人队伍作为最早宣传马克思主义的对象。许多追求思想进步的铁路工人迅速加入党组织，中车早期工厂也成为了早期党组织传播马列主义、播撒革命火种、领导工人运动的重要阵地。这里诞生了众多早期工厂所在地的党组织、工会组织和青年团组织。中车早期工厂的广大工人群众在中国共产党的领导下，走上革命舞台，投身革命洪流，开展了轰轰烈烈的革命斗争，凝聚起了中车红色基因深厚的历史底蕴。

第一节　中车初燃革命火种

早在 1905 年 10 月，中东铁路线上的哈尔滨临时总工厂中的俄国工人就成立了布尔什维克组织“俄国社会民主工党哈尔滨工人团”。尽管这只是一个俄国工人的组织，但从历史记录看，该组织成立后，哈尔滨临时总工厂的工人斗争变得频繁起来，在中车早期工厂中独树一帜。1907 年 5 月 1 日，哈尔滨机械总工厂（原哈尔滨临时总工厂）的中俄工人进行了罢工，与中东铁路及哈尔滨各界工人一万余人在松花江北岸集会，纪念

"五一"国际劳动节，这是中车革命火种的初燃。

俄国十月革命胜利后，以李大钊等人为代表的一批先进知识分子开始在中国这片亟须救国良方的大地上传播马克思主义。1918 年，李大钊先后发表了《法俄革命之比较观》《庶民的胜利》《布尔什维主义的胜利》等文章，赞扬俄国十月革命的胜利具有重大的历史意义，标志着马克思主义理论指导下的社会主义革命首先在一个国家取得了胜利，这就给中国的无产阶级带来了希望。正如邓中夏在其书中所言："特别是俄国十月无产阶级大革命的胜利，更使得中国工人受到深刻的影响和强烈的鼓舞。就在这种情形之下，中国职工运动开始它的黎明期了。"

纵观整个工人运动史，中车早期工厂工人能够成为中国最早一批受到马克思主义影响的工人队伍，与他们自身所具有的特点是分不开的。

铁路工人基础好、组织规模大、战斗性强，铁路系统成为中国共产党最早开展工人阶级革命活动的领域。由于中车早期工厂工人同样具有革命斗争性强、传播信息速度快、社会影响力大、纪律严明便于组织等特点，一批具有早期共产主义思想的先进知识分子就将包括中车早期工厂工人在内的铁路工人队伍作为最早宣传马克思主义的对象。

1918 年，蔡元培等人与京汉铁路局商量后决定在长辛店机厂设立"高等法文专修馆长辛店分馆工业科"，旨在使学员通过与铁路工人的近距离接触，一方面向工人学习技术，完成学业；另一方面取得工人对知识分子的好感，从而教授工人文化知识，并提高工人的思想觉悟。

1919 年 3 月，毛泽东到长辛店向铁路工人和学员介绍俄国十月革命的情况，并号召"中国工人也应该团结起来，结成团体，向资产阶级开展斗争，达到增加工资、减少工时、改善待遇，最后打倒压迫者的目的"。①

① 中国铁路史编辑研究中心、全国铁路总工会工运理论政策研究室：《三七革命斗争史》，当代中国出版社 1993 年版，第 102—103 页。

与此同时，北京大学的学生邓中夏、罗章龙等人也在北大成立了平民教育讲演团，经常到长辛店给铁路工人讲时事政治，深受长辛店铁路工人的欢迎。

图 36：罗章龙

1919 年，随着五四运动的爆发，中国的工人阶级作为一支独立而又强大的力量登上了历史舞台。为声援这次反帝爱国运动，许多中车早期工厂的工人举行罢工或游行示威。唐山制造厂工人组织职工同人会在“五七国耻纪念日”举行示威运动，参与者三千余人，该厂技工邓培与邓中夏密切合作推动唐山制造厂工人运动。吴淞机厂工人在 6 月 7 日首先罢工；长辛店机厂、浦镇机厂的工人也纷纷游行示威，有的还组织了“救国十人团”。这是包括中车早期工厂工人在内的铁路工人第一次以政治罢工的形工，参与全国人民的反帝斗争，促使斗争迅速取得胜利。

由于俄国十月革命的影响，五四运动中的左翼——革命知识分子，具有了初步的共产主义思想。这一批先进的知识分子进一步见识到了工人阶级的力量，但同时也意识到这支队伍需要先进的理论思想作为指导，因而他们决心到工人阶级队伍中去，用马克思主义武装工人阶级，使其斗争由自发阶段上升到自觉阶段。他们在工人中间进行了革命工作，组成了各地共产党早期组织。他们最早的工作对象，主要就是长辛店机厂和唐山制造厂的工人群众。正如李立三所言：“在五四运动以前几乎没有认识群众力量，到了五四运动以后，一般进步青年，便受了这个浪潮的冲击，认识国民革命前途，必须唤起广大的群众来参加，尤其是工人群众。”毛泽东同志早在 1918 年冬和 1919 年春两次来到长辛店机厂，了解工厂和工人的生产和生活状况，同时探望了当时在该厂设立的留法补习学校的湖南同学。

1920 年发表在《北京大学日刊》上的《平民教育讲演团启事》一文说道：“我们从前说长辛店各工厂的工人很期望我们去讲演，所以我们就规定隔一个星期派人去讲演一次。”正是在这种情况下，知识分子开始与铁路工人相结合，并在此过程中，不断启发铁路工人的思想觉悟，为后来的京汉铁路工人大罢工奠定了思想基础。

总体而言，此时的中车早期工厂的工人运动虽然还处于自发性斗争阶段，开展斗争的目的也仅是为了经济权利，还没有形成阶级斗争意识以争取政治权利。但马克思主义在中车早期工厂工人队伍中的传播，让许多铁路工人的思想觉悟得到了极大提升，并逐步在自发性斗争中开始觉醒。

由于“铁路为现代化大产业，四通八达，朝发夕至，对于联合组织和教育工人的工作，更具优越条件”，加上“京汉铁路长辛店机厂在当时是产业工人比较集中的地方，又因为得天独厚的地理条件和历史的联系，所以是进步思想传播的理想之地”。因此，以邓中夏为代表的一批先进知识分子们选择继续以长辛店为基地，创办劳动补习学校，在铁路工人队伍中宣传马克思主义。据罗章龙回忆，补习学校所使用的教学资料“内容取材于《共产党》月刊、《工人周刊》《向导》《苦力》《劳动界》及《国际通讯》英、德、法文版本的资料等”。① 同时采取了循序渐进的授课方式：先教工人识字，再由字义引申出道理，在讲道理的过程中插入一些工人感兴趣的典故，从而使得工人明白为什么要开展工人运动。等工人们有了一些阶级斗争的意识后，再逐步向其灌输马克思主义的理论思想，并介绍国外工人斗争的经验和方法，鼓励工人表达自己的思想和诉求，从而使其由被动参与经济斗争变为主动要求政治斗争。

---

① 中国革命博物馆：《北方地区工人运动资料选编（1921—1923）》，北京出版社 1981 年版，16—17 页。

图 37：长辛店劳动补习学校旧址

与此同时，受五四运动和俄国十月革命的影响，各地的先进知识分子纷纷成立共产党早期组织，并创办各类报刊、工人夜校等向工人阶级传播马克思主义，以提高工人阶级的思想觉悟。在北京共产主义党早期组织的影响下，长辛店的铁路工人开始要求成立铁路工会。1921 年 5 月，“长辛店铁路工人工会”（当时称为“长辛店工人俱乐部”）正式成立，并拟定了《京汉铁路长辛店铁路工人会简章草案》，这个工会组织“取代了旧式行会、帮口的组织，比起上海机器工会又向前迈进了一步”①。它的成立标志着马克思主义指导下第一个铁路线上的现代工会正式诞生，并产生了巨大的影响。随后，中国共产党北京党部创办的《工人周刊》对其进行了详细报道与宣传，进一步扩大了其影响。邓中夏曾这样说道：“长辛店工人俱乐部

① 孙茂生、王建初：《中国工人运动史》，辽宁人民出版社 1987 年版，第 62 页。

所开展的活动经过《工人周刊》的宣传，使得北方各铁路工人知道长辛店有个俱乐部，大家不觉油然而生羡慕之心；在当时工人们仿佛觉得长辛店是工人的‘天国’，于是各处纷纷派代表前来长辛店参观。……因此，北方各铁路开始都有了工会组织的萌芽。”而各处工人俱乐部的成立，为后来轰轰烈烈的陇海铁路工人大罢工、京汉铁路工人大罢工、正太铁路工人大罢工等大规模的罢工运动奠定了组织基础。对于长辛店铁路工人运动在中国工人运动史中的地位，毛泽东还曾在1956年听取铁道部长滕代远汇报工作时给予了高度评价，他说：“中国工人运动还是从长辛店铁路工厂开始的。”①

图38：京汉铁路长辛店工人俱乐部旧址

1921年7月，中国共产党正式成立。为了更好地领导工人运动，中国共产党于8月11日在上海成立了一个专门组织开展工人运动的机关——

① 乔东：《1956年毛泽东在听取铁道部长汇报工作时，为何说了这样一句话?》，《北京日报》2020年7月23日。

中国劳动组合书记部，并创办了机关刊物《劳动周刊》。此后，在这个组织机关及其创办的刊物的影响下，各地的工人夜校、工会组织如雨后春笋般涌现出来。1922 年 6 月 18 日，在王尽美、王荷波、李广义等领导下，山东省第一个产业工会——津浦铁路济南大槐树机厂成立。《山东劳动周刊》创刊号上刊发了题为“大槐树机厂工会成立”的消息和祝词。1922 年秋，党派张昆弟到正太铁路石家庄总机厂指导工人运动。不久，正太铁路总工会在石家庄成立，并在石家庄、阳泉、太原设立三个分会。随着各地工会组织的成立，中车早期工厂的工人群众也积极踊跃地加入工会参与罢工斗争，从而为中国工人运动掀起第一次罢工高潮做了组织上的准备。其中，陇海线的铁路工人就因受到《劳动周刊》和《工人周刊》等刊物的影响，思想觉悟有了很大提高，从而爆发了陇海铁路工人大罢工，并取得了胜利。时任中共中央局书记的陈独秀去信祝贺道：“陇海罢工，捷报先传，横亘中州，震动畿辅，远及南方，这是我党初显身手之重大事件。”

陇海铁路工人大罢工的胜利消息，进一步鼓舞了中车早期工厂工人开展罢工运动的信心。1922 年开始，随着各地铁路工会的不断兴起和壮大，全国兴起了铁路工人罢工潮，如京汉线上的长辛店铁路工人罢工、京奉线上的山海关机械厂和唐山制造厂工人罢工、粤汉线上的长武段铁路工人罢工、京绥线上的车务工人罢工、正太线上的石家庄总机厂工人罢工、津浦线上的浦镇机厂工人罢工等。其中规模最大、影响最深、伤亡最大的就是 1923 年的京汉铁路工人大罢工。此次罢工被誉为中国共产党领导下的第一次工人运动高潮的顶点。虽然此次铁路工人大罢工最后以震惊中外的“二七惨案”宣告失败，但其所产生的影响和教育意义却是深远的。对此，当时的《工人周刊》曾刊文进行了报道：“这次京汉铁路为争人格和自由宣布总罢工，辛店工友，个个本奋斗的精神，一致行动。可恨的万恶军阀，用武力横加摧残。惨杀，拘捕……使他们不得不暂时忍痛上工。表面上虽似完全失败，其实他们内部组织更猛进；近更设临时办事处于天津，照常进行。”关于这一点，学者陈达在1926年所写的长文《近八年来国内罢工的分析》中也曾提及，他说：“京汉铁路罢工，长沙华实公司罢工……他们的结果表面上是失败的，但是他们的间接影响也是很大的，因为从此类罢工之后，各地的劳工团体加多，工人们愈有团结力并和资本阶级或军阀斗争的精神。”此次罢工是马克思主义与中国工人运动相结合的产物，预示着中国革命从此将在马克思主义的指导下开启新的局面。对此，邓中夏说：“这个罢工显然为中国职工运动开了一个新的阶段——从改良生活的经济斗争转变到争取自由的政治斗争的阶段。”

此后，铁路工人运动在第一次国内革命战争时期、土地革命战争时期、抗日战争时期以及解放战争时期均发挥了不可替代的作用，为中国新民主主义革命的胜利立下了汗马功劳。这一点，列宁早在1922年接见中国代表团时就曾富有远见地说过：“铁路工人运动是很重要的。在俄国革命中，铁路工人起过重大的作用。在未来的中国革命中，他们也一定会起到同样的或者更大的作用。”①

第二节　反抗斗争自发开展

在五四运动和中国共产党成立以前，中车早期工厂的广大进步工人就与帝国主义、封建势力和资产阶级进行了英勇的斗争。不过那时中国无产阶级在政治上还没有成为独立的力量，还没有本阶级先锋队的领导，所以中车早期工厂进步工人的斗争是属于自发性的，是从反对直接压迫他们的

① 王雅珊、苏峰：《邓培——中国铁路工人运动的杰出领袖》，转引自中共北京市委党史研究室、北京市地方志编纂委员会办公室：《红楼风云人物》，北京人民出版社2021年版，第171—177页。

工头和监工们开始的。在为自身争取权利的过程中，他们表现出了反对帝国主义的侵略压迫和反对国内反动派的丧权卖国的爱国主义精神。

1891年4月，唐山修车厂一百多名工人就曾经团结起来反抗外国技师伯恩的欺压和迫害，吓得路矿两处的外籍人员集体逃往天津，以躲避工人斗争的锋芒。当时，李鸿章竟派兵逮捕为首的工人，并押送到天津，风潮被镇压下去了。

浦镇机厂工人为了反抗英籍总监工的虐待和剥削，曾经于1910年、1914年和1920年，先后三次罢工，驱逐了压迫工人的三个总监工，取得了胜利。1910年3月，浦镇机厂工人在李永福、张起凤、买雨田等领导下，与洋总管开展斗争，反对开除工人、降低工资，成功赶走外国总监工郝尔。这是浦镇机厂建厂后举行的第一次罢工。1914年8月，英籍总监工巴拉酗酒成性，经常打骂工人，无故打伤工人吕占先。在李永福组织下，给巴拉戴“粪帽子”，大出其洋相，迫使厂长奥斯登辞退了巴拉。1920年5月，浦镇机厂工人在王荷波、李永福、买雨田等领导下，为反对英籍总监工布拉克拆掉厕所及施行残酷的惩罚制度，举行罢工，为期3天，取得胜利。厂方重建厕所，取消罚款制度，监工布拉克走遍全厂向工人道歉。

在东北地区，中东铁路的中车早期工厂工人因俄币卢布贬值，生活不能维持，于1917年7月、1918年1月、1919年6月，三次要求增加工资，举行罢工，获得了部分胜利。满铁沙河口铁道工场的中国工人也因日元贬值，生活困难，要求增加工资，于1918年10月7日起罢工7日，最终罢工成功，中国工人的工资普遍增长。该路沿线的中国工人，在1918年至1920年间，为增加工资举行过多次罢工。虽然有的工人被迫复工，有的被解雇了，有的只增加了一部分工资，但工人们反抗压迫的火种一经点燃就再未熄灭。

1903年至1921年，哈尔滨机械总工厂的工人为了改善生活条件、争取民主自由和提高工资，多次与俄国及铁路当局进行斗争。他们通过罢工、烧毁工厂、与军警冲突等方式，表达了强烈的反抗意愿，特别是在“五一”国际劳动节期间，工人们会举行集会庆祝并表达诉求。这些斗争不仅涉及中国工人，还包括与俄国工人的联合行动。在一些关键时刻（如支援苏俄东方战线红军等）工人的罢工行动甚至导致了中东铁路的瘫痪。通过这些斗争，工人们取得了一定的胜利，如迫使铁路当局接受条件、解雇不称职的管理人员等。

在南方地区，同样因为物价日益高涨，生活更为困难，工人们纷纷起来罢工，要求增加工资。1920 年，吴淞机厂工人要求增加工资，并不顾英籍厂长的威胁，举行罢工，最终取得了胜利。

在为自身争取权益的同时，中车早期工厂的工人受到了俄国十月革命和五四运动的深刻影响，具有了初步的共产主义思想，并积极参加到革命斗争当中。

为声援五四运动，1919 年 6 月初，沪宁铁路上的吴淞机厂工人首先罢工，组成“十人团”，进行捐款，支援收回青岛和胶济铁路的运动，并派代表到沪宁路局交涉，还拍电报到北京要求北洋军阀政府表明态度。罢工坚持了 7 天，直到北洋政府被迫下令罢免卖国贼曹汝霖等职务的消息传到上海，吴淞机厂工人才复工。京奉铁路唐山制造厂、京汉铁路长辛店机厂、津浦铁路浦镇机厂的工人也纷纷游行示威。铁路工人以政治罢工的形式参加了全国人民的反帝斗争，促使斗争迅速得到胜利。

各地共产党早期组织最早的工作对象就是京汉铁路长辛店机厂和京奉铁路唐山制造厂的工人群众。毛泽东同志早在 1918 年冬和 1919 年春两次来到京汉铁路长辛店机厂，了解工厂和工人的生产和生活状况，同时探望了当时在该厂设立的留法补习学校的湖南同学。1919 年五四运动期间，长辛店机厂工人和学生积极参与，组织了“救国十人团”等爱国组织，进行游行示威、抵制日货等活动。同年，为反对山东镇守使马良枪毙回教救国会会长，长辛店机厂工人到北京参加大请愿，但遭到反动政府逮捕。1921 年 1 月，在长辛店正式成立劳动补习学校，由邓中夏、李大钊主持，派了三个专职教员。通过教育工人的阶级觉悟有了显著的提高，培养了北方铁路工人运动的骨干。1921 年 5 月 1 日，长辛店机厂工人在娘娘宫庆祝“五一”国际劳动节，提出改善工作条件的要求，并成立京汉铁路工会。同年 7 月，长辛店机厂修车厂工人举行罢工，抗议总管克扣工资等不公待遇，迫使其答应工人条件。

唐山制造厂在 1912 年成立了主要由工厂工人组成的“华民工党”，出版日刊，抨击工头和外籍经理的不公行为。1912 年，该党与上海“中华民国工党”合并，并组织了“公益社”，开办夜校和演讲队，但于 1916 年后消失。1919 年，由邓培、梁鹏万等人倡导，唐山制造厂成立了职工同人联合会，并领导工人组成“救国十人团”。在邓培的带领下，唐山制造厂工人积极参与了声援北京学生五四运动的群众大会，冲破反动派阻挠，高呼爱国口号，并举行罢工和反帝示威游行。同时，他们还组织了抵制日货宣传队，呼吁市民不买日货。1920 年，邓培组织唐山制造厂部分工人首次纪念“五一”国际劳动节。1921 年，京奉铁路唐山制造厂工会成立大会秘密召开，选举邓培为委员长。

图 39：邓培

在中国共产党成立之前，中车早期工厂的工人们已经展现出了非凡的英勇与斗争精神，他们不仅为争取自身权益而奋起反抗，而且在反对帝国主义、封建势力和资产阶级的斗争中发挥了重要作用，这些自发性的斗争已经为中国工人运动的兴起和发展奠定了重要的历史基础。

第三节　党的组织蓬勃建立

伴随铁路线延展而生的中车早期工厂，培育了我国早期的一批产业工人，他们中的众多先进分子成为我国工人运动的重要骨干力量。中国共产党的革命先驱们在这些工厂点燃了革命的星星之火，党的革命组织蓬勃发展，纷纷诞生了多个工厂所在地的“第一”，如第一个党支部、第一名共产党员，第一任市委书记、第一个工会组织，还涌现出了王荷波、邓培、孙云鹏、林祥谦等中共的领导人和工人运动领袖。中车早期工厂的党组织成了传播马克思主义、播撒革命火种、领导工人运动的重要阵地，铸造了独特的中车“红色基因”，成为一代代中车人信仰的种子和精神的内核。

一、长辛店机厂党组织活动

1920 年北京共产党早期组织成立后，李大钊立即派邓中夏、张太雷等到长辛店机厂开展工作。同年冬，经邓中夏介绍，长辛店机厂工人史文彬加入了北京共产党早期组织。1921 年初，邓中夏以“提倡平民教育”为名，开始在长辛店开办劳动补习学校。中国共产党成立后，中共北京区执委会在长辛店工人积极分子中发展党员。1921 年底，经邓中夏、罗章龙等人介绍，先后发展长辛店机厂王俊、陈励茂、杨宝昆、康景星入党，成立中共长辛店铁路机厂党小组，隶属中共北京区执委会领导，党小组长为吴汝铭（后叛变）。

图 40：史文彬

1922 年 4 月 9 日，长辛店铁路工人召开俱乐部成立大会，邀请京汉铁路各大站段工会代表参加。中国劳动组合书记部主任邓中夏主持召开了京汉铁路总工会筹备会第一次会议，作出成立京汉铁路总工会的决定。同年8月24日，在邓中夏等人领导下，长辛店工人俱乐部发动全厂三千多名工人举行大罢工。这次罢工的要求是增加工资、工人因工受伤者养伤期间不得扣工资、开除总管郭福祥等5名职员。罢工持续3天，随后工人又赶走了比利时籍厂长祚曼。罢工胜利后，吸收了吴春溪、洪永福、崔玉春、杨锡贞、杨宝伦、杨宝嵩、卜润舟（教员）入党，并于1922年八九月间正式成立中共长辛店支部，史文彬被推选为党支部书记。12月12日，正式成立长辛店工人俱乐部“工人讲演团”。

图41：邓中夏

1923年2月，京汉铁路工人在中国共产党领导下举行全路总罢工。2月4日，根据总工会的决定，长辛店分会委员长史文彬宣布了罢工令。京汉铁路局局长赵继贤调来6个营的反动军警坐镇长辛店，并于2月6日夜捣毁了长辛店工会，史文彬等12人先后被捕。2月7日，工会集合了千余名工人，由纠察队小队长葛树贵和科干事杨诗田率领，冲向警察局驻地火神庙，要求释放史文彬和被捕工人。反动军警向工人开枪，葛树贵、杨诗田、辛克红3名工人壮烈牺牲。在“二七惨案”中，长辛店机厂工人吴祯、高顺田等也先后遭到迫害而壮烈牺牲。“二七惨案”后，北京党组织为了避免工人更大的牺牲，决定复工，并派杨宝昆从山海关回到北京，成立长辛店、丰台联合党支部，杨宝昆任党支部书记。

1927年冬，联合党支部在北京市党组织被破坏后也被敌人发现，不久杨宝昆被捕。1928年1月，杨宝昆被敌人杀害。后来党组织又派肖明到长辛店领导党支部活动，到1929年党支部又遭到大破坏，肖明等领导人被迫转移。因这个党支部是单线联系，领导人走后，党的组织关系被迫暂时中断。

1930年9月20日，长辛店机厂的工人截住路局往南去的开支车，在中共地下党和赤色工会的发动下，痛打了黄色工会委员，通过斗争迫使当局发放全体工人一个月的工资，获得胜利。1936年3月，长辛店工厂中共地下党员借工作之便，用弹药和棉丝刨花等放火烧了工厂北公事房大楼。

1937年，卢沟桥事变发生后，长辛店机厂工人首先行动起来，组织战地服务团，到卢沟桥战地担任救护工作。他们奋不顾身地到宛平前线帮助与日军作战的第二十九路军，抢救伤员、修枪、修炮、磨大刀，还赶筑防御工事。为阻截日军增援，工人们还破坏了大杨村大桥及路轨十余里，使交通中断了十多天。与此同时，工人们组成工人慰问队，慰问抗战将士及伤兵。

1944年底，中共晋察冀中央局城市工作部领导下的高阳、徐水、定县城市工作部及下属的工委、学委、军委、铁委等四大系统各级组织分别派出党员，在长辛店机厂各个部门建立党的地下组织。1947年11月，长辛店机厂地下党组织发动群众向国民党政府进行“饿工”（怠工）斗争，取得了胜利。

1948年12月11日，根据上级指示，长辛店机厂地下党组织负责人部署了护厂任务，并向厂长及其他旧职人员介绍解放战争的形势，说明党的政策，促使他们接受党的领导，迎接解放。12月15日，长辛店机厂完整回到人民手中。

二、江岸机厂党组织活动

1921年中国共产党成立以后，中国劳动组合书记部派包惠僧到江岸与铁路工人进行接触。最早与包惠僧、陈潭秋等共产党人取得联系的便是江岸机厂工人杨德甫、黄桂荣、林祥谦等人。后来，项德隆（即项英）受中国劳动组合书记部武汉分部委派，到江岸开办工人夜校，向工人传播马列主义思想，逐渐将工人组织发动起来。

武汉地区党组织十分重视在铁路工人中发展党员，建立党组织，先后发展了林祥谦、周天元等人入党，并以他们为骨干，团结各厂、站工人，积极贯彻党的工运路线，筹办工人夜校，建立工会组织，开展各种斗争。“二七”革命斗争前，江岸没有支部，在武汉党组织的领导下，成立了京汉铁路江岸分工会。在酝酿成立京汉铁路总工会时，杨德甫因身兼京汉铁路总工会筹备会主席和湖北工团联合会主席两职而卸去江岸分工会委员长职务，大家选举林祥谦为工会委员长，项英为秘书，曾玉良为纠察队长，朱玉田为交际干事，姜肇基为调查队长。聘请施洋为法律顾问。江岸铁路分工会在京汉铁路总工会的筹建和成立过程中起到了很大作用。

“二七惨案”发生后，公开的工会被封闭了，可秘密工会仍在活动，在法租界的一家洗衣店里，周天元、杨德甫、黄子章等人积极为抚恤“二七”烈士家属而工作。

1926 年 9 月 7 日，北伐军占领汉口、汉阳，包围了武昌。7 日夜，周天元带领几个工人，把滠口车站附近的铁轨接头螺栓卸掉，以阻碍吴佩孚北逃计划。次日天亮，吴佩孚等乘坐的火车刚一出站，便跑出了铁轨，所幸吴佩孚坐在最后一节车厢没有翻车。吴佩孚及其一伙人只好下车，一直步行到黄陂县（今湖北省武汉市黄陂区）祁家湾，才再次乘车北遁。

就在吴佩孚一伙狼狈逃离的同时，江岸机厂的工人们正在准备欢迎北伐军的活动。周天元带领几十个工人代表，开了一辆机车，车头上插着两面大旗，代表们拿着三角形的红绿小旗，一路挥舞着来到循礼门，高呼“打倒列强”等口号，迎接北伐军到来。

随后，江岸铁路工人在扶轮小学召开了欢迎北伐军群众大会，表达了三千多名铁路工人对北伐革命的热烈拥护和支持。

10月10日，叶挺独立团攻下武昌城，周天元组织了千余名工人到原比利时租界码头欢迎北伐军。工人们高呼“欢迎北伐军!”“打倒帝国主义!”“打倒军阀!”等口号，有序地跟着北伐军来到码头附近的广场，召开了盛大的庆祝大会。

1927年4月，奉系军阀张作霖部队向河南进犯，革命军组织了第二次北伐，江岸机厂工人积极进行援助。他们为北伐军赶造了一列十几个车厢的铁甲车，并组织慰问队慰劳伤员，帮助安葬阵亡战士。

1926年10月，北伐军占领汉口后，汉口成立了临时国民政府，刘少奇、李立三等大批共产党人都在国民政府工作，领导工人运动。京汉铁路总工会也得到了恢复和发展并迁至江岸，工人运动的先驱和卓越的领导人之一史文彬也来到了江岸，负责总工会的工作。

为了更好地领导江岸的工人运动，中国共产党决定重建江岸地区党组织。1926年底，党派霍恩荣来到江岸，担任扶轮小学校长，以做国民党党务工作的公开身份，在扶轮小学秘密建立了党的支部，具体领导江岸工人运动，并发展了一批党员。

在党支部的具体领导下，江岸分工会第二次公开恢复成立。经民主选举，周天元当选为会长，严季朝、姜肇基、金开明等当选为委员，并成立了组织、宣传、外交、纠察、生活等几个小组，进行了一系列的整顿及巩固工会有关组织的工作。

江岸工会根据湖北省总工会的指示，成立了宣传队，积极参加武汉市的宣传工作。工会派出积极分子，先后参加了湖北省总工会举办的“汉口工人运动讲习所速成班”“省总工会工人运动讲习所”“纠察队训练班”，经过学习的人懂得了不少革命道理，大多成为工会活动的骨干分子。工会也争取到参与生产管理的部分权利，以前解雇和录用工人全是厂方独断专行，现在不仅在解雇工人时必须事先把正当理由通知工会，并且工会有时还可以直接录用一些工人。1927年上半年，由工会指定的考试委员会曾录取了几十个工人。

此时，扶轮小学已改名为“二七”学校，成为江岸地区的一所铁路职工子弟学校。工人子弟上学的机会增多。工会还办了一些消费合作社，工人们可以买到价钱公道的东西，减轻了一些经济上的负担。

1927年元月，湖北省总工会第一次工人代表大会作出了抚恤“二七”烈士的决议，号召每个工友出钱26文，用来照顾“二七”烈士家属的生活，江岸工会根据这一决议，积极开展了工作。

1927年5月17日，武汉国民政府勾结蒋介石突然叛变，严重威胁武汉地区工人运动的开展和工会领导人员及骨干的安全。不久，武汉国民政府的汪精卫也公然叛变革命，投靠蒋介石，使武汉的形势急转直下，共产党人被勒令退出国民政府，工人纠察队的枪支被收缴了，工会组织和各种进步团体也被解散和禁止活动，形势十分紧张。

江岸地区党的负责人霍恩荣召开了党员紧急会议。为了保存骨干力量，武汉党组织发出了疏散隐蔽的指示，京汉铁路总工会开始转入地下，党的组织也开始转入地下。但是党的活动没有停止，党组织经常印刷一些公开声讨蒋介石罪行的传单，在工人中秘密散发，进行一些地下活动。

1929年，国民党汉口特别党部为巩固其在铁路工人中的统治，准备重组江岸铁路工会（即“黄色工会”）。他们以“清党委员会”委员名义派来杨德甫，企图游说工人加入他们的组织，但杨德甫却遭到工人的鄙夷和拒绝。鉴于周天元在工人中有很高的威信，京汉铁路局为拉拢他，特许配给他一个员司职务，请他回铁路工作。周天元接受中共湖北省委陈秀山（即陈元清）的指示，将计就计，打入“黄色工会”，粉碎敌人拉拢工人的阴谋。他一面拒绝京汉铁路局的“美意”，一面回到江岸以普通工人身份开展工作。不久，他当选为京汉铁路江岸工会会长，带领工人与京汉铁路局、新军阀、资本家、工贼展开了各种斗争。

1931年，日军策动九一八事变以后，全国抗日风潮骤起，平汉铁路成立“抗日救国委员会”。周天元作为委员之一，积极参与策划和组织抗日救亡运动。10月初，经与平汉铁路局和汉口警备司令部交涉，获许在原比利时租界码头召开江岸铁路工人抗日大会。周天元在大会上向工友通报了平汉铁路抗日救国委员会关于通电全国主张对日宣战、呼吁成立抗日义勇队和宣传队的决议，工人们一致同意抵制日货，开展抗日募捐。周天元怒斥不敢到会的京汉铁路局局长黄振兴、警备司令叶逢等人，揭露了黄振兴等人侵吞全国各地给受灾工人的捐款一事。不久，黄振兴唆使工贼“八大金刚”等人捏造罪状，诬告周天元谋反，串通叶逢将周天元以“赤匪”罪秘密杀害于武昌。

1937年底，中共汉口区委负责人田东亮来到江岸铁路工人区，与江岸机厂的青年预备党员宋永平（后改名王玉、宋力刚，新中国成立后曾任国家经委质量局局长）接上头，积极在青年工人中活动，物色骨干，先后发展了赵登甲（后改名赵雨霖，新中国成立后曾任承德地委文化专员）、崔广仲（后改名胡一平，新中国成立后曾任铁道部车辆局副局长）等十余名党员，并于5月成立了中共江岸机厂（青年）支部，由赵登甲任支部书记，宋永年任宣传委员。支部对外公开称“中国青年抗日救亡协会江岸支会”。

救亡协会充分利用青年的特点，深入到工厂工人中活动。他们办起救亡图书馆，吸引青年工人阅读哲学、政治经济学以及《新华日报》等党的刊物和报纸，并在江岸机厂西大门旁的墙壁上办起了一周一期的壁报，宣传党的抗日统一战线，报道抗日活动消息，激发工人不当亡国奴，誓与日本侵略者抗争的爱国热情。他们还组织起宣传队，到江岸码头工人中进行抗日宣传，教唱抗日歌曲，配合青年救亡协会总会宣传团组织演出反映抗日内容的话剧、街头剧等，产生了较大的宣传效果。

徐州沦陷后，武汉形势危急。8 月，为保存斗争骨干，田东亮与八路军驻汉办事处联系，由宋永年带队，组织九十余名党员和进步青年奔赴党的抗日根据地延安。

1938 年武汉沦陷后，日本铁道兵强占江岸机厂，对滞留工人实施法西斯统治。刺刀威逼下，工人被迫在刑房遍布电椅、吊架等刑具的“人间地狱”中劳作，月均修车量不足 1 台。面对压迫，工人自发以“洋工活，慢慢磨”的怠工策略对抗，将铜铁零件私藏变卖维生。

1942 年，中共鄂豫边区派祝敏（化名彭正兴）潜入该厂，以锅炉制罐工身份组织工人开展系统性斗争。斗争方式迅速升级：在厕所墙凿洞建立秘密通道，成批偷运铜铅等有色金属支援新四军兵工生产；利用工友关系构建情报网，曾配合苏星武工队截获日军重机枪子弹列车；借汪伪报纸夹带抗日传单进行宣传，并输送青年赴解放区参军。同时，与国民党铁道破坏队形成默契协作，持续向边区输送煤油、药品等战略物资。

在中共地下党的领导下，江岸机厂工人将自发抗争转化为有组织行动，不仅破坏了日寇“以战养战”战略，更通过情报网络与物资输送了构建抗日统一战线，成为华中敌后战场重要的地下堡垒。

1945 年底至 1946 年初，中共南方局青年组派刘实赴武汉开展平汉铁路工作。张华镛、张正楷借街坊关系潜入江岸机厂，通过交友择业凝聚进步力量，初步掌握敌情。1947 年 3 月，史汉生、张正楷、危迪生组建新党支部，围绕“反饥饿、反迫害、反内战”主题，引导工人从经济诉求转向政治抗争，利用合法身份开展公开斗争。

1947 年 11 月，硚口被服厂罢工引发连锁反应，伪工会头目肖汉庭假意支援。江岸党支部趁机渗透，组织募捐宣传，两日筹款五千余万元。针对平汉铁路局局长夏光宇克扣工人制服布料事件，党支部因势利导，发动千人堵门讨布，致铁路停运 3 小时，并撰文揭露内幕。经此两役，党员深入伪工会核心层，既能掌握敌情，又能主导斗争节奏。

1949年三大战役告捷后，汉口地下市委批准重建江岸党支部，由蔡杰任书记，聚焦反搬迁、反破坏、迎解放任务。支部成员系统学习了毛泽东同志的《将革命进行到底》，为武汉解放积聚力量。这段历史见证了江岸工人在中共领导下，以灵活策略将自发抗争转化为有组织斗争，最终配合解放军取得城市解放的胜利。

三、唐山制造厂党组织活动

1920年4月，唐山制造厂（时称南厂）工人邓培等被北京大学马克思学说研究会吸收为会员。1921年，天津共产党组织在京奉铁路唐山站设立分部，邓培任负责人。1922年1月21日至2月2日，唐山制造厂工人邓培、梁鹏万分别以中国产业工人代表和中国社会主义青年团代表身份出席在莫斯科召开的远东各国共产党和民族革命团体第一次代表大会。会议期间，邓培受到伟大革命导师列宁接见，梁鹏万经张国焘介绍加入中国共产党。同年3月，中共北京区委指示邓培抓紧发展党员、建立组织，邓培在工厂社会主义青年团员和秘密工会会员中发展了阮章、王麟书、许作彬、李华添等工人中的优秀分子入党。同年4月，唐山地区第一个党组织——中共京奉铁路唐山制造厂支部成立，邓培兼任党支部书记，这是唐山地区第一个党组织。8月，邓培领导组建中共唐山地方执行委员会（以下简称“唐山地委”），任中共唐山地方委员会书记。10月13日，唐山厂党支部领导唐山制造厂三千多名工人举行历时8天的大罢工。罢工期间，一批工人积极分子先后加入中国共产党，工厂党员发展到三十多人。10月23日，邓培组织发动了震惊中外的开滦五矿工人同盟罢工。

1923年1月，根据上级指示，邓培在唐山秘密成立京奉铁路总工会，并被选为委员长。2月，京汉铁路大罢工后，为了保存力量，利用工厂往

图 42：1922 年 8 月，在邓培的带领下，中共唐山地区第一个党支部成立，这是当年秘密发展党员的地方

东北调人之机，邓培选派党员欧阳强等到锦州、沟帮子、营口等地进行革命活动，发展党组织。6 月，邓培作为北方区代表参加中国共产党第三次全国代表大会，在会上报告北京、唐山地区铁路工人运动状况，当选为中央执行委员会候补委员。8 月，梁鹏万出席中国社会主义青年团第二次全国代表大会，当选为团中央候补委员。10 月，共产党员刘玉堂被党组织派往苏联，赴莫斯科东方劳动者共产主义大学学习。

1924 年 8 月，共产党员王麟书、甘学露被党组织派往苏联莫斯科东方劳动者共产主义大学学习。11 月上旬，工厂党组织发动一千多名被裁减工人举行反裁员斗争大会，推选代表赴路局请愿，迫使路局答应工人要求，月底被裁工人全部复工。至 1925 年中共四大召开后，唐山制造厂党员人数增长到39人。同年6月6日，邓培领导唐山工人开展声援“五卅”反帝爱国斗争。6月25日，唐山制造厂工人每人捐出2天工资，共计三千多银元汇往上海，抚恤在“五卅惨案”中遇难的工人、学生家属。同年9月，邓培离开唐山厂，专职从事中华全国铁路总工会的领导工作。12月，中共唐山地委从唐山厂选派共产党员和骨干分子程帝炳、程观步、麦连登、杨文斌去广州黄埔军校参加第五期学习，派齐景林、张宝仁、程胜、阮华珍、朱怀瑞去苏联莫斯科东方劳动大学学习。1926年上半年，唐山制造厂党员发展到100人。同年秋，奉系军阀占领唐山，查封工会，逮捕共产党员和工运积极分子。唐山制造厂的袁兰祥等被捕押至锦州监狱，但工厂党组织未遭以根本的破坏，继续秘密开展革命活动。1927年“四一二”反革命政变和“七一五”反革命政变发生后，全国革命转入低潮，唐山地区党员中，有的被捕，有的与党组织失去联系，唐山制造厂党员数量减至二十余名，唐山制造厂党组织为保存实力被迫转为更隐蔽的秘密活动。1928年1月，李华添任中共唐山市委书记，林逸川任工厂党支部书记。6月，梁鹏万出席了在莫斯科召开的中国共产党第六次全国代表大会。

1929年4月，杨玉甫任唐山制造厂党支部书记。6月2日，李华添因叛徒出卖被捕，在狱中受尽酷刑，严守党的秘密，宁死不屈，保外就医几天后在天津去世。1930年1月13日，根据中共唐山市委指示，唐山工厂（1929年10月更名为北宁铁路唐山工厂）党支部组织发动两千多名工人开展维权斗争，通过包围厂长办公室，提出发清“花红”和拖欠的工资，迫使厂方分别于15日、16日发清了拖欠的工资和年终“花红”。1931年2月，陈国祥任中共唐山市委组织部部长兼工厂党支部书记，不久因叛徒出卖，陈国祥等十余名党员先后被捕，党组织再次遭到破坏。1933年，中华全国总工会华北办事处派吴德、李颉伯到唐山领导工人运动，8月重组工厂党支部，甘炳恩任书记。1937年4月，因特务告发，中共党员马云清等人被捕。1938 年 9 月，吴德等“铁委”领导离开唐山赴平西开展工作，唐山机厂（1937 年更名为北宁铁路唐山机厂）一些党员与上级党组织失去联系。特别是梁鹏万在天津被捕后叛变投敌，供出周恩来等五十余名中央领导人的行踪，交出中共北方地下组织津浦路、平绥路总工会机密，给革命工作带来严重危害，其投靠日寇充当特务犯下滔天罪行。

1943 年 9 月，唐山机厂李铁茹等部分中共党员、骨干分子和家属共四十余人分三批赴解放区军械所工作。1945 年 8 月后，中共冀东区党委城工部负责人许斌在唐山机厂发展李子奎、薄振声等 11 人入党。1946 年 1 月，铸工所成立党小组。年末，建立党支部，李子奎任党支部书记。1947 年，袁宝贵建立修配所党支部，胡树模建立机械所党支部，三个支部均直属中共冀东区党委城工部领导。1948 年 9 月，国民党政府拟将工厂迁往湖南株洲，地下党组织发动工人开展“反南迁”斗争，致使阴谋未得逞。1948 年 12 月 12 日唐山解放时，唐山机厂共有中共党员 28 人。当天，共产党员李子奎、袁宝贵等组织中共党员和骨干四十多人护厂，迎接解放军进入工厂。

四、浦镇机厂党组织活动

1922 年 6 月，罗章龙介绍，王荷波在北京加入中国共产党。10 月，在浴堂街 34 号，由王荷波、王仲一、王国珍三人成立了南京地区第一个共产党组织——浦口党小组，王荷波任组长。

图 43：王荷波

1923 年 1 月 9 日，浦镇机厂工人联合浦口码头工人共 2000 多人，为要求增加工资举行罢工，取得了胜利。2 月 8 日，在党组织的领导下，浦镇机厂工人举行罢工，堵死机车库，卧轨阻拦火车，使津浦铁路南段交通一度中断。“二七惨案”发生的消息传来后，为了避免损失，党小组决定复工，王荷波奉命转移上海。党小组选举张振诚为浦口党小组负责人。7月，中共上海地方兼区执委会指示浦镇机厂工人党员王恩荣接替张振诚任党小组长（张振诚任职半年后病逝），又发展了田玉龙、丁发武、陆志明入党。此时浦口党小组有党员11人，归属中共上海地委领导。11月8日，中共上海地委决定由南京、浦口两个党小组合并建立中共南京地方执委会，负责人谢远定。

1925年1月，南京党组织划分为南京、浦口两个党支部，同属中共上海地委领导，浦口党支部由浦镇机厂工人党员丁发武负责。6月7日，津浦铁路工人1000余人为声援“五卅惨案”，在南京城内和下关游行示威。6月下旬，浦镇机厂抵制英、日货小组查获江浦县商会董事长给停在长江中的日本兵舰运送大米的船只。该小组将此奸商游街示众，并将其100吨大米全部没收，送交南京抵制英、日货委员会处理。9月25日，经中共上海区委批准，浦口、南京两个党支部联合组成中共浦口地方执委会，由留苏回国的党员吴芳任书记兼组织委员，工人党员丁发武、买雨田、吴长松为正式或候补委员，下辖浦镇第一党支部（即浦镇机厂党支部）等。1926年4月，浦口地委改称中共南京地方执委会，浦镇机厂党支部归其领导。

1927年3月20日，买雨田、许立双带领铁路工人拆毁沪宁线龙潭车站和津浦线洋北门附近的铁路，以阻止反动派的军事运输，支援北伐革命军。3月23日，买雨田率领工人纠察队缴获浦镇警察局枪支，组织工人伏击军阀溃逃的散兵，缴获120支步枪和2挺机枪，武装了工人纠察队。蒋介石发动“四一二”反革命政变后，浦镇厂工人纠察队的武装被收缴。4月下旬，买雨田、蒋玉莲组织二十余名工人参加国民革命军直属铁道队，秘密地开展革命工作。8 月 17 日，由于叛徒出卖，铁道队分队长买雨田在蚌埠被敌人包围，突围时不幸牺牲。1929 年 10 月，浦镇机厂 500 余名工人在浦口集会，包围津浦铁路南段管理局大楼，要求撤销机务处长杨毅的职务，发还被扣工资，局长被迫同意发还欠薪。1930 年 1 月，浦镇机厂工人开展驱逐黄色工会会长曾元禄的斗争。9 月下旬，浦镇机厂地下党支部书记许立双，党员袁鸿鸣、陈兆春、杜秀山、袁德昌、张学堂、吕占先及浦口工务段党员徐明德、王松亭等 9 人，在津浦三元庵秘密集会，讨论组织工人暴动。由于叛徒告密，他们被驻厂卫戍团及路警逮捕，10 月 8 日英勇就义于雨花台。10 月 10 日，中共中央机关报《红旗日报》在专电《疯狂的白色恐怖》中，愤怒地谴责国民党反动派屠杀陈兆春等 9 人的罪行，高度赞扬了烈士们的傲骨丹心。

1932 年 2 月 21 日，浦镇机厂等单位数千名工人，声援济南机厂南下请愿团，包围浦口津浦铁路局南段办公大楼。由于局长未答应工人们提出的要求并扣留请愿代表，引发津浦铁路总罢工，路局被迫答应工人要求，并释放请愿代表。1932 年 2 月，中共南京市军委委员陆大奎叛变，浦镇机厂地下党支部负责人丁成先、郑宝顺带领 26 名党员填表自首，工厂党组织遭受严重破坏。同年，浦镇机厂青年团支部书记、共产党员秦起旺在雨花台英勇就义。1933 年夏，中共南京特支书记顾衡到浦镇机厂恢复党组织，发展党员及外围组织成员 10 余人，后与党组织中断联系。

1943 年，中共南京市工委派王秀琪在浦镇机厂的工人和小学教员中发展党员，恢复建立党小组。1944 年 3 月，中共华中局城工部派党员邵雪岭到浦镇机厂开展工作，发展党员，成立党支部，彭源任党支部书记。1945 年初，党组织从上海调金殿臣、杨少庭等到浦镇机厂开展工作，杨少庭（周群）、杨明先后任党支部书记。1948 年 7 月 2 日，在中共南京地下党组织领导下，浦镇机厂近 2000 名工人为要求增加工资和补发拖欠津贴率先罢工，冲出工厂，向津口路局大楼进军。沿途两浦（浦镇机厂、浦口码头）工人纷纷响应，共5000余人参加罢工，使津浦铁路南段交通中断14小时，致使国民党军事运输中断，有力支援了人民解放军豫东战役。1949年1月，国民党军队准备南迁撤退时炸毁工厂，工厂地下党组织发动工人组织护厂队，拆除铁路枕木，拆除火车车钩，使设备无法运出，并做驻厂国民党士兵的工作，趁夜运走炸药，保护了工厂。

五、石家庄总机厂党组织活动

1920年上半年，北京大学马克思学说研究会成员邓中夏、朱务善等组织平民教育团到石家庄进行活动，结识工厂机器工匠孙云鹏。1921年秋，张国焘、罗章龙到石家庄总机厂与孙云鹏谈话并建立联系。同年12月，孙云鹏在北京大学由罗章龙介绍加入中国共产党，成为石家庄市第一名共产党员。1922年，党组织先后派遣张昆弟、刘明俨、贾纾清、吴先瑞到石家庄开展工作，发展施恒清等入党，并在12月正太铁路工人大罢工斗争中，又吸收王凤书、赵永庆等9人入党，建立起党小组，组长孙云鹏，直属中国劳动组合书记部北方分部领导。此后党小组发展为正太铁路党支部。

图44：张昆弟

1923年“二七惨案”后，白色恐怖笼罩正太铁路全线，共产党员遭到通缉。5月1日，孙云鹏带领总机厂工人通过小规模罢工纪念“五一”国际劳动节。同年七八月间，中国劳动组合书记部又派袁子贞、张智刚到石家庄领导工人运动。1923年下半年，中共石家庄地方执委会由于无人主持工作，未能在实际工作中发挥作用。

1924年冬，中共北京区委和中国劳动组合书记部北方分部再次派袁子贞和戴培元到石家庄工作。1925年1月，正式恢复正太铁路总工会，孙云鹏当选为总工会委员长，袁子贞和戴培元任总工会秘书。6月上旬，在中共北京区委派来的共产党员张廷瑞、袁子贞的领导下，石家庄总机厂工人开展了声援“五卅惨案”的斗争。6月29日，不顾奉系军阀高压，公开恢复正太铁路总工会，施恒清当选为总工会委员长，王凤书为副委员长。袁子贞、张廷瑞、高克谦任总工会秘书。8月，中共北方区委决定调共青团太原地委书记傅茂公（彭真的化名）到正太铁路总工会担任秘书，兼管石家庄的党务工作。总机厂工人在袁子贞、高克谦、傅茂公带领下，通过怠工、散发传单、包围路局办公大楼等形式开展了“买米斗争”。9月23日，高克谦被奉系军阀秘密杀害。12月，总机厂工人公开恢复正太铁路总工会，王凤书任总工会委员长，傅茂公任总工会秘书。中共北方区委又派王警昆（王鹤寿的化名）到石家庄和傅茂公一起领导工人运动。1926年1月，北方区委派王光宇（王斐然的化名）到石家庄，与傅茂公、王警昆三人组成中共石家庄特别支部，先后吸收张大中等9人入党。1月中旬，傅茂公组织总机厂工人纠察队，活捉出卖高克谦的工贼谢恩霖、赵恩章、田清连，并将他们送交国民三军的石门警察局。1月17日，在傅茂公、王警昆领导下，正太铁路总工会召开了高克谦烈士追悼大会。3月中旬，晋系军阀占领石家庄，封闭正太铁路总工会通缉傅茂公，抓捕共产党人，傅茂公等被迫离开石家庄。上级党组织又派张浩古、阎怀聘到工厂与总机厂党员宋公玉、张大中等接上关系，同时发展工人陈梅生等入党。

1927年“四一二”反革命政变后，工人运动转入低潮，党组织率领一批共产党员继续进行斗争。1928年8月，中共石家庄市委成立，总机厂工人陈梅生任市委书记。12月11日，总机厂共产党员陈梅生、张大中、宋公玉等分六路到市内和郊区散发传单，纪念广州起义一周年。1929 年 7 月 27 日，石家庄总机厂等单位的正太铁路工人以工会名义出面，向正太铁路局法国总办玛尔丹写信，开展了一场要求增加工资的斗争。

1932 年 10 月，中共山西特委派毛诞登（毛铎的化名）到石家庄，领导正太铁路工人运动。10 月 26 日，正太铁路举行收归国有交接仪式。在工人斗争推动下，1933 年 1 月 1 日，孙云鹏等 30 多名“二七”失业工人复职。1934 年初，毛诞登离开石家庄后，正太铁路的党组织活动中断，石家庄机厂（收归国有后更名为石家庄机厂）的施恒清、王凤书等共产党员和一些进步知识分子一起，继续进行革命活动。

1935 年 9 月，刘汉平到石家庄开展革命活动并发展多人入党，后建立了党小组和党支部，罗智任石家庄机厂党支部书记。1937 年 10 月，陶希晋、朱琏、马次青、施恒清、田珍率百余名石家庄机厂工人和正太铁路管理局职员组成正太铁路工人游击队，西上太行山，加入了八路军抗日队伍。

華北工人
武裝部隊組織
大多已改編爲正規軍

（本報華北某地通訊）抗戰以來，華北工人組織的武裝部隊有二十七個之多，這些部隊都在抗戰中壯大起來，現多已改編爲正規軍。茲將華北各地工人組織的抗日武裝部隊名稱列下：

太原工人武裝自衛隊　正太鐵路工人游擊隊
榆次晉華紗廠游擊隊　太谷工人游擊隊
陽泉工人游擊隊　[illegible]工人游擊隊
榆社工人游擊隊　同蒲鐵路工人自衛隊
平定工人游擊隊　[illegible]工人自衛隊
平[illegible]工人自衛隊
道清路工人游擊支隊　磁縣工人自衛隊
井陘煤礦工人自衛隊　平漢鐵路工人游擊隊
勞工支隊　[illegible]礦工游擊隊
[illegible]工人武裝隊　[illegible]工武裝隊
津浦工人鐵路破壞隊　膠濟鐵路工人破壞隊
淶源游擊隊　龍口礦工人武裝隊
[illegible]紗廠工人支隊　[illegible]工人自衛隊
磁縣六河溝工人第四游擊支隊
磁縣六河溝工人第十三游擊隊

图 45：正太铁路工人游击队编入八路军一二九师的新闻报道

1945年，石家庄铁路工厂（日军占领后更名为现厂名）工人董其年、吴桂荣等十多人相继加入中国共产党，开展抗日活动。1946年冬，共产党员魏春祥为太行武工队带路，两次攻占石门第六步哨炮楼，消灭了炮楼上的敌人，缴获了一批武器。1947年4月27日，地下工作者李永锁被国民党军队杀害。

六、四方工厂党组织活动

五四运动以后，特别是中国共产党成立以后，全国革命形势发生了翻天覆地的变化。工人运动的蓬勃发展，更进一步促进了工人的觉醒。

在青岛，首先觉醒的是郭恒祥等一批青年工人。郭恒祥系山东章丘人，出生于1894年，早年曾在辽阳南满铁工厂当学徒，19岁来到四方工厂做工。五四运动后期，郭恒祥利用回原籍探亲的机会，专程前往济南，目睹了青年学生为争回山东主权而进行的斗争，激发了爱国热忱。回青岛时，他买了许多折扇，在扇面上写上“勿忘国耻”“力争收回青岛”“抵制日货”等反帝爱国口号，瞒过搜查并将其带回工厂，赠给工友们。1922年冬天，郭恒祥等人按照民间铁匠敬奉祖师爷老君的旧俗，先联络厂里的铁匠成立了一个“老君会”。由于木匠、油漆匠等也要成立自己的组织，郭恒祥等人就商量在全厂成立一个各行工匠都加入的会，取名“圣诞会”，意思是各行工匠纪念始祖生日的会，规定会员每年要捐献一日工资，作为活动经费。“圣诞会”在胶澳商埠警察厅完成了登记手续，也得到了厂方的允许。此时的“圣诞会”，还是一个相对原始的工人自发组织，且侧重于工人的互助，而非与资方的斗争。

使“圣诞会”发生变化，进而形成红色基因的，是我党早期工人运动领袖王荷波。当时，京汉、粤汉、津浦、正太、道清五条铁路的工人联合组织“五路联合会”，得知四方工厂成立了“圣诞会”后，就派王荷波到青岛了解情况。1923年3月，王荷波化名满玉纲来到青岛，与郭恒祥等人联系上以后，召集工人积极分子，对工人进行教育。在王荷波的引导下，郭恒祥等人提高了觉悟，率领“圣诞会”加入了五路联合会，印发了《四方工厂工人俱乐部简章》，“圣诞会”开始转变为具有工会性质的群众组织。

同年8月，邓恩铭受党中央、团中央派遣到青岛开展建党建团工作。1924年春，邓恩铭介绍郭恒祥加入中国共产党。同年夏，中共青岛支部成立后，邓恩铭等先后介绍四方工厂傅书堂等人加入中国共产党。同年冬，又发展四方工厂工人邱莱田等入党，并成立中共四方工厂小组，负责人为邓恩铭、傅书堂。党小组隶属中共青岛支部。1925年1月，四方工厂党小组改称为四方工厂党支部，党支部书记为傅书堂。2月8日，邓恩铭等组织胶济铁路工人举行全路大罢工，四方工厂工人提出5项条件并宣布罢工，配合全路一致行动。罢工期间，公开发起组织工会，全厂一千多名工人报名参加，并建立了全厂工人委员会指挥罢工斗争，罢工持续了9天，史称“二月大罢工”。罢工胜利后，以四方工厂为主体的胶济铁路总工会于3月正式成立，会址设在四方工厂内，下设包括工厂在内的6个分工会。4月21日，四方工厂工人怠工，声援青岛日商纱厂工人的罢工斗争。

1925年5月，邓恩铭被当局驱逐出青岛后，中共山东地委派李慰农到青岛指导党组织的建设。经中共山东地委批准，5月上旬，以四方工厂的党员为主，组建中共四方支部干事会，李慰农任书记，傅书堂、丁子明任干事。四方党支部共有党员15人，其中四方工厂党员10人。

同月，傅书堂和伦克忠出席了中国共产党在广州领导召开的第二次全国劳动大会。会议期间，傅书堂和伦克忠将胶济铁路和四方工厂等工人罢工斗争情况，向新当选为全国总工会副委员长的刘少奇作了汇报。大会结束后，他俩陪同刘少奇乘火车于5月中旬赶到青岛。在四方工厂西边公司职员宿舍（今海岸路18号，中共青岛党史纪念馆馆址）王象午的住处，刘少奇与李慰农等青岛党组织成员和工厂工人骨干亲切交谈。

李慰农介绍了四方工厂及纱厂工人的大罢工情况。刘少奇指出：工人阶级团结起来，就是伟大的力量。工会是工人的台柱子，要把工人团结在周围；要把打入工会的工贼清除出去，要注意斗争的策略，工作要果敢、灵活。

当时，大家都被四方工厂二月罢工斗争和纱厂罢工斗争胜利所鼓舞，情绪高涨。听取大家的发言后，刘少奇勉励大家多读《向导周报》《中国工人》《新青年》《唯物史观》等革命书刊，强调革命光有武不行，还得有文，文武双全才能战胜敌人。他提醒大家：敌人决不会善罢甘休，可能正在筹谋新的反扑；我们共产党员要站得高，看得远，要准确地认清时局。为了使大家对时局认识得更深刻，他分析了国际国内形势，指出帝国主义之间矛盾的加剧、革命统一战线的形成和革命运动的高涨这三大趋势，并介绍了苏联十月革命成功的经验和第二次全国劳动大会的决议精神。

5月30日，四方工厂工人为抗议警察厅宣布取消工会举行罢工。6月14日，在中共四方支部领导下，四方工厂1700余名工人举行反帝反军阀的示威游行，声援青岛日商纱厂罢工斗争。7月27日，军阀张宗昌下令派军队查封"胶济铁路总工会沪青惨案后援会"，逮捕党支部书记李慰农，党支部干事丁子明，共产党员刘俊才、孙义昌等数十名革命骨干，并下令通缉邓恩铭、郭恒祥、傅书堂等六十余人。7月29日，李慰农惨遭杀害。

1925年8月中旬，中共山东地委派王复元恢复青岛党的组织。不久，王复元与四方工厂党员邱莱田等人取得联系。8月16日，四方工厂工人代表伦克忠、韩文玉参加在北京天安门前召开的北京市民大会，伦克忠在大会上揭露了军阀张宗昌的种种罪行。8月27日，张宗昌派人在北京学府公寓将伦克忠、韩文玉逮捕。9月中旬，伦克忠被张宗昌杀害。同年冬，中共四方工厂支部干事会成立，邱莱田任书记，隶属中共青岛支部领导。1926 年 2 月 2 日，中共青岛地下党组织和青岛团地委在邱莱田住处召开联席会议，因工贼董进祥告密，邱莱田等 6 人被捕，至此，中共四方工厂党组织的活动又一次中断。

1928 年 10 月，中共山东省委恢复四方工厂党支部，徐印志、周崇德先后任书记。同年秋，国民党在工厂成立黄色工会，工厂党组织领导工人秘密组织地下赤色工会，并利用各种时机开展斗争。1930 年 1 月，工厂爆发“增薪运动”；同年 6 月，组织了反工贼斗争。1931 年 2 月 16 日，举行了反对新订工作条例的春节罢工。同年上半年，周崇德被捕，11 月重新恢复四方工厂党支部，李秉德、武嘉衡、王良栋先后任书记。1932 年 6 月 2 日，武嘉衡、王良栋等被捕。1937 年 11 月，经党组织营救，周崇德、武嘉衡、王良栋被释放出狱，先后参加抗战队伍。

1940 年，中共胶东区党委派共产党员李继仁（曲华）到青岛开展工作，秘密发展四方工厂工人刘早林等人入党。1945 年上半年，胶东区党委在四方工厂发展地下关系，共产党员崔延荣到四方工厂当旋床工，进行地下革命活动。1948 年 1 月 28 日，四方工厂工人举行罢工，包围工厂办公大楼，抗议厂方和国民党工会，要求速发拖欠的面粉。同年 12 月，中共青岛铁路地下支部等党组织动员护厂。1949 年 5 月上旬，胶东区党委统战部派李尹到四方工厂，争取警护人员反正，进行护厂斗争。

七、济南机厂党组织活动

1920 年 3 月，李大钊领导组织成立北京大学马克思学说研究会后，山东省立第一师范学校学生会代表王尽美和大槐树机厂（济南机厂）油漆工李广义积极参加该会活动，先后成为该会外埠通讯会员。

1921 年 5 月，中国共产党早期党员王尽美、王荷波来到济南机厂，宣传马克思主义，同工人交朋友，成立了津浦铁路大槐树机厂工人俱乐部，这是山东省第一个具有工会性质的组织。然而，工人们的活动很快引起了反动当局的警觉。反动当局把这些活动视为潜在威胁，以暴力手段强行查封俱乐部。

图 46：王尽美

压迫并没有使工人们屈服。1922 年 6 月 18 日，津浦铁路大槐树机厂工会正式成立，李广义被选为会长。津浦铁路大槐树机厂工会成立后，迅速承担起组织、领导工人运动的重任，使得济南机厂工人的处境得到了切实改善。

1922 年 3 月，中国劳动组合书记部北方分部主任罗章龙到济南机厂开展工作，经罗章龙发展，李广义加入中国共产党，成为济南机厂的第一名共产党员。

1923 年，震惊中外的“二七惨案”爆发，工人活动被迫转入地下，并形成了一种特别的活动方式——“饭团”。所谓“饭团”，就是中午工友聚到一个地方一起吃饭，饭是自己带的，只是借这个机会交流感情、传递信息。

1924 年 10 月，党组织先后派刘子久、李春荣到济南机厂开展工作，与李广义一起秘密发展了薛文英、司有才、李庆西、李玉田、金桂发、刘乃泮、王明珠、陈吉伦、贾凤海、王乃和、郭兆侯、程炳忠、宋子元、王澄汝等 14 名党员，并成立党支部，刘子久临时担任支部书记。1925 年 2 月，经中共山东地方执委会批准，中共津浦铁路大槐树机厂党支部正式成立，李广义担任党支部书记，这是山东省成立的第一个企业党支部。同年 6 月 10 日，党支部组织募捐活动，支援上海工人大罢工。募捐活动进行

图 47：大槐树机厂工会成立旧址

了一个星期，共募集三千多元，通过“青沪惨案后援会”转交给受害者家属。同月，大槐树机厂工会组织本厂和市里工人三千多人在公园集会，声讨帝国主义暴行，声援上海工人罢工，会后举行了游行，要求增加工资，并到省长公署请愿。12 月 24 日，济南机厂工人为向厂主要求补发欠薪，举行怠工斗争，并包围了厂长大楼。

1926 年 2 月，薛文英任大槐树机厂党支部书记。6 月中旬，党支部领导工人开展反对“坑人券”、要求增加工资的斗争，受到军阀镇压，厂方开除了包括薛文英在内的 14 名工运骨干，其中多数是共产党员。10 月，大槐树机厂工会被军阀张宗昌强行封闭，工会活动转入地下。1927 年 8 月，大槐树机厂党支部迁到济南西郊闫千户庄等地继续工作。1928 年 2 月 20 日至 22 日，工厂党支部组织全厂工人大罢工，要求发欠薪，并数次包围厂长大楼，在新城兵工厂、鲁丰纱厂等厂工人的声援下，路局被迫宣布发薪八成，并且一律给现洋。同年 3 月，薛文英当选中共山东省委常委，分管津浦铁路党的工作，王澄汝任大槐树机厂党支部书记。4 月 30 日，大槐树机厂党支部发动全厂工人包围厂长室，要求发给养，结果每人分得半袋面粉。5 月和 7 月，王澄汝、薛文英先后被捕入狱。1929 年 3 月，机厂党支部领导工人开展同黄色工会的斗争，反对黄色工会向工人强行征收会费，并痛打了黄色工会委员宋树椿。

1931 年 2 月，中共济南特委书记李子衡（李敬铨）在到济南机厂召开新建党支部会议的路上，被叛徒王天生出卖，被捕后遭杀害。

1932 年 1 月中旬，以济南机厂为中心发起津浦路大罢工，提出十四条要求，工厂超过 1500 人参与了这次斗争，起到了主导作用，斗争取得了部分胜利。1933 年 1 月 29 日，津浦全路工人为要求撤销压迫工人的机务处长杨毅的职务，组织请愿团。30 日，济南机厂 3000 名罢工工人和天津、沧州、德州等地约 2000 名工人群集车站，分批出发赴南京请愿，迫使国民党政府撤销了杨毅职务。同年 6 月 6 日，济南机厂超过 3000 名工人要求发还欠薪，举行罢工。1935 年 12 月，济南机厂党员参与“一二·九”抗日救亡运动，散发宣传品，参加训练班。

1938 年底，共产党员徐连城打入济南机厂旋盘场当工人，组织开展抗日斗争，印发反对帝国主义的传单。1939 年 4 月 25 日，徐连城因发展“抗日大同盟”盟员被日本侵略当局在济南腊山刑场杀害。1942 年，他被党组织追认为烈士。

1943 年，共产党员宗泽化名王德宝到济南机厂风泵房工作，向工人宣传爱国抗日的道理，先后发展孙思新、司有义、杨金岭、张在祥为党员，并重新建立了济南机厂党支部，宗泽任书记，孙思新、孙省三为委员。党支部成立后，领导工人开展了多种形式的对敌斗争：一是组织工人大规模的怠工，使敌人的机车开不出去跑不起来；二是破坏和“偷”敌人最需要的物资，如洋油、合金刀、铜瓦等；三是利用一切机会破坏敌人的机器。1944 年，宗泽带领党员冒着生命危险，组织工人同敌人斗争，并逐渐把组织范围扩大到摊贩、学生、车夫、市民、交通警。1944 年冬天，日本监工借口宗泽旷工，将他开除。

1945 年 6 月，渤海区党委济南工委和济南机厂党支部在厂北门开设“义记自行车行”，工委委员吕洗尘领导党支部以修理自行车为掩护开展地下工作。1948 年 7 月，济南机厂党支部领导护厂工作，迎接解放，主要任务是：宣传党的政策，保护工厂设备不让敌人破坏和带走；对技术较高的老工人进行爱国教育，并把他们保护起来，不让敌人杀害和带走；教育广大群众，不要进城，要疏散到农村去，以免解放济南时造成伤亡等。

八、哈尔滨机械总工厂党组织活动

1923 年 7 月，哈尔滨机械总工厂工人马新吾（马万录）加入中国社会主义青年团。1924 年 6 月 21 日，马新吾转入中国共产党成为中东铁路第一名党员。1924 年 10 月 14 日，吴丽石（吴苓生，曾用名吴丽实）受中共北京地区执委会派遣，以工人的身份潜入哈尔滨机械总工厂，借以整顿和发展党的组织。不久，全国铁路总工会派王麟书、王荷波等人先后到哈尔滨协助吴丽石开展党的工作，并成立“东铁青年协进会”，吸收了一批青年工人加入中国共产党。1925 年 2 月，吴丽石将总工厂和机务段的党员联合在一起，建立了中东铁路第一个工人党支部，共有 10 多名党员，吴丽石担任党支部书记。随着铁路工人中的党员数量不断增加，中东铁路工人党支部分成总工厂和机务段两个党支部（均隶属中共哈尔滨特别支部），总工厂党支部由马新吾任党支部书记。同年 6 月 14 日，总工厂工人发表《宣言》，大力声援上海同胞反帝斗争，誓做上海工人的后盾。6 月 18 日，总工厂成立支援“五卅”运动募捐团，发动工人罢工，组织募捐活动援助上海和武汉工人。6 月 25 日，组织中俄工人在工厂俱乐部召开“雪耻大会”。1926 年 2 月，中共哈尔滨特别支部改为中共北满地委，总工厂党支部隶属于北满地委领导。11 月 21 日，总工厂 99 名工人被以所谓“宣传赤化”嫌疑拘捕，总工厂党支部遭破坏，张有仁被捕，其他党员暂时转移，马新吾等人先后去了苏联。

1926 年 12 月，总工厂党支部恢复，王光禄担任党支部书记时，共有 5 名党员。1927 年初，设在王光禄住处的北满地委通讯站遭到破坏，王光禄被捕。同年 7 月，党组织派李梅五、郭隆真（女）先后到总工厂开展工作，并恢复了总工厂党组织，先后由郭隆真、王恒顺、孙秀峰担任支部书记。中东路事件发生后，刘少奇受党中央委托于 1929 年 9 月和 1930 年 1 月两次到哈尔滨领导工人斗争。总工厂党支部组织工人成立“总工厂失业工人后援会”和“中东铁路中国工人失业复工团”，同黄色“工业维持会”进行斗争，发动总工厂七百多名工人包围了铁路管理处，迫使当局两次收回减少工人工资的成命，答应工人们提出的一切正当要求，并推翻“工业维持会”，建立了代表工人利益的“工厂（工人）委员会”。到 1930 年，中东铁路工人党支部有党员 13 人，下设 3 个党小组。1932 年，日本帝国主义侵占哈尔滨，总工厂党组织受重创，仅存个别党小组及党员。总工厂翻砂分厂工人肖梦田由李文田介绍入党后，先后发展孟繁生等入党，分成两个小组，组长分别是林德森和肖梦田。两个党小组不发生横向联系，由肖梦田单线领导。从 1935 年 3 月日本接收总工厂到 1945 年东北光复，由于日本帝国主义残酷的法西斯统治，党的活动更加困难了。但在党组织的坚强领导下，工人们仍然采取怠工、破坏生产机器、埋掉生产工具和设备、散发传单和书写抗日标语等形式，同日伪统治者进行顽强斗争。

1945 年日本投降后，中共哈尔滨市委先后派安作路、王富锦、张洛等共产党员以工人身份进入总工厂开展工作，当时有郭福久等十余名党员。1946 年 4 月 28 日，哈尔滨解放后，总工厂成立临时党支部，郭福久担任临时支部书记。党组织领导总工厂建立工会，开展恢复生产和反奸清算斗争。1947 年 4 月成立党总支部，叶林任书记。1948 年 10 月 31 日，召开了公开建立党组织大会，党组织正式公开。

九、吴淞机厂党组织活动

1923 年“二七惨案”后，中共上海区委派王警东、彭干臣、余茂怀（后叛变）等三人，以铁总总干事和上海总工会特派员的名义到吴淞（戚墅堰）机厂开展工运和建党工作。1925 年 8 月，吴淞机厂钳工孙津川由王警东、彭干臣介绍加入中国共产党，成为沪宁、沪杭两路和吴淞机厂中最早入党的工人党员。彭干臣赴苏学习后，王警东、孙津川发展常广海等工人入党。1925 年底，吴淞机厂建立党支部，孙津川任支部书记，支部共有 7 名党员。

图 48：孙津川

1926 年 10 月 20 日，上海工人举行第一次武装起义。21 日，吴淞机厂工人在沪宁、沪淞线上成功破坏铁路，切断沪宁线，支援北伐，配合起义。到 1926 年 11 月，吴淞机厂已有党员 29 人，建立了张华浜和吴淞两个党支部，下设 5 个党小组。12 月，在孙津川领导下，吴淞机厂开始秘密组织工会，同时两路工会成立了由孙津川、沈干城、童奎芳组成的 3 人小组，联合在一起，互相配合，统一行动。1927 年 3 月，中共中央特别行动委员会决定上海工人举行第三次武装起义，要求吴淞机厂工人率先罢工，周恩来亲临吴淞，与孙津川一起研究罢工部署。3 月 5 日下午，吴淞机厂 700 多名工人率先罢工，进而发动两路工人大罢工，断绝两路交通。同时，上海铁路总工会成立了以吴淞机厂工人为骨干、有600名工人组成的上海铁路工人纠察队。21日，孙津川率200余名铁路纠察队员参加南市起义，首先袭击大东门警察署，缴枪十余支；在吴淞起义中，先后攻占了吴淞镇东、西警察署，缴枪四十余支；在闸北起义中，吴淞机厂工人奉命赶往江湾、天通庵站间参加破坏铁路，颠覆敌运兵、运送武器装备的专车，阻敌前进。在北站总攻战斗中，吴淞机厂共产党员王桂荣壮烈牺牲。上海工人第三次武装起义胜利后，工厂工会开始公开活动，1927年4月5日，沪宁铁路总工会吴淞机厂分工会召开第二次执行委员会，推选马福生等5人为常务委员。

1927年“四一二”反革命政变后，革命处于低潮，吴淞机厂党组织转入地下。4月16日，孙津川、蔡景海等十余名共产党员和工会骨干被捕。4月下旬，吴淞机厂工人罢工，开展营救活动，当局被迫释放孙津川等人。孙津川先后转移到武汉、南京等地开展地下工作，1928年7月上旬再次被捕，于10月6日在南京雨花台英勇就义。孙津川离厂后，吴淞机厂党支部先后由蔡景海、叶福堂、郭宝恒等负责。1928年10月，吴淞机厂工人集体怠工，反对包工头的压迫。1928年至1930年，工厂地下党组织秘密串联了一个对外称“关帝会”的组织，先后组织工人开展了保卫两路（沪宁、沪淞）工人赡养储蓄金等合法斗争。1930年8月，工厂地下党组织领导工人秘密筹建赤色工会，并发起一场要求取消黄色工会、承认工人自己的工会和争取发放房米贴的斗争，导致组织暴露，遭到残酷镇压，地下党遭到严重破坏。

1937年工厂迁至戚墅堰后，党组织派遣到工厂和在工厂发展的党员共16人，但未建立党支部，分别由其他4个系统的党组织领导。1944年初，中共上海工人运动委员会、澄西县委、苏中五地委、武宜县委先后到工厂开辟工作，发展党员，领导工人开展地下斗争，直至翌年北撤。1946

图 49：上海工人第三次武装起义中成立的工人纠察队

年起，中共澄西县委、上海工人运动委员会、苏锡常工委、武进城工委以及镇江工委分别在戚墅堰厂发展党员。至 1947 年，包括原来留厂的、派遣到厂的和新发展的共有党员 16 人，并先后建立了 3 个分属澄西县委、苏锡常工委、武进城工委领导的党支部，领导工人开展地下斗争。1949 年 2 月，组织全厂两千多名工人发起大罢工，要求每月工资不少于 3 石大米等，罢工工人在“要饭吃，就斗争”的吼声中乘专列赴沪请愿，罢工得到上海、杭州等地铁路工人的响应，迫使两路当局作出让步，满足了工人提高待遇的部分要求。罢工一度中断了京（宁）沪铁路交通，直接影响了国民党的军运调度，支援和配合了人民解放军在前线的作战。1949 年 3 月至 4 月，工厂工人在地下党组织领导下，开展护厂斗争，肃清了厂内的反动武装，工厂财产完整地保护了下来。

图 50：1949 年 2 月，戚墅堰机厂工人发动“反饥饿，求生存”二月大罢工

十、沙河口铁道工场党组织活动

1923 年 12 月，中国劳动组合书记部派李震瀛、陈为人到大连与傅景阳会面，宣传马克思主义。1924 年 6 月，傅景阳加入中国社会主义青年团。1925 年，傅景阳加入中国共产党，成为大连地区第一名共产党员。1926 年 1 月，中共大连特别支部建立，傅景阳担任工运委员，下设沙河口等 3 个小组。同年 2 月，中共大连特别支部改为大连地方委员会，傅景阳仍任工运委员，并兼任中共沙河口支部（又称工学会支部）书记，负责以沙河口铁道工场为主的党组织工作，这是工厂最早建立的党组织。同年春，唐宏经、王立功等先后加入中国共产党。4 月 27 日，由沙河口工场调往福纺纱厂的共产党员侯立鉴和傅景阳、唐宏经等领导了福纺大罢工。5 月 30 日，大连地区党团组织分开。工厂党组织积极开展声援福纺罢工的斗争，

唐宏经、王立功、辛培源（团员）、金永绪（金伯阳）等轮流到福纺纱厂值班，随时和罢工工人联系。为取得大连各界群众和舆论界的支持，傅景阳主持召开了大连中文报纸的记者招待会，介绍罢工真相，揭露敌人的暴行和阴谋。6月24日，傅景阳以工学会名义组织了有13个工厂工人参加的声援大会。6月25日，傅景阳、孙长贵等被捕。傅景阳被捕后，同月组成新的沙河口支部（工学会支部），书记唐宏经，领导工人群众继续开展斗争。7月，王立功、辛培源到上海向党中央汇报福纺罢工情况，为直接取得全国总工会和广州国民政府的支持创造了条件。同月，唐宏经、王立功等组织满铁沙河口铁道工场两千余名工人召开营救傅景阳等人大会，迫使厂方出面到大连警察署交涉释放傅景阳等19名被捕人员。8月4日，唐宏经代表大连中华工学会宣布了复工命令，福纺大罢工获得了胜利。1927年2月，王立功、辛培源代表大连中华工学会参加了在武汉召开的“二七惨案”纪念会。3月，成立中共沙河口铁道工场支部，书记韩冈清(后叛变)。5月1日，于全福带领工厂党、团员和工人群众百余人参加了共青团大连市委在石道街组织的集会。7月24日，工厂党支部在西大井树林里召开党的会议，由于叛徒告密，韩冈清、辛培源、于全福等被捕，工厂党组织第一次遭到严重破坏。

党组织遭破坏后，王立功、唐宏经、金伯阳（团员）等身份已暴露，他们先后北上寻找党的组织。1928年1月，中共满洲省委派巡视员到大连恢复整顿党组织，1月28日，成立中共关东县委，满铁沙河口铁道工场重新建立党支部，有党员3人。同年4月，关东县委成员和大部分党员被捕，工厂党组织第二次遭到严重破坏。6月，中国共产党在莫斯科召开了第六次全国代表大会，出席大会的满洲省委代表团5名成员中，唐宏经、王传璧、于治训、朱秀春（到莫斯科后入党）均为满铁沙河口铁道工场工人，唐宏经任代表团团长，会上当选为候补中央委员。1931年6月，成立中共南满铁道工场支部，书记江崇仁，工厂第三次建立了党组织。党支部成立后除了宣传和散发传单外，还组织一次小罢工。1932 年 6 月，中共大连特别支部指定由山东转移到沙河口工厂的于科等人组织中共满铁沙河口铁道工场支部，以张淑良为支部书记。此时，工厂内有两个党支部，同时开展秘密活动。1933 年 10 月 24 日，由于叛徒出卖，中共大连市委遭到破坏，沙河口工场的共产党员江崇仁、褚丕禄、黄跃典等被捕，褚丕禄壮烈牺牲，黄跃典在狱中病故，工厂党组织第三次遭到破坏。1936 年春，旋盘场工人魏翊纲（魏荣森）加入中国共产党，同年 10 月，担任满铁沙河口铁道工场党支部书记。1937 年 8 月 1 日，魏翊纲被捕，工厂党组织第四次遭到破坏。

1945 年 8 月日本投降后，旅大地区由苏联红军实行军事管制。同年 11 月，中共大连市沙河口区委宣布成立大连铁路工厂党支部，刘兆璧任书记。1946 年 1 月，中共大连市委派沙河口区委委员张炎到工厂，成立工厂党支部委员会，书记刘兆璧。1946 年 5 月，工厂党支部改为党总支部，下设 3 个党支部，总支书记董良玉。至 1946 年末，全厂已有党员 129 人。工厂党组织以工会名义，先后组织开展了反奸清算、粉碎国民党军队的封锁抵制国民党旅大视察团和恢复生产的斗争，领导开展了 5 次大规模的立功竞赛，动员 200 多名青年工人参军参战。至 1949 年 4 月 1 日，旅大地区党组织向群众公开，工厂党总支部有党支部 17 个、党员 607 人。

十一、皇姑屯修车厂党组织活动

1922 年，中共唐山地委书记邓培利用皇姑屯客货车修理厂扩建之机，秘密指示王贺明等人在皇姑屯铁路工人中发展革命力量，建立党的组织。

1923 年 1 月，皇姑屯客货车修理厂党小组秘密成立，共有党员 4 人，分别是王贺明、罗占先、朱志安、吕文贵，其中王贺明为负责人。党小组隶属京奉铁路总工会党团领导。此时，正值“二七惨案”发生，在极端困难的形势下，工厂党组织仍然坚持活动，经常在偏僻荒郊北大窑（今皇姑区太平庄）秘密召集会议，研究斗争策略。1923年秋和1924年夏，邓培曾经两次前往皇姑屯指导工作，要求共产党员坚持在工人中间开展宣传活动，联合一切革命阶级进行反帝反封建的斗争。

1925年4月，皇姑屯修车厂动工兴建，工人大都来自唐山制造厂。京奉铁路总工会党团组织借机派唐山制造厂共青团支部书记、共产党员陈同和组建皇姑屯修车厂党支部，陈同和任党支部书记。同月，京奉铁路总工会党团书记梁鹏万来到皇姑屯，在工人蔡恩起家里秘密成立皇姑屯赤色工会，李连起任工会委员长，蔡恩起、孙发照任副委员长。这是奉天第一个赤色工会。赤色工会成立不久，便在外修厂（皇姑屯客货车修理厂）发起反对厂方侵吞工人“花红”和煤票的斗争，发动工友在皇姑屯集会，揭露工头盘剥工人的事实，迫使工头陆某退还“花红”和煤票。1926年初，陈同和创办了工人英文夜校，一面教学，一面进行革命宣传。

1927年“四一二”反革命政变后，皇姑屯修车厂党支部与中共唐山地委并京奉铁路总工会党团组织曾一度中断联系。9月，中共唐山市委派程帝炳到皇姑屯、沟帮子两地沟通联系，皇姑屯修车厂党组织与唐山市委重新恢复组织联系。同年10月，中共满洲省委成立后，皇姑屯修车厂党组织关系移交满洲省委。1928年8月，皇姑屯修车厂建成投产，京奉铁路管理局从唐山制造厂抽调大批工人到皇姑屯修车厂，唐山制造厂共产党员张以修（即张聿修）、麦帝仁、麦连登、孙仲题（即孙星桥）等先后调到工厂。11月，陈同和、张聿修组织了工厂党团支部委员会，并任负责人。

1929年6月，皇姑屯修车厂党支部书记张聿修任中共第四届满洲省委委员、中共第五届满洲省委候补委员。同年底，皇姑屯修车厂党支部改为特别支部，张聿修任特支书记。1930年初，按照刘少奇具体指示，张聿修、陈同和带领一千多名工人包围英籍厂长萨克敦办公大楼，要求发煤、补发“花红”、加发工资等，最终取得胜利。在这次斗争中，皇姑屯修车厂党群组织得到发展，党员发展到9人，赤色工会会员有26人。

十二、西北机车厂党组织活动

1924年10月，山西军人工艺实习厂成立中国社会主义青年团支部，受青年团太原地委领导。1925年，山西军人工艺实习厂的共产党员发展到15人，成立共产党支部，由杨高梧任书记，受中共太原地委职工运动委员会直接领导。1926年1月1日，杨高梧等人根据太原地委的指示，以“新年工人同乐会”的名义，邀请山西军人工艺实习厂各厂工人集会，号召各厂工人团结起来，组织工会，积极参加政治活动，会后每天报名参加工会者达数十人，数月就发展到三千余人。同年5月1日，山西军人工艺实习厂工会在海子边召开成立大会，共产党员张斌当选为主席。1927年春，工厂共产党员已发展到50余人，党支部改为特别支部。7月13日，由于山西省国民党右派对太原总工会挑衅闹事，太原党组织赤色工会四百余人由兵工厂党支部书记杨高梧等率领，进行了保卫太原总工会的斗争，迫使对方当众赔礼道歉。1934年9月，西北机车厂成立。翌年9月，工厂成立共产党地下组织——支部干事会，李步瀛任书记。同年12月18日，李步瀛发动全厂职工举行了以争取年终分红利为中心的罢工斗争。

十三、天津机厂党组织活动

1921年初，北京共产党早期组织派出北京大学进步学生陈维仁、张昆弟等到天津机厂宣传马列主义，并组织工厂工人参加天津工人工余补习学校学习，启发工人为自身解放而斗争。1925年，党组织派从苏联莫斯科东方大学学习回国的王麟书到天津，组建津浦路总工会天津分会，领导工厂工人运动。1927 年，共产党员魏振华从济南机厂来到天津机厂，以电工身份作掩护，从事党的秘密工作。1928 年，中共天津地委二区委下设津浦大厂党支部。魏振华担任中共天津特区委河北区委宣传委员，在工厂发展张广玉、王振江等 4 人入党，带领工人同黄色工会进行斗争。同年 6 月 9 日，由于叛徒出卖，魏振华被捕，中共河北区委及工厂党支部均遭到破坏。魏振华在狱中受尽酷刑，被打断左臂，依然坚贞不屈，1930 年 6 月牺牲，时年 30 岁。

1943 年，中共晋察冀中央分局城工部李震刚、胡平（马燕岐）等开始与工厂工人王俊臣等联系，启发进步工人的革命觉悟。1944 年，王俊臣加入中国共产党。同年，工厂秘密成立中共党支部，负责人为王俊臣。党支部组织工人开展“延误修车时间，降低修车质量”等反抗日寇压迫、拖住敌人后腿的斗争。他们将入厂待修的日军装甲车大拆大卸，或将关键的零部件毁坏，将小修的变成中修，中修的变成大修，修理时用旧零件代替新零件。同时，通过地下党组织将装甲车零部件运往冀中抗日根据地。1945 年 4 月 30 日，工厂党组织团结带领进步工人把日本军队修车用的 17 箱器材一夜之间偷运厂外，破坏了日军修理装甲车的计划。

1946 年 1 月，工厂党组织领导工人开展罢工斗争，围堵铁路局，组织游行，要求发放欠薪，进而发展到天津地区铁路全线罢工，迫使铁路局接受了工人的部分要求。1947 年，工厂党组织共有党员 16 名，并有 110 名积极分子，负责人为王俊臣。工厂党组织为团结教育职工群众，组织工人摔跤队，秘密传递由中共冀中区委出版的机关报《冀中导报》，启发工人觉悟。1948 年 1 月 3 日，王俊臣在张兴庄家中被捕，遭到严刑拷打，后因找不到证据将其释放。5 月 8 日，王俊臣出狱后，直接到河北省文安县胜芳镇与中共华北局城工部接上关系，参加学习，并加入到迎接天津解放、保卫工厂的工作中。

第四节　血色“二七”　彪炳史册

1921 年 7 月 23 日，各地共产党早期组织的代表在上海举行中国共产党第一次全国代表大会，正式宣告中国共产党的成立。代表大会明确规定，党当前的中心任务是组织工人阶级，领导工人运动。为此，成立了一个公开领导全国工人运动的总指挥部——中国劳动组合书记部。1922 年 5 月 1 日，由书记部发起了在广州召开第一次全国劳动大会，长辛店机厂和江岸机厂派代表参加。这是第一次全国工人的大会师，给各地工人以很大的鼓舞。大会决议，中国劳动组合书记部为全国各工会的总通讯机关。劳动大会闭幕后，书记部由上海迁到北京，改称总部，另设上海、武汉、湖南、广东、济南五个分部。

中国共产党的成立标志着中国工人运动的新纪元和真正的开始，工人运动从自发性斗争转向有组织、有领导的斗争；从经济斗争走向政治斗争。在此过程中，因为中车各工厂的工人劳动在交通大动脉上，对当时的统治者而言，在经济和军事上都非常重要，他们受帝国主义和封建军阀的压迫也最惨重，斗争的积极性也最高。

在多方酝酿之下，由于中国共产党和中国劳动组合书记部积极扩大领导，从 1922 年 1 月香港海员三万人大罢工开始，到京汉铁路全路工人万人的二七大罢工结束，持续了 13 个月之久，大小罢工在 100 次以上，参加的工人有 30 多万人。在这一过程中，分布在卢汉铁路两端的长辛店机厂和江岸机厂的工人用慷慨悲壮的行动为罢工运动增添了浓墨重彩的一笔。

1922 年 4 月 9 日，在中国劳动组合书记部的领导下，在长辛店召开了工人俱乐部正式成立大会，这次参加大会的代表有一千五百余人，其中包括当时从事工运的党负责人邓中夏、何孟雄、陈为人、朱务善、李震瀛、吴汝铭等，以及京汉铁路各站段的工会组织代表和龙海、京绥、京奉铁路的工会代表。邓中夏主持了大会并发表了讲话。这次大会的主要议题是宣传介绍、学习推广长辛店创办工人俱乐部的经验；推动京汉铁路工人运动更广泛深入发展；商讨京汉铁路总工会的筹建工作；协调北方铁路工运工作协同发展，为建立全国铁路总工会创造条件。

这次会议决定将长辛店铁路工人俱乐部和江岸铁路工人俱乐部分别建成京汉铁路北段与南段总部，郑州铁路工人俱乐部居中协调，南、北、中共同努力，派出人员帮助各地筹建工会组织，为从思想上和组织上统一做好筹建京汉铁路总工会的工作而努力。会上还决定临时组成京汉铁路总工会筹备会，办事处设在郑州，推举江岸的杨德甫为主任，长辛店的史文彬、郑州的凌楚藩为副主任，负责京汉铁路总工会的筹建工作。这是京汉铁路总工会在长辛店召开的第一次筹备会。

在第一次筹备会召开之后，由中国劳动组合书记部发起，1922 年 5 月 1 日，在广州召开了第一次全国劳动大会，通过了《全国总工会组织原则决议案》等议案，决定“以产业组合为原则”，首先组织各地的产业工会，以便将来成立全国总工会。党的第二次全国代表大会也确定了共产党在其工会运动范围内“必须集中他的力量为产业工人的组合运动”的原则。在这种大的形势下，于 8 月 10 日至 12 日，来自全路的 14 名代表，在郑州召开了京汉铁路总工会第二次筹备会，在张国焘等人的主持下，代表们首先交流汇报了各地工会组织建立与发展情况；集中讨论了京汉铁路总工会设置章程草案和筹备委员会人选，以及各类提案和做好总工会筹建工作的事宜。

在京汉铁路总工会成立之前的 1923 年 1 月 5 日，又在郑州召开了第三次筹备会。参加会议的主要是总工会筹委会的有关负责人，会议的议题是研究确定京汉铁路总工会成立大会的各项事宜，包括筹备工作报告、组织章程、成立大会宣言执行委员会人选、成立大会议程安排，以及向官方备案与接待工作等。在召开第三次筹备会之前，铁路工运活动达到星火燎原之势，京汉铁路沿路由北而南的16个大站，在1922年年底都成立了分工会，有2万多工人参加了工会组织。会议认为成立京汉铁路总工会的条件已经成熟，决定于1923年2月1日在郑州举行京汉铁路总工会成立大会。

喜讯传出后，全路工人欢欣鼓舞。郑州分工会首先向当地政府和铁路当局呈报立案，并向中国劳动组合书记部及有关分部、各铁路和各地工会有关团体、新闻单位和学生组织发出请柬，请派代表参加总工会成立盛典。同时在北京、上海、天津、武汉、广州等地的报纸上登载启事，向社会各界通告京汉铁路总工会于1923年2月1日在郑州召开总工会成立大会。为了接待好会议代表，会务组租下郑州的五洲大旅馆、大金台、万年春、福昌旅馆和第一宾馆作为代表和来宾们的下榻处所。为了开好大会，还把郑州最大的戏院普乐园借下，作为总工会成立大会的会场。

党组织对京汉铁路总工会的成立给予高度重视，派出了负责领导工人运动的成员参加这次盛会。主要有中共中央执行委员、中央特派员张国焘，中共武汉区委书记陈潭秋，中国劳动组合书记部副主任罗章龙等。京汉铁路16个工会组织按照会员的人数选出了65名代表参加成立大会，其中长辛店分会选出了史文彬、张德惠、陈励懋、洪永福、王俊、吴春溪和崔玉春7名代表出席大会。全国各地方工会组织、社会团体和新闻单位以及学生代表应邀赴会者非常踊跃，代表和来宾加在一起共有三百余人。

1923年1月底，来自全国各地的代表数百人陆续到达郑州。即将开会之时，1月28日，郑州警察局长黄殿辰率领警察多人，到总工会筹备处宣布吴佩孚的电令，禁止铁路工人于2月1日在郑州举行大会。次日，吴佩孚从洛阳电令郑州驻军师长靳云鹗对铁路工会活动实行监视，不准工人举行集会。此时的吴佩孚已经掌控北京政权，其势力范围扩展到中国北部的大部分地区，开始推行武力统一中国的战略。京汉铁路的收入是吴佩孚军费的重要来源之一，京汉工人的斗争直接威胁着他的利益；京汉铁路又是帝国主义国家对中国进行经济掠夺的动脉，京汉铁路工人运动的高涨，必然影响他们的经济利益和政治利益，所以，他们操纵军阀代表吴佩孚开始向工人进攻了。

面对军阀的镇压，领导京汉铁路工人运动的中国共产党人和各地工人代表并没有退缩。1 月 30 日，共产党员李震瀛、史文彬、李焕章及工人代表凌楚藩、杨德甫等代表全体工人到洛阳面见吴佩孚，提出根据《中华民国约法》和吴佩孚 1921 年的政治主张，京汉铁路总工会召开成立大会是合法的，吴佩孚非但不能禁止，而且应给以保护。但吴佩孚仍坚持反对大会的召开，并以武力相威胁。代表们回郑州后，将吴的态度告诉全体工人代表。工人们无比愤怒，一致同意冲破一切阻力，按时召开大会。

2 月 1 日清晨，京汉铁路各站区和兄弟铁路的代表四百三十多人和郑州铁路工人一千多人抬着各地赠送的匾额整队向会场进发。沿途军警荷枪实弹，关卡重重，妄图阻止大会的召开。双方相持数小时，工人代表终于不顾敌人刺刀、棍棒的威胁，冲破反动军警的阻拦，进入普乐园会场。京汉铁路总工会成立大会秘书李震瀛登上讲台，高声宣布京汉铁路总工会成立。这时，军警已层层包围了会场，会议代表很快被驱散，各地工会赠送的匾额被捣毁。旅馆、饭馆、总工会办公地点等到处都是军警。他们逼迫工人离开郑州，工人代表的安全受到严重威胁。

京汉铁路是党组织力量比较强、工人运动开展比较好的地方。成立大会上与军阀发生冲突后，党在京汉铁路的主要领导人及时召集会议，决定把总工会的临时办公处迁至汉口江岸，在京汉铁路总工会的领导下进行全路总同盟罢工，以抗议吴佩孚的镇压。李震瀛、杨德甫等主要领导人在江岸指挥全局；高斌、姜海士、刘文松在郑州，吴汝铭、史文彬、洪尹福在长辛店，林祥谦、罗海城、曾玉良在江岸执行总工会的命令。信阳负责人是分工会委员长胡传道和副委员长、共产党员徐宽，新乡负责人是分工会委员长杜石卿，彰德负责人是分工会会长、共产党员戴清屏。2月4日，总工会一声令下，全路开始了大罢工，京汉铁路变成了一条僵死的长蛇。总工会发表宣言，提出了五项条件：（一）要求交通部撤革京汉铁路局长赵继贤和南段段长；要求吴、靳（云鹗）及豫省当局撤革查办黄殿辰。（二）要求路局赔偿成立大会之损失6000元。（三）要求郑州地方长官将所有当日被军警扣留之一切匾额礼物，由军队奏乐送还总工会郑州会所。所有占领郑州分会之军队立即撤退。郑州分会匾额重新挂起，一切会中损失由郑州分会开单索价，并由郑州地方长官向总工会道歉。（四）要求星期日休息，并照发工资。（五）要求阴历年放假一星期，并照发工资。

在党组织和总工会的领导下，罢工有秩序地进行。罢工工人向旅客散发传单，说明工人的自由权被摧残，不得已而罢工，以取得旅客的同情和支持；向全国各界揭露吴佩孚等反动军阀的罪行。工人内部的组织也十分整齐严密。“因为全路工人自司机、升火，以至小工，无有不是工会会员的。各会员听命于各分会，各分会听命于总工会，秩序井然。维持秩序，则有全路各分会素有训练之纠察队；刺探消息，则有罢工期内各分会临时组织的调查队”。

罢工爆发后，吴佩孚、萧耀南、曹锟、赵继贤等反动军阀在英帝国主义的指使下，往返电商，密谋策划，血腥镇压罢工工人。4日，敌人采用高压手段，强迫复工。5日，在郑州逮捕了郑州铁路工会委员长高斌和姜海士、刘文松、王宗培、钱能贵等人，对他们软硬兼施、威胁利诱甚至严刑拷打，威迫他们开车复工。他们始终坚持“非得有总工会命令，不能开车”。高斌惨遭酷刑，不久牺牲。信阳分工会委员胡传道面对敌人的残

图 51：林祥谦

酷迫害，不屈不挠，拒不复工。7 日，军阀吴佩孚终下毒手。湖北督军萧耀南借口调解工潮，诱骗工会代表到江岸工会会所“谈判”，工会代表在去工会办事处途中，遭到反动军队的枪击，赤手空拳的工人纠察队当场被打死三十多人、打伤二百多人。反动军队还闯进工人宿舍，大肆搜捕工人领袖。江岸分会委员长、共产党员林祥谦被捕后，敌人逼迫他下令复工，林祥谦在白刃加颈之际，连呼三声“不下上工命令！”他随即壮烈牺牲了。林祥谦可歌可泣的英勇事迹，表现了中国工人阶级的大无畏精神。武汉工团联合会法律顾问、共产党员施洋始终站在这次斗争的最前列，也在 2 月 15 日从容就义于武昌。

惨案发生后，中国劳动组合书记部发表《敬告国民》以揭露事实真相。2 月 9 日，中国劳动组合书记部、全国铁路总工会筹备委员会发出了吁请全国各报馆、各工团支援二七罢工斗争的通电。当天，王荷波组织浦镇机厂工人举行“二九”卧轨斗争，声援京汉铁路大罢工；军阀镇压京汉铁路总工会的消息传到津浦铁路济南机厂后，工人们迅速行动，全厂机器很快停转，一部分工人上街游行示威，另一部分工人到济南各大工厂宣传，从 2 月 9 日到 11 日一连罢工 3 天；天津机厂工人们罢工 3 天，以声援京汉铁路工人；从 2 月 7 日到 9 日，正太铁路石家庄总机厂工人发起罢工，曹锟从保定派军队镇压，工人仍坚持不屈。在惨案的中心武汉，各界工人悲愤不已，徐家棚铁路、汉阳钢铁厂、汉冶萍轮驳、丹水池、扬子机器厂等处工人均实行罢工。

2 月 9 日，考虑到形势严峻，京汉铁路总工会与武汉工团联合会联名下达复工令，劝工友们暂时忍痛复工，京汉铁路工人大罢工在军阀镇压下失败了。

大罢工后，北方铁路工会均遭查封，工人集会结社被禁止，工人领袖和革命工人不断被投入监狱和被残杀，铁路工人此前争到的待遇改善的条件都被取消了，白色恐怖弥漫于华北、东北和长江流域。

江岸机厂工人领袖林祥谦等革命烈士的鲜血没有白流！这次伟大的工人斗争对中国人民革命起到了巨大的推动作用。

二七革命斗争是中国无产阶级在新民主主义革命时期，在中国共产党领导下，反对帝国主义、封建主义，为争取成立总工会的自由和工人阶级的政治权利进行的一次伟大的政治斗争。这次革命斗争是中国工人运动史上的一次壮举，从政治、经济上沉重打击了帝国主义和反动军阀，进一步显示了中国工人阶级的力量和勇气，扩大了中国共产党在全国人民中的影响，把中国共产党领导的中国工人运动的第一次高潮推向了顶峰，在中国革命史和中国工人运动史上写下了光辉的一页。

京汉铁路工人大罢工所铸就的“二七精神”永远彪炳史册。“二七精神”是党和国家的宝贵精神财富，是马克思主义与中国工人运动密切结合的产物，是中国共产党在组织和领导近代中国工人运动的历史潮流中缔造的精神丰碑，是中国共产党人精神谱系的重要组成部分。

第五节　武装起义声势浩大

具有伟大革命历史意义的二七革命斗争证明了这样一条真理：工人阶级如果没有强大的同盟军，如果没有自己的武装力量，就无法在毫无民主权利的条件下战胜全副武装的反动派。因此，二七大罢工失败后，中国共产党领导着全国工人阶级，一面积极恢复和扩大工会组织，一面加紧准备参加武装的革命斗争。

在二七大罢工一周年纪念日，即1924年2月7日，在中国共产党的领导下，有9条铁路的工人代表在北京秘密集会，成立了全国铁路总工会。正如该组织成立宣言所指出的：它是“我国全体铁路工友于痛苦不堪之中得着一颗光芒万丈的救星！”

1924年10月，直隶、奉天两系军队大战于山海关，直军大败。吴佩孚乘兵舰前往武昌，逃到另一个制造“二七惨案”的刽子手萧耀南处。北京以及京汉铁路北段改归同情工人革命运动的冯玉祥、胡景翼的国民军管辖，因此，1925年二七大罢工纪念日，全国铁路总工会得以在郑州公开举行第二次代表大会。大会发表宣言，号召铁路工人继承二七革命精神，积极参加国民革命，指出“吾国民解放之真正途径”在当前应当是：“内则肃清一切反动之军阀势力而解除其武装”“给予国民以一切自由”“外则废除一切不平等条约，以脱离帝国主义之羁绊”。大会还提出建议：由各民主团体派出代表共同组织国民革命政府，以贯彻执行反对帝国主义和封建主义的各项方针和政策。

在这次代表大会召开前后，各地铁路工人都要求恢复“二七”以前已经获得的条件，恢复或筹备成立各路的总工会。其中，斗争规模较大的是胶济铁路1925年2月的全线工人大罢工。胶济铁路于1923年从日本手中赎回后，本省与外省两派官僚为了争夺路政大权而互相倾轧。路局局长为南方人，籍隶外省，而工人则全是山东本省人。1925年初，职工群众受上层官僚的鼓动，扬言要以罢工要挟北洋政府交通部撤换局长。这时，身任中共青岛市委书记的邓恩铭同志闻讯来到四方工厂，召开工人会议，会议议决乘机向厂方提出以下五条要求：（1）允许被开除的“圣诞会”（红色工会前身）负责人立即复工；（2）承认工人有自己的工会；（3）工人每人每日增薪1角；（4）补发年终奖金；（5）工人有住工厂宿舍的权利。交涉未获结果，于是工人就从2月8日起开始罢工，坚持了8天，北洋政府交通部被迫接受了工人的要求，更换了局长，交通才告恢复。四方工厂工会和胶济铁路总工会于3月公开宣告成立，会员发展到1500人。

帝国主义和反动势力面对中国工人运动的蓬勃开展，极为恐慌，恨之入骨，悍然举起了屠刀，对工人群众实行暴力镇压。1925年5月，上海爆发了反对英、日帝国主义者残杀我国工人的五卅运动。

具有二七革命传统的中车早期工厂工人，随即展开了轰轰烈烈的支援行动。各路工会都成立了“五卅惨案后援会”，举行游行示威，并捐款救济上海和广州、香港罢工的工人。长辛店机厂工人迅速响应，成立了“五卅惨案后援会”，组织大规模游行示威，高呼反帝口号，声援上海工人的正义斗争，并通过募捐活动筹集资金，为上海和广州的罢工工人提供经济援助。正太铁路石家庄总机厂共产党员袁子贞、张廷瑞组织发起成立了正太铁路工人“对英雪耻会”“沪案后援会”两个组织，正太铁路和石家庄总机厂全体工人于6月20日举行全体集会，抗议日、英帝国主义的暴行，并于6月24日通过北京《益世报》向全国发出通电。同样，四方工厂工人也迅速响应号召，成立后援会，组织游行示威和募捐，展现了工人阶级的深切同情与坚定支持。

浦镇、唐山、吴淞、济南、哈尔滨以及天津等中车早期工厂的工人同样在党组织的号召下，积极投身到五卅运动的支援行动中。这些机厂的工人纷纷组织了工人纠察队，保护工厂设备免受反动势力的破坏，同时通过罢工、游行示威等方式，表达对上海工人斗争的坚定支持。在募捐活动方面，工人们也纷纷慷慨解囊，为上海罢工工人提供支援。

1925年五卅运动期间，位于上海的吴淞机厂处在斗争的最前线，该厂工人直接参与了斗争。

6月1日，吴淞机厂百余名工人响应上海市总工会的号召，参加了南京路的反帝示威大游行。同日，留厂工人则罢工半天，以示声援。在工人罢工和参与游行前，吴淞机厂厂长毛尔维和工头曾软硬兼施，对工人进行威胁：“我们沪宁铁路工人的生活是好的，你们有什么要求尽管说，别的厂怎么办，我们也怎么办。你们不要听人家的，想想要不要在厂里干下去了。”但工人们不予理睬，坚定地参加总罢工。这表明，吴淞机厂的工人已经受到政治启蒙，开始从自发的经济斗争转向自觉的政治斗争，承担起中国工人阶级在近代的历史使命。

北伐战争期间，为配合北伐进军、推翻北洋军阀的反动统治，上海80万工人（包括近一万名沪宁、沪杭甬两铁路的工人）在中国共产党和上海总工会的领导下，在1926年10月24日及1927年2月19日和3月21日举行了三次武装起义。吴淞机厂工人和全上海工人一起，写下了中国工人斗争史和铁路工人运动史上的光辉一页。

1926年7月，北伐军挥师北上，军阀孙传芳部溃败，浙江省省长夏超宣布独立自治，支持北伐军。中共上海区委决定借此有利形势，在上海举行工人武装起义，以配合北伐军占领上海。

10月，上海市总工会召开紧急会议，决定破坏沪宁铁路，为上海第一次武装起义创造条件。吴淞机厂工人孙津川等人负责实施破路计划，他们秘密制作工具，选定破路地点，进行了周密准备。在夜晚，他们成功破坏了铁路，为起义创造了有利条件。然而，由于缺乏经验和统一的计划，加上敌我力量悬殊，第一次武装起义很快被反动军警镇压下去。尽管起义失败，但吴淞机厂工人的英勇行动得到了高度评价。

1927年2月，北伐军占领杭州、嘉兴，军阀孙传芳部节节败退。中共上海区委决定举行第二次武装起义。起义前，吴淞机厂党支部受命探悉沪宁线敌人驻军情况，并破坏铁路以配合前线作战。然而，因军阀部队戒备森严，破路未能成功。但他们将侦察到的情报向赵世炎作了汇报。同月，孙津川和王再生出席了中华全国铁路总工会第四次代表大会，汇报了沪宁铁路工运的发展和吴淞机厂工人斗争的情况。

吴淞机厂工人积极响应中共上海区委的号召，与上海全体工人一同投入到第三次武装起义的筹备工作中。为了确保起义成功，中共中央和上海区委成立了特别委员会，由周恩来等领导分析军事形势，并提出注重铁路罢工问题。赵世炎特别介绍了吴淞机厂工人的罢工筹备情况。3月，上海工会重新划分为22个产业总工会，铁路为第九产业总工会，由孙津川领导。吴淞机厂工人率先罢工，带动全市铁路工人实现联合罢工，积极备战起义。

3月21日，上海工人第三次武装起义爆发，周恩来、赵世炎担任正副总指挥。全市被划分为南市、虹口等7个作战区域。孙津川领导的600名铁路工人纠察队集结待命，分两路向南市和闸北挺进，部分吴淞机厂工人参与了吴淞地区的战斗。

南市起义是起义的关键战役，因为众多重要军政机关及大厂均位于南市。中共上海区委对南市战斗作了周密计划，铁路工人纠察队成为南市起义的主力之一。在孙津川的率领下，铁路工人纠察队配合总工会武装纠察队，成功攻打了高昌庙军阀李宝章的司令部和其他重要目标，夺取了大量武器。在南市战斗中，吴淞机厂工人展现出勇敢顽强的精神，大队长孙津川、中队长周长福等人均在战斗中负伤，但仍坚持战斗。最终，南市战斗在4小时内取得胜利。占领南站后，孙津川等领导的铁路工人立即组织纠察队交通班抢修铁路、整修机车，迎接北伐军。同时，吴淞机厂工人也参与了吴淞地区的战斗，成功收缴了警察的全部枪支。

在闸北区，敌人负隅顽抗，斗争最为激烈。以吴淞机厂工人为主的铁路工人纠察队与其他系统的工人纠察队一起战斗，绕道攻击敌人据点。在围攻北站的战斗中，吴淞机厂工人纠察队奉命参与破路行动，成功阻止了一列载有敌军的军车开回上海，并歼灭车上敌军三百余人。

22 日下午，对北站的总攻开始。周恩来、赵世炎等亲临前线指挥，各路纠察队同时发起总攻。吴淞机厂工人纠察队员王桂荣在爆破任务中英勇牺牲。下午 18 时，工人纠察队胜利占领了北火车站。

23 日晚，上海总工会下达复工命令。在孙津川的领导下，两路上海地区铁路工人首先复工。24 日早晨，吴淞机厂工人纠察队和电讯、机务、车务工人一同到通天庵车站开始工作，并召开庆祝胜利暨复工大会。随后，他们组织了三百多人的交通队，彻夜抢修铁路。经过几昼夜的奋战，沪宁铁路很快恢复了通车。

上海工人第三次武装起义，是大革命时期中国工人运动的一次壮举，是北伐战争时期工人运动的最高峰。吴淞机厂的工人在这次起义中充当了先锋，也标志着中国共产党所领导的中车工人运动在土地革命战争前达到了一个最高峰。在这场战役中，吴淞机厂工人展现出极高的革命精神和战斗力，成为上海地区铁路工人中的一支中坚力量。他们的英勇事迹和革命精神将永远铭刻在中国革命的历史长河中。

第六节　奋起冲破白色恐怖

在北伐战争顺利发展，工人运动不断高涨的形势下，国民党内部以蒋介石为代表的反动势力与帝国主义和大资产阶级相互勾结，沆瀣一气，准备背叛革命。1927 年 4 月初，蒋介石一到上海就用武力解散工人武装纠察队，大量屠杀共产党人和革命工人，这就是“四一二”反革命政变。7 月 15 日，武汉方面以汪精卫为首的国民党叛变了革命，第一次国内革命战争宣告失败。

国民党反动派投靠帝国主义、叛变革命后，即对全国工人阶级实行最野蛮、最残酷的白色恐怖统治。铁路是帝国主义侵略中国和反动派统治、压榨中国人民的最重要工具之一，又是新旧军阀打内战的运输线，因而加在中车工厂工人头上的白色恐怖更为沉重，工人们所受到的经济剥削也比过去更加惨重，中车的工人运动在相当长的一段时间内转入低潮。

国民党反动派在实行白色恐怖和加重对工人剥削的同时，又在国际帝国主义操纵下的国际联盟劳工局和第二国际的指使下，利用工贼、党棍、流氓、特务，组织起御用的黄色工会，妄图用改良主义来欺骗工人群众，篡夺工人运动的领导权，分裂工人的团结，瓦解工人的斗争，并对工人进行监视、告密和压制。在全国各铁路局，不但一律成立了国民党的“特别党部”，而且借“整理”和“改组”之名，用黄色工会来取代工人自己的工会。

中车工人和整个中国无产阶级一样，并没有被吓倒，被征服。他们在中国共产党领导下，发扬二七斗争的光荣传统，奋起抗击白色恐怖，同时重新积蓄力量，恢复组织，反对黄色工会，为了工人阶级和全中国的解放而继续斗争。

1928 年秋，国民党在四方工厂成立黄色工会，试图控制工人运动。工厂党组织领导工人秘密组织地下赤色工会，利用各种时机开展斗争，抵制黄色工会的压迫。1930 年 1 月，四方工厂爆发“增薪运动”，工人要求增加工资。同年 6 月，工人组织了反工贼斗争，反对黄色工会和工贼的压迫。

1929 年 10 月，浦镇机厂五百余名工人在浦口集会，包围津浦铁路南段管理局大楼，要求撤销机务处长杨毅职务，发还被扣工资。局长被迫同意发还欠薪。1932 年 2 月 21 日，浦镇机厂等单位数千名工人声援济南机厂南下请愿团，包围浦口津浦铁路局南段办公大楼，引发津浦铁路总罢工，路局最终被迫答应工人要求，并释放请愿代表。

1930 年 1 月，唐山制造厂工人因厂方拖欠工资和年终“花红”，在中共地下党和赤色工会的组织下，两千多名工人包围厂长办公室，提出发放积压工资和年终奖金的要求。在宣布的斗争纲领中，除提出经济要求九条外，还提出三个政治口号：打倒黄色工会；组织工人自己的工会；反对国民党干涉。工人们数次包围厂办公楼，包围厂长，迫使厂长答应照发工资和奖金。同时，坚决反对黄色工会，打击黄色领袖，组织自己的工会，加强工人自己的武装力量，并决定组织同盟罢工，派代表到各站联系。在工人斗争得到初步胜利的同时，黄色工会和国民党铁路特别党部就联合起来，雇用流氓，把工人领袖两人捕去。愤怒的群众立即以武力对抗武力，把黄色工会两人扣押起来，迫使黄色工会释放了工人领袖。黄色工会又进一步勾结反动军警、国民党，向工人进攻。18 日工人开会时，反动军警包围了工厂，黄色工会委员和雇用的流氓持枪进攻工人，捕去了工人代表三人。工人当即前去营救，持械冲突，工人们英勇作战，即将敌方三十余人打伤。工人方面只轻伤一人。但工人代表三人终被反动派带走，而且由于事前准备不够充分，同盟罢工也未能实现。

但是，唐山制造厂工人的斗争是国民党叛变革命以来北方铁路工人最重要的斗争，“是北方工人重新抬头的象征”；斗争虽然没有取得完全的胜利，但在经济斗争和政治斗争相结合上，在坚决反对黄色工会上，在组织和加强工人自己的武装上，在英勇的斗争精神上，都给今后的工人运动做出了榜样。

在唐山制造厂工人展开斗争以后，1930 年 4 月，北宁铁路工会正式成立，随后平绥、平汉等铁路工人纷纷反对黄色工会，组织自己的赤色工会或工厂委员会，发起增加工资、索薪等斗争，并取得一定胜利。胶济、津浦、正太等铁路工人也在积极组织或打击黄色工会，为更大斗争做准备。

第七节　同仇敌忾投身抗战

1931 年，九一八事变爆发后，蒋介石政府奉行“攘外必先安内”的政策，致使东北全境沦陷。国难日重，国民党中央却继续实行消极抗日、积极反共的政策，并处心积虑要消灭其他地方割据势力。日本先后在东北、华北等地建立了一系列伪政权，对中国人民进行殖民统治，激起了全国各铁路工会的强烈反对和抗议。

在日本侵略者的铁蹄肆虐中华大地之时，中车各工厂的工人和党组织在抗日战争中进行了不屈不挠的斗争。他们在党的领导下，通过组织罢工、破坏敌方生产、支援前线等方式，奋不顾身为抗击日本侵略者贡献积极力量。

1937 年，日本发动七七事变，北平、天津相继沦陷。8 月初，日本占领南口，南口机厂开始成为日本侵华的工具。但是，南口机厂工人继承光荣斗争的传统，对日本侵略者的压迫进行了英勇的反抗和斗争。这个时期，工人斗争可以分为两个方面：一是群众自发的“磨”“打”“破坏”；二是直接与抗日根据地取得联系，在党的领导下进行的革命活动。磨洋工是当时工人进行反抗普遍使用的一种方式。工人们把对鬼子的仇恨发泄在干活上，如机床加工机件本来是几十分钟可以干完的活，利用“吃小刀”，两三个小时也干不完；又如一些装修的活，本来一个月可以完成，工人会拖上半年。一次，鬼子由日本运进一台镗床，派工人王彬负责组装。这是用一个月就可以完工的活，可是经王彬的手组装，越调整毛病越多，拆了装，装了拆，足足“折腾”了一年才交工。工人在车间安排好“放哨的”，专门盯着日本监工。日本人不在车间时，工人就歇着，让机床空转。“破坏”是一种深化的反抗形式。工人们认识到要使鬼子受到更大的损失光“磨”不行，还要利用空隙进行破坏。如破坏机器、浪费原材料、故意制造事故等。这些活动带有经济意义和政治意义。当时，机械所有三十多台大小机床，均由一台 75 千瓦的电动机带动。因电机功率小，各个机床不能同时开动，否则电机超过负荷就要烧坏。工人们看准了这个“窍门”，一有机会就由一个人喊号，大家同时开车“吃大刀”。这样，不是烧保险，就是掉皮带。机车房工人还用另一种形式进行破坏。修机车时马马虎虎巧妙地制造事故。本来机车的毛病不大，越修毛病越多。修完的机车出厂后行驶时间不长，不是跑气就是速度太慢，只好回厂返修。这样，大批机车积压待修，造成平绥路运输紧张，日本军用物资不能按期运出。

当时，南口机厂党的活动受晋察冀十二分区城工部领导，厂内只有党员没有党的组织，党员和城工部联系，秘密进行活动。工厂地处平绥铁路南口要塞，在地下党领导关系上自然形成了平北和平西两条线（以南口地区铁路线为界）。地下党小组的活动主要是收集情报，购买药品、布匹等物资，偷运弹药，输送人员等等。抗日战争进入反攻以后，工厂里家住附近农村的一些工人受当地游击队的影响，积极参加对敌斗争。有的加入村里民兵组织，直接参加民兵的重要活动，如破坏日寇通讯联络、除奸。有的利用工作之便配合行动，如提供情报带领游击队袭击工厂警卫室、炸毁动力房大烟筒。这些活动给了日本侵略者沉重打击。

石家庄总机厂的工人在中国共产党的领导和影响下，积极开展以抗日反蒋为中心内容的爱国民主运动。1931 年 9 月 29 日，正太铁路部分爱国职员率先发起成立正太铁路同人救国会。10 月，为慰劳东北黑龙江马占山部抗日将士，同人救国会发去慰问电，汇去捐款 1000 元。1932 年 2 月 10 日，同人救国会为慰问蔡廷锴的十九路军在上海的“一·二八”抗战，除发出慰问电外，汇款 1000 元由上海生活报社转交十九路军。1932 年 8 月 12 日，正太铁路同人救国会改为正太铁路员工救国会。

1936 年春，为结成广泛的抗日民族统一战线，正太铁路员工救国会组织石门市妇女抗日救国会，由陶鲁笳出面组织石门市青年抗日救国会，另外还建立石门市工人抗日救国会、商人抗日救国会，继而联合成统一组织——石门各界慰劳前方将士后援会。国民党将领傅作义率部奋起抗日后，石家庄人民再一次掀起慰问抗日将士热潮。正太总机厂工人每人捐献一日工资。正太员工救国会筹款1000元寄给归绥驻军，正太铁路工会指导员、员工教国会负责人马次青率领慰问团经太原到绥远，途中，在大同受到傅作义接见。傅作义还特意复电石家庄正太铁路工人表示感谢。8月，共产党员孙志远到石家庄担任一一九师师部秘书兼书记处书记、手枪队长。他在该部建立了党的组织，并与石家庄市委书记陶希晋取得联系。在抗日民主运动中，部队和地方紧密配合，互相协作。石门市委领导的歌咏队经常由赵子岳率领到驻军中歌唱，教唱抗日歌曲，地方上开展抗日救国宣传活动，驻军经常派人参加，孙志远还常派手枪队保护会场。在抗日民主运动中，工会组织得到很大发展。

1932年10月25日，正太铁路及其总机厂收归国有。正太铁路局长王懋功过去曾与共产党有过合作，属于国民党改组派，坚持反蒋不反共。他任局长后，支持进步知识分子陶国华（陶希晋）、马庆昌（马次青），依靠老工运领袖、中断关系的共产党员施恒清、王风书等人办工会。施、王等人排除“左”的影响，积极与进步职员相结合，利用工会合法形式，为广大工人谋利益。

1932年9月25日，正太铁路工会正式恢复，经反复斗争和要求，主要做了这样几点工作：第一，捐款购机，雪耻救国；第二，为“二七”失业工人孙云鹏、梁永福等30余名工人复工；第三，总机厂工人由10小时工作制改为8小时工作制；第四，修建工会会址、浴池及宿舍；第五，录用已故工人子弟；第六，筹备开办消费合作社；第七，要求实行特假及事假（未实现）；第八，铁路医院设立中医，增加福利煤数量。

1937年卢沟桥事变后，9月下旬，日军逼近石门，正太铁路局随之西撤。石家庄总机厂工人和路局职员纷纷要求拿起武器，投入抗日战争。正太铁路大部分党员和职工一百多人，就在阳泉正式成立正太铁路工人游击队，并以阳泉牺牲同盟救国会的名义，向山西牺牲同盟救国会总会领取一部分枪支弹药。1937 年 10 月，阳泉失守时。正太铁路工人冒险将一批机车车辆运往同蒲铁路。当时，晋中特委领导着榆次、太谷、寿阳、祁县、平定、武乡、辽县、榆社、昔阳等县委和县属抗日游击队，大都有原石家庄铁路职工作为骨干力量。1944 年二三月，中国共产党为加强对石门市抗日斗争的领导，建立中共太行区石门城市工作委员会和武工队。次年，又建立石门市民主政府办事处。活动在石门西郊农村和深入到市内打击日本侵略者。为配合八路军消灭日军，共产党员吴桂荣利用各种机会，对日本侵略军的首脑机关石门市公署进行反复侦察，并将侦察情况绘制成详细的地图，及时送给解放区。

图 52：正太铁路游击队部分成员合影

1937 年卢沟桥事变后，津浦铁路当局担心天津失守，将天津工厂部分设备器材运往济南机厂。同年 8 月 29 日，日军强行占领天津工厂。

1938 年 4 月，日伪华北交通株式会社成立，工厂名称改为华北交通株式会社天津铁道工厂。1939 年 10 月，工厂工人难以忍受非人的折磨，为抗议日本工头毒打工人，举行怠工斗争，并取得胜利。1943 年，中共晋察冀中央分局城工部团结、引导工厂工人以摔跤活动为掩护，从事革命活动。1944 年，工厂中共党支部秘密成立，组织工人开展反抗日寇压迫、“延误修车时间，降低修车质量”、拖住敌人后腿的斗争。同时，通过地下党组织将装甲车零件运往冀中抗日根据地。

1937 年 10 月，国民党津浦铁路局看到济南就要失守，便组织力量将济南机厂（大槐树机厂）设备进行南迁。1937 年 12 月 27 日，济南沦陷，随后，日军占领济南机厂。为了加快军运，日军亟待使工厂恢复生产，因原工厂的设备绝大部分已被拆走，他们运来了各种设备，其中重大设备是从日本本国运来的，另一部分定购的山西造机床。日军又强迫工人上班，通过特务、汉奸一面以每天半袋“洋面”引诱，一面按花名册挨家挨户搜逼工人上班。结果花了三个月的时间，只强迫了三百人进厂。工人进厂后在日军铁蹄下，如同陷入人间地狱，日本鬼子对中国工人实行法西斯专制，日本特务日夜监视工人劳动，随意打骂，中国工人进出厂门要搜身，门口有全副武装的日本兵把守，另有日本宪兵队牵着狼狗监视，中国人必须给他们行九十度的鞠躬礼，稍不留意便遭毒打。日军为了便于对工人进行控制，给每个工人的帽子上都钉了铜牌工号，只要稍有违反他们的“规定”便按工号扣口粮或抓人。他们还在工厂四周墙上装了高压电网，工人没有丝毫自由。

有压迫就有反抗。济南机厂党支部组织工人“开展大规模的怠工斗争，发动群众搞垮敌人的工厂，使鬼子的机车开不出去跑不起来”，怠工斗争很快便遍及了全厂。风泵房和机车场的工人工作时间睡觉、蹲厕所，开机床的不吃刀、“吃小刀”或打空转，消耗人力、机器、机油，但不给鬼子干活。群众编出顺口溜说：“磨洋工，磨洋工，拉屎尿尿三点钟。机器响，轮子转，切削一天三两半。”工人怠工时有专人放哨，并规定了暗号，放哨的工人发现来了鬼子，就向怠工车间的工人发暗号，工人马上各就各位，装出干活的样子，等鬼子走后继续怠工。日军实行“强化治安”给工人带来更大的灾难，生活极其困难，一个月只配给二十几斤高粱米，甚至大麦糠、豆饼，后来只发橡子面。地下党领导工人开展了反饥饿斗争，创造了多种斗争形式，其中主要是买通工头，在厂里吃空名，代挂工牌后到徐州买锅饼，往潍坊贩小米，既怠了工，又解决了吃饭问题。风泵房有二十多人，上班干活的只有七八个人，后来逐步在全厂两千七百多人中发展到一千七百多人跑买卖。第二种方式就是破坏和“偷”敌人最需要的物资，如洋油、合金刀、胶皮、铜瓦、钢材、铅皮、棉纱等，其方法也是多种多样的，如夜间偷，放在大粪车里运出去；在工厂围墙上的电网上搭木板往外传；买通门警公开用车往外拉。一次厂里进了五吨铅板，不到两个月就“偷”没了。其中，许多物资都运到了解放区，支援了抗日战争。第三种方式就是利用一切机会破坏敌人的机器，特别是重要机器，不但不给加油还把铁末子撒在机器里，许多重要设备经常磨坏；破坏刀架、天车开关、变压器、机车仪表等。总之，地下党组织在领导济南机厂工人对敌斗争中起到了重要作用，有力地教育了群众，配合解放区开展了抗日救国斗争。

1940年南京沦陷，很多党员被迫离开南京或与党组织失去联系，南京的党组织中断了，江苏省委只得尽可能从上海抽调党员到南京。1940年初，中共江苏省委就开始派出党员来南京开展工作，重建党的组织。浦镇机厂进步工人也在通过各种渠道寻找党的组织，投身抗日斗争。1941年，工人朱德胜、赵有清、许春生等人经永利铔厂地下党员许文斌介绍参加抗日群众组织“同心会”，负责搜集两浦地区日军情报，送往新四军根

图 53：1945 年 6 月 15 日，地下党支部在工厂北门外开设了“义记自行车行”，以修车为掩护，开展抗日斗争

据地江浦县文山集办事处，直到 1943 年新四军向北转移失去联系而终止。1943 年 9 月，华中局城工部派彭原到南京工作，由党员托人介绍到下关车站行李房当装卸工。1943 年，中共南京市工委派王秀琪来厂担任描图员和小学教员，在工人和小学教员中发展党员，恢复建立党小组。次年 3 月，中共华中局城工部再派党员邵雪岭来厂重新开辟党的工作。不久，邵雪岭在机厂先后发展龙海波、顾有福 2 人入党，恢复地下党支部，彭原、周群（杨少庭）先后担任支部书记。1944 年，浦镇机厂中辍十几年的党组织终于恢复起来。党组织建立后，通过各种活动启发工人的觉悟，激发民族仇恨。同时，针对工厂当时的现状，开展与工人群众生活密切相关的

形式不同的抗日斗争。地下党员利用同工种、同车间、同乡等关系，广交朋友。对思想比较进步的工人，抓紧教育，启发其阶级觉悟，然后物色发展对象，个别吸收入党。以“中国的东西中国人用”的口号，发动工人私拿各种物资，解决生活上的困难。有的工人在切削配件时，故意加工成废品，有的故意把不合格产品配在设备上，有的在修好的轴承里添上一把沙子，还有的利用乘车不买票的规定，索性跑单帮，既可赚钱解决生活困难，又可对付日本人。全厂一千多人，每月只能修理2台机车和10节货车。而且质量很差，跑不了多久又得回厂修理。在开展消极怠工、破坏生产的同时，地下党员还利用工作之便，将了解到的日军军用物资的运输代号、数量等情报，及时送往根据地。中共中央发出“争取城市及交通要道的千百万群众，瓦解与争取伪军伪警，准备武装起义”“配合新四军接受南京”的指示后，南京工委立即召开紧急会议，部署新四军解放南京后的治安及管理工作。下关地区由彭原、白文良、陆少华、王春海等负责，在装卸工人中组织一小队地下军集中待命，准备迎接新四军进城。浦口地区派沈以行负责，领导浦镇机厂党支部和浦口党小组，动员群众，准备迎接新四军进城。日本宣布无条件投降后，国民政府挑起了全国性大内战。浦镇机厂党组织按照南京市委的要求，继续实行“隐蔽精干，长期埋伏，积蓄力量，以待时机”的方针，为争取和平、实现民主、改善民生而奋斗。

抗战期间，在中国共产党的领导下，江苏常州戚墅堰机厂的工人和日军进行了不屈不挠的斗争。1938年4月，新四军江南部队开进京沪铁路两旁，建立了以茅山为中心的抗日根据地。1940年5月，中共澄武锡工作委员会为开辟常州城区的抗日工作，先后派中共党员戚拯和朱腾到常州，以戚墅堰机厂为重点，秘密组织青年工人进行抗日活动。戚拯与戚墅堰机厂旋盘职场铣工顾洪连、机关职场钳工黄盘林建立了联系，经过教育动员他们加入了“武进青年抗日救国团”（以下简称“青抗团”）。“青抗团”

团员利用各种机会，把抗日标语、传单带进工场，秘密张贴、散发鼓舞工人群众的抗日斗志。1941 年年底，太平洋战争爆发，日军在战争的泥潭里越陷越深，用来支持战争的物资也越来越匮乏。针对这一情况，中共地下党组织提出“日寇缺什么，就破坏什么”的口号。当时工厂的润滑油脂非常缺乏。工人们用尽心机，将黄沙掺进油脂内再涂到轴承上，然后向日寇报告说，油脂内有黄沙不能用。甚至趁日寇不备，将油脂倒在煤屑里、阴沟里，造成油脂更加紧张的局面。由于木材来源稀少，供应困难，工人们趁日军生火取暖需要燃料，就故意破坏修理车的板材，或是有意将长料锯短，然后报废。此外，工人们的怠工也让日军大伤脑筋。工人们利用一切机会，或消极怠工，或直接破坏生产设备，让生产瘫痪。那时，修理一辆机车往往要拖六七个月。日军为了满足侵略战争的需要，打算大批生产货车，并准备以原有货车第二工场的设备搞军工生产，在横林建立年产一千辆货车的分厂。由于戚墅堰机厂工人的不断斗争，日军的计划最终落了空。为了支援新四军的武装斗争，工人积极搜集日军在常州工场内外的军事装备和兵力部署情报，及时提供给常武地区的地下党组织。有的“青抗团”团员为了掩护新四军部队安全穿越铁路线，机智地破坏铁路沿线日军设置的电网。戚墅堰机厂作为京沪线上的一个铁路大厂，受到地下党组织的高度重视。从 1944 年上半年开始，中共上海工人运动委员会、中共澄西县委、中共苏中五地委和中共武宜县委先后在常州工场开辟工作，派遣和发展 16 名党员，领导工人开展抗日斗争。

日军利用所占领的工厂为战争服务，从 1942 年到 1945 年，戚墅堰机厂增添的生产设备和生产情况，都超过了抗战以前的水平。尤其是 1944 年以后，日军的机车车辆损坏量越来越大，日军大为缩短了车辆修理的周期，造成了产量激增。工人们在共产党的领导下，不断地进行生产破坏活动，致使机车修理出厂后不久又要回厂复修。随着日军侵略战争的节节失利，原材料来源越来越稀少，生产也越来越困难，中共地下党组织常州工场的工人以怠工和破坏等方式，与敌人展开隐蔽斗争。他们在石灰窑发动工人有意出废品，或者将生产的电石抛到河里，使工场生产受到影响。在货车职场，工人故意浪费板材，造成供应困难，间接拖缓了日军利用工厂支援战事的脚步。

1938 年 10 月日军占领武汉，随后侵占了江岸机厂。来不及撤退到后方而留下来的少数工人，在日军的刺刀下，过着亡国奴的悲惨生活。日本统治者除了在经济上对中国工人压榨外，在政治上则实行法西斯统治。为了镇压中国工人的反抗，他们在江岸地区设立了宪兵队和刑房，老虎凳、电椅、吊架、洋狗等各种刑具俱全，不少中国工人被他们活活打死在里面，刑房也被人们称为“人间地狱”。

在地下党的发动下，工人们开展各种形式的斗争，达到破坏生产、影响运输的目的。他们采取了消极怠工的形式，只见人在干，就是不出活。大家编了个顺口溜：“洋工活，慢慢磨，鬼子来了假做做，鬼子走了把活搁。”因原材料及零部件很缺乏，经常停工待料，常常一个月也修不了一台车。

1942 年，鄂豫边区党委和新四军五师工委指示祝敏化名彭正兴再入江岸机厂，以锅炉场制罐工身份组织工人与日军斗争。这时的斗争方式发展到了有组织地怠工、破坏机器和产品、担当抗日武装的秘密交通员、情报员，帮助新四军采购、运输材料、药品和物资。

在日本侵略者统治下，工人生活十分悲惨，原先有些工人用各种办法将厂里的铜、铁零件和工具偷带出厂变卖以接济生活。就在祝敏回厂后，将这种行动发展为有组织、有计划的破坏活动。他们在工厂围墙的厕所墙上挖了一个洞，平时用砖头码好，到时便里应外合，将早已藏匿好的铜、铅等各种有色金属物资成批地偷运出厂，送往边区供给新四军造子弹。

当时，活跃在汉口北部平汉铁路线上的有苏星（化名王先生）领导的新四军武工队，有国民党组织的铁道破坏大队，也有日军组织的铁道保安大队。江岸机厂的工人在共产党的领导下，利用工友和亲属的关系积极为武工队提供情报，支援新四军。一次，新四军急需重机枪子弹，江岸机厂的工人利用与敌保安队中扳道工的关系，获得了日军运送弹药列车的车厢号，并将这一情报传递给了武工队，使武工队成功地在花园车站附近截获了这批武器弹药。

在抗战时期，江岸机厂的地下党员还为边区运送过煤油，组织青工到解放区学习，参加抗日队伍；用汪伪政权的报纸作掩护散发共产党新四军的传单，有力地宣传了共产党的抗日政策，支援了新四军的对日作战。

第八节　如火如荼斗争到底

在中国共产党领导的解放战争中，中车各地工厂的党组织领导和发动进步工人与国民党反动派进行了不屈不挠、针锋相对的斗争，充分展现出了中车工人将革命斗争进行到底的坚强斗志，为全中国的解放事业作出了不可磨灭的贡献。

抗日战争胜利后，国民政府交通部立即着手“接收”铁路。1945 年 10 月 29 日，国民党政府派接收大员陈舜耕接收了济南铁路局并任局长。11 月 9 日，朱虦、张殿执、韩善章、蒋鋆等人接收了济南机厂。

济南铁路局于 1947 年 6 月 27 日发布裁员减薪的命令，局令上大致有五项规定：一是这里地方小，用不了这些人，调向南方去；二是不愿到南方去的，停薪留职；三是该去南方而不愿去的，就得降薪降职；四是资遣回家；五是有反对情绪，不愿走的就不开支。谁接到“裁汰冗员，毋庸到工”这样八个字的四寸小条，谁就被裁赶出厂外。7 月 4 日，在党支部组织领导下，工人们组织罢工请愿，开展“反裁员”斗争，工人振臂高呼“撤销局令，补发欠薪”等口号，震耳欲聋，惊天动地。厂区的围墙上出现了一张张“坚决反对局方裁员！”“撤销五项办法！”的醒目标语。当天下午，路局贴出了“安民布告”，宣布裁员的五项办法暂缓执行，要求工人照常上班，“反裁员”斗争取得了胜利。

武汉的汉口江岸是二七大罢工的发起地，当地铁路工人的革命斗争经验丰富。1945 年底至 1946 年初，中共南方局青年组派共产党员刘实到汉口开展革命工作，张华镛（工人民主工作队员）、张正楷（党的积极分子）也通过街坊的关系打进了江岸机厂，为武汉的解放积蓄斗争力量。

当时国民党的反动势力对平汉铁路（卢汉铁路）控制很严，中共党组织开展工作十分困难。刘实、张华镛、张正楷等人利用交朋友、找职业的办法，逐渐在江岸机厂内部发现了一批接受革命思想的进步工人，并初步掌握了敌人的一些情况。

1947 年 3 月，上级党组织批准以史汉生为书记，张正楷为组织委员，危迪生为宣传委员，在江岸铁路地区以江岸机厂和机务段为中心，重建了党的支部。支部成立后，决定围绕着“反饥饿、反迫害、反内战”的运动，逐步引导工人群众从经济斗争到政治斗争，从小范围到大规模，从秘密活动到利用合法形式公开进行群众性斗争。

1947 年 11 月，硚口军用被服厂第一次大罢工爆发之初，武汉各行业纷纷起来支援。伪平汉铁路工会头子肖汉庭搞所谓的支援活动，欺骗群众。江岸党支部巧妙利用国民党伪工会内部的矛盾，组织党员和积极分子以合法身份参加进去，把他们的假支援搞成真支援。支部发动积极分子开展募捐宣传活动，一两天工夫就募集捐款 5000 多万元。

铁路员工发放制服是铁路职工群众经过长期斗争赢得的福利。可是，平汉铁路局局长夏光宇想吞掉这批布料，职员的制服发了以后，工人的布料他扣住不发，引起工人群众的强烈不满。党支部在工人群众中因势利导，利用各种场合进行宣传活动。一天早上上班的时候，工人们一批批地拥到伪工会门前，要布的喊声震天响。各厂、段、站无不闻风而动，一列满载工人的列车直奔大智门车站。这次要布斗争，使铁路交通中断了3个多小时，破坏了敌人的军运计划。党支部曾化名在《大刚报》上发表了一篇文章，揭露了平汉铁路局克扣工人布料的内幕。

经过这两次斗争，江岸机厂的党员和积极分子都得到了锻炼，他们中间，有的在伪工会中担任了一些工作，有的利用社会关系在伪工会上层人物中活动，地下党支部能够掌握敌人的动向，可以有计划、有步骤地开展斗争。

1949年，解放战争的三大战役胜利后，武汉的解放已指日可待。在3月中旬左右，经过汉口地下市委批准，在江岸机厂又重新组建了党的地下支部。由蔡杰任书记，张正楷任支部副书记，马鸿绪为组织委员，胡登奎为宣传委员。地下党支部把反搬迁、反破坏、迎解放作为当时的中心任务，并将毛泽东同志在1948年12月30日为新华社撰写的新年贺词《将革命进行到底》的主要精神向全体党员、积极分子和外围组织的成员作了宣讲，极大地鼓舞了大家将革命进行到底，取得最后胜利的坚强斗志。

新中国成立前的沈阳，处在国民党政府的反动统治之下，市面物价飞涨，500元法币仅可买半个窝头成为当时市民生活的真实写照，用麻袋装钱去换取仅够糊口的粮食在沈阳已是司空见惯。

1946年10月，沈阳的国民政府资源委员会接收了1938年日本人秋山正八创办的满洲车辆株式会社，并更名为皇姑屯车辆总厂。工人们的行动受到特务的严密监视，工人们稍有不满言论就会无故失踪。国民党政府的倒行逆施和残酷压迫更加激起了工人们的反抗，以怠工、罢工、破坏机器、破坏工具等过去用来对付日本鬼子的办法用来对付国民党。特别是在 1948 年，国民党政府在东北的统治即将崩溃，国民党官员在逃跑之前，无故扣发工人粮食、大批量解雇工人之时，工人群众开展了求生存、反饥饿、迎解放的罢工运动。在中国共产党的领导下，工人们组织起来，拆卸工厂的机械设备，把主要机械零件埋藏起来，把各种工具和材料隐蔽起来，为了防止敌人在逃跑时对工厂进行破坏，各场工人组织了护厂队，保护工厂迎接解放。

1948 年春，中国人民解放军已逼近沈阳城下。国民党为挽救濒临灭亡的命运，命令皇姑屯机厂（原皇姑屯修车厂）制造 6 列装甲车，妄图打通沈山线（沈阳至山海关），以阻止人民解放军的攻势。工人们不愿助纣为虐，立即强烈反对，特别是得知东北行辕给工厂拨款五亿八千万元和一些粮食被厂方侵吞了的消息后，工人们更是愤恨至极。在工厂地下党员孙玉魁的领导下，开展了反饥饿罢工，要求发放拖欠的工资和粮食，厂方被迫完全答应了工人们的要求。罢工胜利了，工人们领到工资和粮食后，又将计就计，决定采取“超重造车”的计划，使制作的装甲车超重严重，刚行至马三家站，轴瓦已燃，再也前进不得，成了一堆废铁，一车的国民党兵成了解放军的俘虏。

这一时期，在中车诞生了新中国第一首歌唱中国工人阶级的经典歌曲。1948 年，东北解放战争进入了大反攻阶段。作曲家马可来到了皇姑屯机厂（原皇姑屯修车厂），他与文工团的团员们一起和工人师傅们同吃住、同劳动，深入体验工人的工厂生活，寻找创作突破口。一首名叫《我们工人有力量》的歌曲初稿在大家的共同琢磨下诞生了。为了更好地完成这首歌，马可不断征求工人们的意见，还先后在皇姑屯铁路工厂货车分厂召开了两次座谈会，工人们积极参与了讨论，提出了很多切实的建议。马可根据工人们的意见进行了修改，并在皇姑屯铁路工厂最终定稿形成了流传至今的《咱们工人有力量》。这其中有两处重要的修改：第一处重要修改是歌名，原来的歌名是《我们工人有力量》，工厂的工人们认为改成《咱们工人有力量》，更有亲切感，更有力量感，后来事实证明这个改动至关重要，扣人心弦，拉近了这首歌和工人阶级的关系，倍增了工人唱起这首歌的亲切感，为这首红色经典歌曲的传唱奠定了坚实的群众基础；第二处重要修改是歌词，将原来最后一段“为什么，为了打老蒋”改成“为什么，为了求解放”，改动后的歌词思想境界更高，更加鼓舞士气，振奋人心。

铁路是战争时期重要的运输工具，位于解放战争时期的南口，是国民党的军用列车从华北通向内蒙古的编组枢纽，因此也成为解放军搜集国民党军队敌情的重点地区。

为了掌握国民党军列的运输动向，凡是经过南口站的，党组织都要求地工小组要设法把编制番号搞清楚，立即送往情报站。

1947 年 7 月，军分区情报站要求南口机厂的地工小组了解一下南口的地理环境，把敌人的工事位置、火力点以及军队分布情况绘成一张详细的地图。接到任务后，地工小组经过侦察，基本上把情况搞清了，并找到一张日本绘制的南口形势图，把侦察的情况填上。随后，他们把地图连夜送到军分区情报站。1947 年秋，人民解放军由防御转入进攻。十三分区司令部指示地工小组尽快侦察沟内的敌情，如桥梁、工事和兵力等。小组几名成员扮成旅客，乘火车在南口至青龙桥间各站下车侦察。他们接连跑了五六趟，基本上摸清了情况。1948 年夏，由于解放军的强大攻势，国民党军队调动频繁，军分区指示地工小组侦察通过南口的敌军列车，摸清载运的军队和武器等情况。他们也圆满地完成了任务。

抗日战争胜利后，国民党政府接收了青岛的四方工厂，工厂的生产得到短暂恢复。但不久爆发的内战，常常使工厂濒临停产。1948 年，国民党败退台湾前夕，企图把青岛的工厂与重要设备炸毁。在地方党组织的宣传和争取下，工人们组织了声势浩大的护厂斗争。

四方工厂对维护华北地区铁路运输起着极其重要的作用，工厂技术力量雄厚，机器设备精良，职工人数约2000人。青岛解放前夕，因战争影响，铁路交通断绝，原料燃料缺乏，工厂已停产，工人不上班，厂内只有30余名厂警人手一枪看守工厂。党组织对工厂的护厂运动非常关注。早在1948年下半年，胶东区党委、青岛市委、青岛工委以及周边地区的党组织都先后派遣干部，打入青岛市内，通过地下党员和地下关系，开展四方工厂的护厂活动。他们来自不同的组织系统，互不联系，但护厂的目标是一致的。党组织派地下党员通过在四方工厂建立的地下关系，把党的宣传材料及时翻印出来，进行散发。同时利用厂警身份，将“警告信”面交青岛铁路办事处主任，要其利用自己的职务，把铁路财产保护好，争取立功赎罪。四方工厂厂长施楷履，主动贴出布告，公开号召工人护厂，并安排工人在车间轮流值班。1949年5月，胶东区党委统战部派人将厂警完全控制在党的领导之下。当警务处奉令改编为“孝警大队”，全体警察全部换上绿军装，准备连人带枪撤逃台湾时，厂警分散躲藏，将所有枪支分散匿藏于火车头的水柜内，躲过搜捕。青岛解放时，全体厂警穿着原来的服装，佩戴白袖标，迎接解放。1949年6月，随着青岛的解放，四方工厂完整地回到了人民手中。

南京解放前的国统区，通货膨胀加剧，物价飞涨，民不聊生。浦镇机厂工人每月的工资只能买1斗米，后来连这一点点可怜的工资也保证不了。工人生活极度困难，再也忍受不下去了，便出现了自发的怠工，斗争情绪也达到了白热化的程度。

1948年，为发动工人群众破坏生产，阻碍交通运输，配合解放军打击敌人，迎接南京解放，中共南京地下市委工委及时分析了当时的形势，决定发动一场大规模的罢工斗争。两浦区委经过缜密研究，决定7月2日举行两浦铁路工人大罢工。为了使两浦铁路各单位都行动起来，把津浦线这根大动脉搞瘫痪，出其不意地给敌人以打击，区委决定以浦镇机厂为主力，打头阵，带动两浦铁路各部门同时举行罢工。7月2日上午7点多钟，浦镇机厂两千多名工人排成整齐的队伍冲出工厂，率先罢工。大家共同高呼“两浦铁路工人团结起来!”“工人万岁!”等口号向浦口进发。途中罢工队伍不断扩大，浦镇工务段、电务段的工人陆续参加进来。队伍行至浦口机务段，机务段的工人也加入罢工行列。队伍到达浦口车站时，检车段、车务段、车站、港务所、自来水厂、发电厂等两浦铁路部门所有单位共六千多人都参加了罢工，致使两浦的机器停开、机车不动、车站不售票、电话不通、水电停供，一列列军车无法开出，江边码头轮渡也停了航。一时间，整个浦口铁路运输陷于瘫痪状态。两浦铁路工人的大罢工，不仅打乱了津浦铁路浦徐段的整个铁路运输秩序，也影响了陇海线的列车正常运行，连军用物资也运不出去。因此，在强大的压力下，当局被迫同意了工人提出的全部条件。两浦铁路工人“七二”大罢工取得了完全胜利。

1949年1月，国民党政府行将垮台，政府官员妄图将浦镇机厂南迁。工厂党组织发动工人家属，动员附近居民，对驻厂国民党军队士兵开展感化工作，以解决吃饭为由，拆除工厂连接津浦铁路专用线的枕木、钢轨，使工厂准备南迁的物资、设备无法运出，保护了工厂。4月23日南京解放，中国人民解放军接管了工厂。6月，军代表陈川、党代表杨炳炎着手组建工厂工会。8月，浦镇铁路工厂工会委员会正式成立，受铁路总工会和南京市总工会双重领导。以浦厂工人为主要力量的“七二”大罢工和反搬迁、护厂斗争是浦厂革命斗争史上可歌可泣的重要篇章。特别是临近解放时，发生在国民党统治中心的“七二”大罢工不仅动摇了国民政府的统治，打乱了津浦铁路浦徐段的整个铁路运输秩序，也影响了陇海线列车的正常运行，迟滞了军用物资的运输，间接地支持了淮海战役的胜利。这一时期，正是我们党从稚嫩走向成熟、走向壮大的时期。在中共南京市委的正确领导下，浦镇机厂开展的各次革命斗争，都以比较小的代价取得了比较大的胜利。反搬迁和护厂斗争的胜利，使浦镇机厂基本完整地保留下来，并使得工厂在全国解放的初期，就实现了快速恢复生产。

1949 年初，中国人民解放军在辽沈、淮海、平津三大战役中取得了决定性胜利。当时国统区币值暴跌，通货膨胀严重，使本来就处于水深火热中的戚墅堰机厂工人苦不堪言，挣扎在饥饿线上。

1949 年 2 月，在上海、南京等地工人运动和学生运动的影响下，戚墅堰机厂工人爆发了震撼京沪沿线的大罢工。戚墅堰机厂工人发动的“反饥饿，求生存”的二月大罢工，受到京沪、沪杭沿线广大铁路工人的热情支持和积极响应，罢工怒潮波及两路，斗争规模与日俱增，一度中断了国民党反动派的交通命脉京沪、京杭两线，迫使敌人不得不作出让步。这场震撼京、沪、杭地区的罢工斗争，不仅达到了提高待遇的经济目的，而且提高了广大工人的阶级觉悟，增强了工人间的团结，鼓舞了人民群众与敌人作斗争的信心。罢工一度中断了京（宁）沪铁路交通，直接影响了国民党的军运，支援和配合了人民解放军在前线的作战。

1949 年 3 月，国民党政权已处于风雨飘摇之中。戚墅堰机厂里的国民党官员打算在逃跑前，在厂内进行大规模的破坏活动，还尽可能将工厂迁移疏散，对不能搬迁的机器设备则设法破坏。戚墅堰机厂地下党组织针对敌人的阴谋活动，对工人加强宣传教育，揭露敌人的阴谋。提出了“工厂是人民的财产不能让反动派动它一丝一毫”的口号，发动群众组织护厂队，反对迁移，防止破坏，积极开展了护厂斗争。

1949 年 4 月初，戚墅堰机厂地下党组织得知人民解放军即将渡江的消息后，进一步加强了护厂的部署。一方面，组织党员与驻在厂外的国民党交通警察打交道，了解交通警察总队的番号和人数，千方百计摸清敌人在厂内外及铁路沿线的兵力、武器储备等情况；另一方面，让党员和积极分子熟悉人民解放军的番号和识别标志，为接应解放军做好各种准备。党组织要求党员和积极分子加强对氧气工场、动力室、锅炉房等工厂要害部门的守护。在每一个大门、侧门及缺口处都派有专人看守。在一些重要部门，都有共产党员在那里监视敌人的行动。围墙上接通了电网，预先组成的巡逻队沿着墙角来回巡视，保护工厂的安全。当时，国民党强迫铁路沿线居民在夜间轮番“巡路”，工人们就趁这个机会，了解沿线敌人的碉堡构造和兵力布置，分别把厂内各个建筑物的方位、要害部门、线路通道等绘成平面图，由戚墅堰机厂地下党组织送交党的上级组织，为解放戚墅堰机厂提供了重要情报。

天津解放前夕，中共地下党组织发动天津机厂工人为争取发放欠薪、年底双薪等合理权益，开展了罢工、围堵铁路局和游行等斗争。

1945 年 8 月 15 日，日本宣布投降后，国民政府交通部平津区天津分区于 11 月 5 日接收工厂，天津机厂改名为交通部平津区天津分区天津机厂。据当时中共天津铁路工委总结统计，1945 年 9 月至 1946 年 2 月，天津机厂工人针对国民党政府反动统治进行的罢工、怠工等大小斗争共 43 次。1948 年，全厂职工总数 832 人，其中工人 750 人，员司 82 人；全年，工厂在战火中坚持生产，修理货车 105 辆、修理客车 47 辆、修理或改造汽车 11 部，修理或改造轨道摩托车 19 辆。1949 年 1 月 13 日，根据中共中央华北局“保护城市、恢复发展生产”的指示，工厂党组织要求时任厂长进行护厂工作。在地下党组织和工人们的日夜监护下，阻止了国民党士兵索要器材等物资的举动，为天津解放后工厂开展生产创造了条件。

在解放全中国的历史进程中，正是中车工厂广大工人群众对解放战争的大力声援和勇敢行动，才狠狠打击了国民党反动派在铁路工厂的嚣张气焰，对我党取得最后战争的决定性胜利起到了十分重要的作用，从而在中车的红色革命史上写就了英勇无畏的斗争篇章。

第五章

中车工厂在胜利曙光中迎接新生

经历了军阀混战、抗日战争、解放斗争的硝烟战火洗礼，从我国的东北到华东，又从华北到华中，分布在全国四面八方的中车的一些早期工厂走过了从刚成立到被侵占，从被接收到护厂复产的艰难发展历程，终于回到了人民的怀抱，重新获得了新生，面貌焕然一新。这些分布在全国各地的中车工厂不仅为解放战争提供了重要的物资支持，还培养了大批技术工人和管理骨干，为新中国的铁路建设奠定了坚实基础。

第一节　东北地区的工厂全力恢复生产

自抗日战争胜利后，中国共产党领导的解放区迅速展开了一系列的经济恢复和建设工作。在铁路工业领域，东北地区的中车工厂成为解放区工业建设的重要组成部分。这些工厂在极端困难的条件下全力恢复生产，开展“死机复活”活动，保障铁路运输的畅通无阻。

1946 年，东北民主联军先后解放了齐齐哈尔、哈尔滨、牡丹江三座城市，3 个铁路工厂归属中国共产党领导的东北铁路总局管理。在东北解放区以哈尔滨为中心的北满、西满、东满 5000 多公里的铁路线上，仅有机车 236 台，其中能够使用的不到 100 台，在配件与修理材料奇缺的情况下，大量待修机车成为“死机”。东北铁路总局组织将三棵树铁路工厂的设备分迁，重建牡丹江工厂，东北解放区的铁路工厂与机务部门的职工一起开展“死机复活”活动，将被遗弃在铁路沿线的“死机”收集起来，拆下部件、配件进行拼装，1946年突击修复了36台遭到破坏的蒸汽机车，同年10月、11月命名的“毛泽东号”和“朱德号”机车，就是利用破损的米卡衣型304号和1083号机车修复起来的。

日本宣布无条件投降，大连地区结束了长达40年的日本殖民统治。根据《中苏友好同盟条约》，旅大地区由苏联实行军事管制，沙河口铁道工场更名为中长铁路大连铁路工厂。1945年9月，苏联红军进驻工厂。大连解放初期，革命力量迅速活跃起来。9月2日，大连铁路工厂等52个大型企业的二百多名职工代表出席，成立了大连市职工总会筹备会。大会通过《告全市工人书》，号召全市工人组织起来，保护工厂恢复生产，尽快成立基层工会。

日军在撤离工厂前，烧毁了全部管路、设备图纸和技术资料，生产处

图54：1945年，大连铁路工厂工人们积极行动起来，保护设备，恢复生产

于停顿状态。受反动舆论影响，社会上的抢劫风波及工厂，工具、设备和原材料丢失严重。1945 年 10 月中旬，中共大连市委以市职工总会筹委会的名义，选派出身好、思想进步的工人参加工人训练班学习。11 月 11 日至 24 日，组立职场青年工人刘兆壁等人参加第二期工人训练班学习，并在学习期间加入中国共产党。至次年 2 月 20 日，有十余名工人在学习期间入党，成为工厂党组织恢复后的第一批骨干力量。

1946 年 1 月初，工厂党支部委员会成立，开展反奸清算斗争，整顿工会组织，改善职工生活。党支部协助市公安机关打击汉奸、国民党等反动势力在工厂的阴谋活动，组织职工集资兴办裕工合作社，帮助困难职工，开展增加工资斗争和重新评定工资工作，维护了中国工人的利益，赢得工人信赖。

1946 年 5 月 5 日，中长铁路大连铁路工厂青年技术学校第一期正式开学，开设 9 个专业工种，学制为两年。这是我国解放区铁路工业系统最早建立的技术学校。1946 年 5 月，工厂党支部改为党总支部。6 月，中共大连铁路区委成立，工厂党总支部改属铁路区党委领导。在不到一年时间里，恢复生产工作取得重要进展，已能够进行机车、货车、客车的修理。

1946 年 6 月，国民党反动政府悍然发动全国内战，对大连地区实行严密封锁，工厂面临严重困难。工厂党总支部稳定职工情绪，坚持恢复生产。8 月，开展住宅调整运动，第一批二百多户工人搬进新住宅，让职工群众体验到当家作主的自豪感，更加拥护民主政府和中国共产党。

1947 年 2 月，根据旅大地委《关于开展生产运动的决定》，工厂党组织发动职工开展生产自救，组织采粮队采运粮食。4 月，工厂党组织按照《旅大职工会暂行章程》，调整了工厂职工会领导机构，由委员长制改为主席制。工厂党组织还参加了反对国民党接收旅大的斗争。

1947 年 6 月 20 日，工厂职工会成立中长铁路大连工厂工人子弟学校，首批招收203名工人子弟。10月，工厂职工会组织了大连解放后第一次大规模创模活动，提高了工人的组织性、积极性和创造性。1948年，工厂生产迅速恢复，开始新造铁路货车。修理的20台蒸汽机车通过海上运往东北解放区，动员200多名优秀工人支援东北解放战争前线。5月，工厂职工会开展了“五一”创模竞赛。6月，在苏联专家帮助下，首次开展了技术革新和合理化建议活动，40名职工提出47件合理化建议，采用了其中的28件，是大连地区较早开展此项活动的企业之一。

1948年8月，工厂成立职工学校，397名职工在识字班进行扫盲学习。工厂开办识字班的经验，在关东职工总会召开的“扫除文盲”大会上做了介绍。10月，工厂又举办专业学习班，学习技术和管理知识，培养技术工人和职能人员，为发展生产做好技术和人员储备。

东北全境解放后，工厂逐渐恢复生产，开始进行机车、客车、货车的修理。生产任务由东北铁路总局下达，原材料从苏联对外贸易部购买。工厂修理各种蒸汽机车车型达21种，大部分没有图纸，工人们就采取仿制的办法，自己动手制造机车汽缸车轴、轮心、轴箱、轴瓦、大小阀门等部件，同时仿制新造货车，仿制的车型有CI型敞车、PI型棚车、N1型平车等，是当时全国解放区仅有的两家能制造货车的企业之一。

在全国即将解放、急需大批机车车辆的形势下，工厂采取多种措施加快恢复生产的步伐。工厂恢复了制动机职厂、压延职厂、冶金职厂，在对车职厂修复了36条生产线，钢铁构造职厂修复了14条生产线，客车职厂修复了10条生产线，货车职厂修复了9条生产线，台车职厂修复了6条生产线。1949年4月1日至3日，工厂党组织全部公开，公布了党员名单，邀请职工参加支部大会，宣传党的性质和党的政策，改进党支部工作。全厂已有党员607名，设有17个党支部。同月，工厂开展了拥党竞赛和献工具、器材活动，职工们在努力生产、超额完成任务的同时，将保留的

3422件工具和器材献给工厂，表达对工厂的信赖和当家作主的责任。锅炉职厂大炉工人杨法明参加了中央军委铁道部在哈尔滨召开的奖励劳动模范大会，电气职厂青年女工戚桂枝被中央军委铁道部、东北行政委员会授予劳动英雄称号。薛吉瑞被评为旅大地区劳动模范，随中国工人代表团到苏联、罗马尼亚、匈牙利、波兰等国访问。著名作家安娥根据薛吉瑞的事迹，撰写了长篇报告文学《一个劳动英雄的成长》。

8月，根据中共中央东北局关于保护人民和祖国财产、克服工业生产中严重浪费现象的指示和部署，工厂党组织开展了生产节约竞赛活动，提出每人搞一项发明创造、搞一件技术改进，以实际行动迎接全中国解放。全厂职工以主人翁姿态克服浪费、提高效益，当月超额30%完成生产计划。

1949年10月15日，根据中共旅大区党委决定和中共中央东北局批准，工厂党总支改为工厂党委，建立了组织机构。11月27日，召开第一次党员代表大会，会议通过了开展新纪律运动、推广合理化建议等决议。

1949年，恢复生产工作取得重大进展。全年修理蒸汽机车153台，修理货车1410辆、客车57辆，铸铁件8343.9吨，铸钢件2122.8吨。工厂已能制造冷钢车轮、连结器头、西包达型连结器、连结器弹簧、车列衣型连结器、抽水机、K—1型三通阀、制动筒、给水器、尘取器、汽表、压延品等部件。全年新造各种货车973辆，是日本殖民统治时期工厂最高年产量的三倍多，占当年全国新造货车总产量的70.35%。全员劳动生产率比上年提高63.4%。党的组织公开后，党员队伍迅速壮大，4月至12月共发展新党员581名。至1949年末，全厂有共产党员1188名，青年团员1048名，他们都成为生产中的骨干。职工群众的觉悟进一步提高，至年末工会会员已占职工总数的91%。职工全年提合理化建议209件，采纳130件。职工工资收入比上年翻了一番。工厂俱乐部组织了图书馆、话剧组、合唱团和秧歌队，平均每天有 240 人到俱乐部活动。同年，工厂行政拨款从苏联购买了电影放映机，中国工人可以经常看到电影。工厂成立了幼儿园，首批接收了 20 名幼儿入园。

日本侵略者投降离开大连时曾扬言，大连铁路工厂这块土地上只能种高粱。但在大连解放后的四年多时间里，工厂重新建立党组织，并在斗争中不断发展壮大，在恢复生产中发挥了重要作用，肩负起领导工厂的重任。先后组织了六次大规模的劳动竞赛，教育引导广大职工热爱中国共产党、热爱社会主义新中国，努力学习钻研技术，提高技术业务水平，形成了一支坚强的工人队伍。工厂修复的机、客、货车源源不断地开赴各大战场和新解放区，有力支援了全国解放战争。

第二节　华北地区的工厂积极支援前线

抗日战争胜利后，解放战争迅速展开，中国共产党领导的解放区在华北地区取得了重要进展。铁路作为重要的战略资源，成为解放战争的关键支撑。在华北，比较有代表性的是石家庄铁路工厂在解放过程中发挥了重要作用。工厂不仅在战争中经历了艰难的护厂斗争，还在解放后迅速恢复生产，为解放战争的胜利和新中国的铁路建设奠定了坚实基础。

1947 年 11 月，石家庄解放后，石家庄总机铁路工厂回到人民手中。由于残敌尚未完全肃清，广大工人在党的领导下，迅速展开护路护厂斗争。石家庄市区周边的京汉、石德、正太三条铁路因战争破坏，处于瘫痪状态。铁路工人的主要任务是抢修铁路，支援解放大军南下。

石家庄解放十天左右，铁路工厂工人组成了破路队，开赴保定以北的敌占区，配合当地铁路工人破坏敌人的铁路，阻止敌人南逃。铁路工厂的工人还组织了桥梁工程队，分赴石太铁路、石德铁路，修复桥梁。他们相继修复了井陉境内的微水大桥、阳泉境内的娘子关大桥，使正太铁路交通迅速恢复，有力地支援了前线。

1948 年八九月间，广大职工开展了“保护工厂，保护机器，恢复生产，支援前线”的增产节约竞赛活动。铁路工厂的广大职工满腔热血、热情似火，积极投入运动，发扬不怕牺牲的精神，保护工厂、机器和机车车辆。1948 年 10 月，国民党军妄图偷袭石家庄。为了避免工厂的机器设备遭受破坏，从 10 月 27 日开始，全市展开了备战疏散工作。铁路工厂职工仅用三天时间，就将全厂 70%的机器设备拆除，装满 32 辆货车，分别运往衡水及太行山。当解放军彻底粉碎敌人偷袭石家庄的阴谋后，工厂职工又迅速将机器设备运回工厂。原计划用两周时间将所有设备安装起来，后经过广大职工的努力，仅用 4 天时间就全部安装完毕，第 5 天全厂正式开工生产。工人们提出了“解放军打到哪里，铁路就修到哪里，火车就开到哪里”的口号。

1948 年 1 月 19 日，工厂修复的第一台机车开出工厂。当时，解放战争正处于三大战役前夕，工厂的首要任务是加紧生产，支援前线。为了支援铁路修复，工厂大量锻造了道轨夹板、道钉、扒锔子等工务器材。1948 年全年，工厂在战火中修理机车 65 台，客车 28 辆，货车 369 辆，轻便车 10 辆。1949 年 7 月，工厂归属太原铁路管理局领导，改称石家庄铁路工厂，逐步建立健全了管理机构和各项规章制度。

第三节　华东地区的工厂护工厂保设备

在中国人民解放战争的进程中，华东地区的铁路工厂成了重要的战略目标。面对国民党的破坏与撤退，济南机厂、戚墅堰厂工人在党的领导下，展开了艰苦卓绝的护厂斗争，成功保存了大量关键设备。

1948 年春，华东野战军兵团遵照毛主席对山东的作战计划，为了粉碎敌人的“点线防御”体系，向敌占区发起了强大的攻势。8 月，华东野战军西线兵团、苏北兵团和山东兵团胜利会师后，即准备对济南开展攻坚战役。

根据华东局和华东军区的指示，中共地下党组织搜集了大量国民党在济南的军事、政治、经济情报，供给解放区，同时还翻印了《中国人民解放军约法七章》《告全体同胞书》《严惩战犯条例》等，交给济南机厂的地下党员、工运积极分子带回厂内分头到各场、家属住处张贴散发。他们将这些传单贴在马路旁的电线杆上，放在厂里的工作台上，甚至贴在敌人的办公室门上。这些传单起到了宣传群众、鼓动群众、打击敌人、瓦解敌人的作用。为使济南机厂在战争中少受损失，济南市委情报部负责人王均一方面派姜仲三多次来厂联络，一方面邀请进步工人到南部山区交谈部署发动工人开展护厂工作，讲明“工厂是我们工人的家，机器就是我们工人的饭碗，丢了家和饭碗，我们就无法生活，就要给新中国的建设增加困难”的道理，动员广大工人积极参加护厂斗争，反对国民党迁走机器，要封锁机房，看守器材，并宣传党的政策，在解放军打进市区后为解放军带路，救护伤员，解放后及时复工生产。

1948 年 9 月 16 日夜，济南战役打响，9 月 20 日济南机厂解放，24 日济南全市解放。27 日，济南机厂的许多工人积极报名复工，并立即以主人翁的姿态响应中共济南特别市委“军队打到哪里，铁路就修到哪里”的号召。当时解放大军正在乘济南战役的胜利，积极准备筹划淮海战役，而修复铁路急需大量的铁道夹板和道钉，全厂各场工人便一齐动手，点燃起千百个烘炉，抡起铁锤，在“解放区的天是明朗的天”的歌声中夜以继日地忘我劳动，一批批道钉、铁道夹板迅速送往铁道线，使铁道线路飞速修复。据资料记载：仅一个多月的时间就完成了铁道夹板 31820 块，各种急需件 113147 套，为修复胶济、津浦铁路，支援前线立下了功劳，受到军管会的表彰。与此同时，在原材料极其困难的情况下，济南机厂职工挖出解放前埋藏的材料，奋战了 9 个昼夜，使一台“死车”复活，被命名为“江南”号机车，满载解放大军和大量支前物资开赴江南前线。

中共济南市委在济南解放后总结工作时，充分肯定了济南机厂地下党员和地下群众关系在济南解放战役中所做的工作，特别表扬了他们在战斗最激烈的时刻，不顾个人安危，始终坚守在工厂，保护工厂，保护机器，主动救护解放军伤员的事迹，以及战争结束后帮助解放军清理战场、维护社会治安，帮助恢复社会秩序和尽快恢复生产等工作中所作出的贡献。

1949 年初，中国人民解放军在辽沈、淮海、平津三大战役中取得决定性胜利，国民党反动政府陷入崩溃绝境。然而，戚墅堰机厂工人却遭到反动派两次大逮捕。当时，国统区币值暴跌，通货膨胀严重，工人生活困苦。1948 年底，国民党反动派统治下的工厂分两次发放年终双薪，但工人领到的金圆券几乎无法购买足够的生活物资。1949 年 1 月 27 日，职工领到第二次发放的 1000 元金圆券时，只能买到二斗多米。为此，全厂职工群情激愤，一致要求厂方增发大米 2 石，以弥补年终双薪的不足和解决年关生活的困难。然而，管理工厂的反动派却置若罔闻。最终，工厂工人忍无可忍，把正在厂修的流线型客车推到戚墅堰站正线上，切断了京沪线的交通，使厂内的斗争扩大到整个京沪线。戚墅堰机厂工人用车辆阻路的行动，庄严宣告“反饥饿，求生存”的大罢工正式开始。厂内部分地下党员遵照党组织“注意斗争策略，不能暴露身份”的指示，积极参加这次大罢工。戚墅堰机厂工人发动的“反饥饿，求生存”的二月大罢工，受到京沪、沪杭沿线广大铁路工人的热情支持和积极响应，罢工怒潮波及两路，斗争规模与日俱增，一度中断了国民党反动派的交通命脉京沪、京杭两线，迫使敌人不得不作出让步。这场震撼京、沪、杭地区的罢工斗争，不仅达到了提高待遇的经济目的，而且提高了广大工人的阶级觉悟，增强了工人间的团结，鼓舞了人民群众与敌人作斗争的信心。罢工一度中断了京（宁）沪铁路交通，直接影响了国民党的军运，支援和配合了人民解放军在前线的作战。

1949 年 3 月，国民党政府已处于风雨飘摇之中，厂里的国民党特务对工人的迫害更加猖獗。戚墅堰机厂地下党组织对工人加强宣传教育，揭露敌人的阴谋，提出了“工厂是人民的财产，不能让反动派动它一丝一毫”的口号，发动群众组织护厂队，反对迁移，防止破坏，积极开展了护厂斗争。

1949 年 4 月 21 日，中国人民解放军强渡长江天堑，挥师南下，开始收复常州。经过解放军与工厂工人的密切配合，工厂完整地保存了下来，工厂的秩序井井有条，全厂职工没有一个遭受伤害或牺牲，戚墅堰机厂终于获得了新生。然而，解放后的戚墅堰机厂又接连遭到国民党三次轰炸，工厂原本就很简陋的厂房、设施又遭到重创，5 人为护厂献出了生命。

第四节　华中地区的工厂反破坏迎新生

在中国人民解放战争的进程中，华中地区的铁路工厂成了重要的战略目标。面对国民党的破坏与撤退，株洲机厂和江岸机厂的工人在党的领导下，展开了艰苦卓绝的护厂斗争，成功保存了大量关键设备，为解放战争的胜利和新中国的铁路建设作出了重要贡献。

1949 年 6 月 20 日，株洲机厂突接国民政府华中军政长官公署驻株洲高级参谋陈铭英电话，命令将全厂机器及材料立即详细造册送审。21 日，陈铭英亲自来厂，命令工厂在一星期内将全部机器设备拆运“后方”，并派一个工兵排进驻工厂，名为“保护”，实为监督。当时，处长周励因公外出，副处长徐名植将情况加急电报总机厂。总机厂为保存铁路设备不落入桂系军阀手中，便以国民政府交通部的名义下达一道紧急命令：着株洲机厂筹备处在柳州设立分厂，立即迁运机器，但保留部分设备在株洲，作维持粤汉、浙赣两路机车车辆之用。工厂马上将这个命令抄送陈铭英，但陈置之不理，仍催促工厂拆卸机器，并派士兵到每一部机器旁持枪威逼工人拆卸。7 月初，除动力场发电房的 2 台 220 千瓦发电机未拆卸外，其余机器设备全部拆卸，共装车 11 列。每部机器均有专职技工随同，每节车上派有两名士兵押运。列车开出株洲后，陈铭英等人便无法控制行车，加上当时军运混乱，线路堵塞严重，工厂的机器列车被甩在衡阳以北沿线各个小站。此时，周劢在香港与中国共产党组织取得联系，通过粤汉铁路局衡阳路局地下党的协助，最后将列车全部直运广州，停于西村存车线上。解放前夕，该批设备全部运回工厂，为株洲机厂未来重建保存了可供使用的设备。

1949 年 7 月初，随着解放战争的进展，原国民政府交通部决定把粤汉铁路局机关从衡阳南迁到广州。为了给解放后的衡阳保留好铁路的家当，粤汉铁路党总支采用半公开的方式开展反迁移斗争，尽可能疏散和隐藏技术资料和设备。工务党支部收藏了全线的线路和桥梁图纸，机务党支部收藏了全路机车图，会计党支部保存了会计档案和票据库。对于不方便转移的设备，党总支采取灵活策略，想方设法减少损失。最终，铁路技术资料基本被完整地保存了下来。整个铁路局机关搬迁去广州的只有不到三分之一的职工，而技术资料几乎全部完整地保存了下来。最终，除几台机车的一侧汽缸被炸破外，机务段的 21 台机车得以全部保留下来。

1949 年 8 月 3 日，株洲解放。8 月 6 日，中国人民解放军接管小组军事代表廖烈泉率队进驻工厂。8 月 23 日，中南军区运输指挥部在工厂组建“衡阳铁路管理局”，决定工厂改名为“株洲铁路工厂”，隶属衡阳铁路管理局，任命李泮溪为厂长，周劢为副厂长。当时，工厂职工只有405人。此时，解放战争还在全面推进，设备和物料极为匮乏，但职工们恢复生产的热情很高，他们克服各种困难，在短短的三个月中便修复ㄙㄌ7型1159号机车1台、货车14辆、客车12辆，这些都有力地支援了解放军的胜利南进。

图55：1949年10月31日，株洲铁路工厂检修出第一台蒸汽机车支援前线

株洲机厂从1936年创建到1949年间，在侵华日军的疯狂轰炸、工厂多次迁徙的慌乱以及国民党反动派南逃的破坏等折磨下，这里的人们始终顽强坚守心中的民族工业振兴梦想。当解放大军来到田心时，这里一片狼藉，破败的厂房、坍塌的围墙、锈蚀的机器、空空的机床地基……田心工厂、田心社区呈现在接管人员面前的是一派凄凉、衰败的景象。接管工厂的大批南下干部、解放军，以及从四面八方返厂和新招收的人员陆续汇聚到田心。他们没有被这种景象所吓倒，迅速修整厂房、生产线，修缮职工

住所，在较短的时间内就促使工厂迅速恢复生产。

在湖北武汉的江岸机厂面临着几乎相同的局面。1949 年 5 月，解放的炮声已逼近武汉。白崇禧密令“华中剿总”交通处长赖光达制定出破坏武汉三镇铁路、航运设施的一系列恶毒计划。“华中剿总”机关和特务团准备向江南败逃，桂军鲁道源的守备部队和张轸的散兵游勇也开始夺船抢渡武昌，汉口呈现一片混乱和恐怖景象。一场破坏和反破坏、护厂保产的紧张斗争已经摆在江岸党支部的面前。

地下党支部本来准备由部分党员出面，邀请厂、段领导人出来协商组织应变委员会和“护厂队”。但了解到国民党平汉铁路党部和伪工会也在商讨此事，并且打出“保产活命委员会”的旗号，还在四处“招兵买马”。针对这一情况，支部认为可以利用他们的旗号，把他们提出的“保产活命委员会”和“纠察队”的名义接过来。因此，支部决定不成立其他形式的组织，所有党员、积极分子都参加“保产活命委员会”和“纠察队”。参加进去以后，马上提出党的口号和要求，争取领导权，牵着敌人鼻子走。这样，既可避免过早暴露党的组织，又可团结一切可以团结的力量。

1949 年 5 月 10 日，国民党不顾武汉人民的警告，公然炸毁了进入武汉的铁路通道三道桥。下一步，就要对江岸地区各厂、段、站下毒手了。地下党支部为了挫败敌人这一阴谋，马上采取了紧急措施。江岸机厂全体职工在党支部的领导下参加了护厂斗争，还派出了纠察队日夜巡逻放哨。他们把机械车间 6 台自动车床全部拆装在一节旧棚车上进行了伪装，拉到工厂比较隐蔽的地方，做好随时转移的准备，并把一些笨重设备的重要配件也拆下来，还把比较重要的工具抹上黄油沉入工厂后面的水塘。连工厂中的吊车、大小电机都进行了拆卸，埋放在工厂周围草地里。不到一两天，大部分设备已经隐蔽、疏散一空，只剩下几台破旧车床和钳台。

1949 年 5 月 15 日，国民党工兵营的五十多名工兵从板车上拿出大小各种炸药在主要地方绑扎起来，导火线也拉上了。“保产活命委员会”的值班人员连忙拉下总电闸发出警报，厂区气氛顿时紧张起来。在地下党支部的领导下，地下党员、工协会员同许多工人纷纷赶到厂内，他们以“保产活命委员会”和“纠察队”的身份出现，一起围上讲理，同敌人进行周旋，筹集部分现金打发走了国民党士兵，终于使全部设备完整地保存下来了。当天夜里，地下党员胡封奎等人在江岸、汉口等地散发传单，迎接解放军进城。1949 年 5 月 16 日，中国人民解放军第四野战军进入武汉，江岸机厂由中国人民解放军军事管制委员会接管。

中车的一些早期工厂在全国解放的浪潮中经历了接收、护厂、恢复生产等一系列艰难而重要的过程。这些工厂在解放战争中发挥了重要作用，不仅为前线提供了重要的物资支持，还培养了大批技术工人和管理骨干，为新中国的铁路建设奠定了坚实基础。这些工厂的解放与新生，是中国铁路机车车辆工业在战火中崛起的生动写照，也是中国人民在党的领导下走向胜利的有力见证。

责任编辑：祝曾姿
装帧设计：汪　莹

图书在版编目（CIP）数据

中车简史．1881－1949 ／ 中国中车集团有限公司编 ；彤新春著．
北京 ：人民出版社，2025．9．-- ISBN 978－7－01－027409－6

Ⅰ．F426.472

中国国家版本馆 CIP 数据核字第 2025DB4440 号

中车简史

ZHONGCHE JIANSHI

1881—1949

中国中车集团有限公司　编
彤新春　著

人民出版社 出版发行
（100706　北京市东城区隆福寺街 99 号）

北京中科印刷有限公司印刷　新华书店经销

2025 年 9 月第 1 版　2025 年 9 月北京第 1 次印刷
开本：710 毫米 ×1000 毫米 1/16　印张：17
字数：220 千字

ISBN 978－7－01－027409－6　定价：65.00 元

邮购地址 100706　北京市东城区隆福寺街 99 号
人民东方图书销售中心　电话（010）65250042　65289539